国家社会科学一般基金项目"基于儿童哲学的朱子蒙学研究"

（22BZX050）阶段性成果

青年朱熹

陈永宝 著

厦门大学出版社 国家一级出版社
XIAMEN UNIVERSITY PRESS 全国百佳图书出版单位

图书在版编目（CIP）数据

青年朱熹 / 陈永宝著. -- 厦门：厦门大学出版社，
2023.4
ISBN 978-7-5615-8954-0

Ⅰ．①青… Ⅱ．①陈… Ⅲ．①朱熹(1130－1200)－
生平事迹 Ⅳ．①B244.75

中国版本图书馆CIP数据核字(2023)第051444号

出 版 人	郑文礼
责任编辑	薛鹏志　陈金亮
封面设计	李嘉彬
技术编辑	朱　楷

出版发行　厦门大学出版社

社　　址	厦门市软件园二期望海路 39 号
邮政编码	361008
总　　机	0592-2181111　0592-2181406(传真)
营销中心	0592-2184458　0592-2181365
网　　址	http://www.xmupress.com
邮　　箱	xmup@xmupress.com
印　　刷	厦门兴立通印刷设计有限公司

开本	720 mm×1 000 mm　1/16
印张	12.5
插页	2
字数	220 千字
版次	2023 年 4 月第 1 版
印次	2023 年 4 月第 1 次印刷
定价	60.00 元

本书如有印装质量问题请直接寄承印厂调换

厦门大学出版社
微信二维码

厦门大学出版社
微博二维码

序

冯　兵

接到陈永宝博士替他新作《青年朱熹》写序的邀约，我知道这是他的第四本关于朱子学的著作又将付梓了，不由得发自内心地替他感到高兴。但这是我平生第一次为人写序，当时心里不免有些惶恐，第一反应竟是想要拒绝。然则我向来难以对人说出"不"字，而且关于永宝和他的研究状况我也确实了解一些，并非无话可说，所以我又硬着头皮应承了下来。

我知道永宝是东北人，在本科毕业后离乡背井来到了几千里之外的福建工作，数年后又赴台湾辅仁大学攻读博士学位。在不到三年半的学习时间里，他不仅修了大量专业或非专业的课程，拿到了超过规定数值一倍以上的学分，出版了一本专著，发表了十余篇学术论文，还以优秀等级通过了毕业论文答辩，以辅仁大学哲学系有史以来的最快速度顺利获取了博士学位，是典型的拼命三郎。这一点我对他非常佩服。虽然我痴长他十来岁，也经历过学习与生活的磨砺，从30年前重庆大巴山里一个中专毕业的小学教师，诵过边工作边读书考学，由成人专科、本科再到全日制的硕士、博士，逐步走到今天，但我也似乎从没能有过永宝的这份拼劲、狠劲。

作为传主的南宋儒学巨擘朱熹，想必拿起这本书的读者都知道，他是两宋理学集大成者，堪与孔子并称而为"南朱北孔"的大思想家、大学问家，在今人的眼里可谓身兼数"职"——哲学家、文学家、教育家，在传统社会里则大致是理学家、经学家，而其经学家身份再细分，还可说是礼学家、易学家、诗经学家，等等。我们从朱熹上述的种种"身份"及其彼此间"剪不断，理还乱"的联系就可看出，若要对朱夫子的生平与学问展开清晰梳理，无疑是项艰巨的工程。今天相关的学术工作已有束景南教授的《朱子大传："性"的救赎之路》，张立文教授的《朱熹评传》等，这两部著作在学界产生了很大的反响，对人们了解朱熹生平及其思想发展历程、学说体系面貌等提供了全面且系统的帮助。另外也有作家刘湘如创作的长篇小说《朱熹别传》，围绕朱熹的生平及学术活动等，结合各种传世文献及民间传说，以文学手法力图还原一个有血有肉的朱熹形象。而 2020 年由中央广播电视总台、福建省委宣传部、福建省广播电视局、福建省广电集团共同策划，召集了海内外大批优秀的朱子学研究专家参与拍摄的六集纪录片《大儒朱熹》在中央电视台的播出，更是将朱熹的人生历程、学说体系与生活背景推向了广大观众，并备受好评。

朱熹在今天之所以受到如此程度的重视，一是因为他的覃思精研，从天道天命、人伦人性，到治国理政、化民易俗，朱熹都有周密整全、体用一贯的思考和体系建构。二是因为他的著述不辍，自他十七岁编纂《诸家祭礼考编》开始，直到他临终前还在修订的《四书章句集注》，"古今著述之富，无有过于朱文公者"（《朱熹年谱》）。据《朱子全书》的整理者统计，朱熹的著述共计 1436 万字之多。三是因为他的学术、思想与人格魅力对整个中国、东亚乃至世界均有着深远影响。从元代开始，朱熹的《四书章句集注》成为历代科考的钦定教材，为中国乃至朝鲜、日本、越南等东亚国家的广大士子所习诵；朱熹的《家礼》也成为后世家族、家庭礼仪编修及实践的范本，同时还是治家之要道，并随着海外华侨华人的步履而走向世界各地，产生了相当广泛的影响。

所以，对朱熹的人生经历、交游情形、家世背景、学思历程乃至个性心理等展开全景式的介绍，对增进人们关于朱熹的了解是很有必要的。尽管前人于此已经做了不少颇有成效的工作，但倘能从新的方法、新的视角入手，对朱熹其人其学展开别开生面的介绍，也仍是有价值的。而摆在我们面前的这本青年永宝写的《青年朱熹》，就是这样一本运用新方法、采用新视角，既有学术性也具通俗性，可谓雅俗共赏的著作。

正如永宝自己所说，《青年朱熹》运用的写作方法主体上是一种传记心理学方法。该方法强调的是写作者立足自身的心理认知和人生经验，基于"心同理同"的共情原理，尽可能与写作对象产生精神上的共鸣，从而重点围绕传主的心路历程展开分析和介绍。但这样一种写作方式并非纯粹的学院派的心理学研究，而是更注重内容的通俗性和经验性；它同时也有其学术性，却又和常见的学术性人物评传不同；它有些类似传记小说，然又非超越史实而具有较多想象成分的文学创作。总之，传记心理学的写作方式的确有些"四不像"，这无疑是一种大胆的尝试。从《青年朱熹》来看，这样的写作冒险是值得的,它确实让我们对朱熹在青年时期的心理状况有了比较充分的认识,并通过其心路历程的演变而对青年朱熹的性格、家庭、交游及社会生活背景形成了立体的了解。

今天我们看到的所有关于朱熹的传记也好,小说也罢,以及影视作品,都是针对朱熹一生从头到尾的全面介绍与剖析。但永宝的《青年朱熹》则不然,他以青年写青年,专门针对朱熹自十九岁进士及第之后到四十岁左右时关于中和新说的"己丑之悟"这二十年间的心路历程展开梳理。这一个阶段正是朱熹由出入佛老到求道李侗与湖湘问学,思想逐步走向成熟的关键阶段,同时也是一段波澜壮阔的思想演变历程。永宝着力于此,实是独具慧眼,因为对这一时段朱熹的学思心路的梳理和呈现,的确能让我们对朱熹形成更加细致充分的认识。

当然,金无足赤,人无完人,任何一种著作也都无法十全十美。永宝的大作究竟有多少价值,缺陷和优点在哪里,对于读者诸君而言,各有评说。我以上的一管之见,聊供参考。

是为序。

2022 年 11 月 10 日

目　录

导　论

　　朱熹的一生，在四十岁的中年之后，他展现了光鲜亮丽的一面。无论是《四书章句集注》的出版，还是与吕祖谦《近思录》的编撰，都让朱熹成为读书人心中的明星。虽然道学一派在朱熹的参与下并没有迎来元明清时的辉煌，但是在朱熹等人的努力下，显然在朝廷中形成了一股道学致仕的力量。当然，这与吕祖谦、张栻、陆九渊等人的努力也是分不开的。

　　从朱熹四十岁向前看，那个有着光环加持的朱熹却显然慢慢退却了色彩。从十四岁丧父到三十九岁之前完成己丑之悟，他的人生几乎可以用"焦虑"和"惨淡"来形容，因而这一段不为别人熟知的历史和心路历程，可能值得去挖掘。

　　为什么要掀开青年朱熹鲜为人见的旧伤疤呢？这并不是笔者有着何样的猎奇心理，而是所有成名的学者可能都有"难为人知的痛苦期"，并可以从朱熹青年时期所经历的一切，慢慢地理解朱熹一生的心旅变化。从朱熹的家庭背景、求学经历、进士及第和职场江湖看，朱熹的存世文字背后呈现了南宋一朝的历史悲歌。因而关于这一段朱熹的描写是含有悲观色彩的。

　　悲观与忧患可能是同一个心理状况的两种同义表达。悲观是一种对世事被动的心理感受，而忧患是一种对世事主动的心理感受。但是，我并不准备从学者惯用的"忧患"角度来分析青年的朱熹，因为这种"忧患"的设定基本上还是将"中年朱熹"的影子强加给"青年朱熹"，使朱熹从出生开始就是"圣人"。而这本小书尝试着将朱熹以"普通人"的身份来与读者相见，从一个普通人的心理历程来看青年朱熹的过往。

　　于是本书的写法基本遵循"传记心理学"的写作方式。传记心理学自从存在的那一天起，在心理学中就处在争议的风口。也就是说，在传统的量化心理学家来看，传记心理学更像是"小说"、"散文"、"随笔"，而不是什么心理

学理论。因为，传记心理学没有复杂的量表、田野调查、撰写模型及严密的逻辑推导，所以在很多心理学家眼中传记心理学家基本上就是"离经叛道"。

相对于其他学科来说，传记心理学又是一种奇怪的存在。从哲学角度来讲，它缺乏本体论、认识论和伦理学的逻辑论证；从历史学的角度来看，它频繁使用当代语言又显得极其不严谨；从思想史上来看，传记心理学虽然遵守历史事实，但是它的心理分析又有作者强烈的主观因素，使得它不是那么的符合规范；从小说来看，传记心理学缺少必要的对话，基本上除了心理描写，其他的均尊重历史事实；从散文来看，形散意不散的书写也不完全相同。况且散文多以当代通行语书写，不涉及古文。于是与以上诸学科相对比，传记心理学多有一点"四不像"，但是这种"四不像"可能正是它存在的特色。

从总体来看，它比较接近于心理学，不妨就将其归纳到心理学门下。至于争论之处，就暂且悬置吧。传记心理学书写的好处，就在于它给书写者一定的自由。虽然作者是尽全力保证书写背景的真实性，但是用力点则在于以历史背景阐述人的心理活动，着重以心理活动为内容来与当代的读者发生心理共情。也就是说，在读者读到这些文字的时候，常会因为心理描写而进入到作者书写的情景中。如能达到，那么书就已经成功了一半。

因此，以传记心理学的写法来尝试描写青年时代的朱熹，不外是一个合适的选择。这种选择有两种考量：一是青年时期朱熹的存世文本并不是很多。可见的文本多是朱熹的后来自述，或是弟子整理的语类及后世学者的补充之言。二是青年朱熹亲佛印记明显，与中年朱熹那个捍卫儒门的卫道士完全不一样，更与明清之际学者心中的朱熹形象相距甚远。因此，以传记心理学的方式来进行书写，一方面可避免史料的缺乏，另一方面可接近"非神化"的朱熹形象。

青年朱熹的佛学印记是非常浓重的。后世学者在处理朱熹的佛学问题上，一般采用两种方式。一是将朱熹亲佛看成是"融合"之说，一是将朱熹佛学印记看成是朱熹儒学的训练所。当然，还有一种佛教人士根据宋代的《传灯录》，直接将朱熹就定位在佛教之内，将后来朱熹的辟佛看成是"佛教宗派之间的分歧"（如朱熹辟禅不辟佛）。不管哪一种，都少有对朱熹的亲佛之路与辟佛之源展开论述，这多少有一些遗憾。

当然，面对朱熹二千多万字的存世文本，单独盯住朱熹亲佛这一部分，未免会让人觉得有些小题大做。很多学者之所以不用力于此，是因为"朱子理学"和"朱子后学"有大量"更有价值"的理论去研究，为何要盯着这一个偏门,我想这或许是他们主动或被动避开这个环节的原因吧。当代,佛学界是否有"大德"在研究,这我无所得知,但是从公开发表的文献来说,这确实不多。

那么,这一段历史该如何呈现,或许也是很多学者思考的问题。因此,在以"材料为王"的传统"做学问"的思维方式中,没有充足的史料做支撑,不就等于"自说自话",甚至更过分的说法就是"胡说八道"。这种评价在很多新型学科中都曾惊人相似地发生过。因此,此书一旦出版,是褒是贬,就不是我个人能左右得了的。而我能做的,就是按照学者的前期研究成果,按照传记心理学的方法,将心中所想的文字写出来,分享给大家。是非功过,也只有出版后才有看到的可能。

对于朱熹的青年定位,是以宋代时普遍界定的年龄为标准(如朱熹以十五六岁界分学生的大学之教和小学之教,或者是行观礼作为青年之始),还是以当代十八九岁为标准,这些简单以年纪的划分总是缺乏些合理性的说明。因此,本书不妨武断地以朱熹中进士为线界定他的青年时期。之所以如此界定,是出于两个方面的考量:一是朱熹在中举之后已经与其妻刘清四成婚,再将朱熹划为儿童这不合适;二是朱熹进士及第与成婚是同一年,他的人生迎来第一次重大冲突,即中举的春风得意与进士的第五甲九十名。之所以说是冲突,原因有二:

一是宋代自王安石变法之后,科举与为官之法已经分离,出现类似当代公务员考试的铨试。也就是说,朱熹考中进士就像当代学生一样,只是拿到了一个"学位",还没有参加"公务员"考试。二是一般古代的科举为"三甲"制,其中一甲为状元、榜眼和探花,二甲为"赐进士出身",三甲为"同进士出身"。一般三甲的总人数为三百多人。那么宋代王安石以后,出现了"四甲"、"五甲"的制度。与前面的三甲相比,就是人数多了很多,因此他们也被称为"准赐同进士出身"。

当然,在宋代能中进士,也是无上的荣耀了。但问题是,朱熹中举的前因与进士的后果一对比,可以看出朱熹的失望之意不言于表。同时,朱熹的老师刘氏家族与胡氏家族,登侯拜相者不在少数,刘韐、刘子羽等又是北宋名将,朱熹的这个进士名次并不能给他带来丝毫的荣光。因此,前后左右对比,会让这个初入社会的青年朱熹感受到他命运的多舛。

事实上,从他二十二岁通过铨试获得了一个从九品的同安县主簿和虚名左迪功郎,就注定了他的初次入仕会让他体悟到人生的疾苦。而这一切,

配合着他悲苦的家境和充满传奇的家族背景,就让青年朱熹的悲观之色无法再被中年的辉煌所掩盖。

这里简短地介绍一下朱熹的家庭背景,目的在于为下面选择传记心理学的写法做好背景的铺垫。

江西婺源朱熹宗族的纪念馆里,可以看到朱熹的祖谱中一世祖朱瓌虽位居高官(八州观察史),但到朱熹六世祖朱绚(朱子的曾祖父)时已经家道中落。因此,到朱熹的爷爷朱森(七世祖)时,基本上就与平民无异。只不过朱森的一生充满传奇,与朱熹的早年很是相像。因此,青年的朱熹更像他的爷爷朱森,而不是其父朱松。

朱森因其父朱绚家道中落,基本上也没有读过多长时间的书。他的学问多是自学而得。繁重的体力劳动非但没有让朱森重走父亲的老路,而是让他开拓出一条不一样的人生之旅。朱森的努力据说被一个程姓的宰相看到,于是将其女儿嫁给了朱森。这就是朱熹的奶奶程夫人。

关于朱森与程夫人的记载很少,多是从一些稗官野史中获得些许材料。其中真假成分多少,这也实难考证。但从朱熹的回忆中看,他小的时候奶奶程夫人还在人世,对家人十分严厉。其父朱松就是在爷爷朱森和奶奶程夫人的教导下步入仕途,再度踏入官宦之旅。朱松的官职虽然不大,但是有机会同朝中的大臣频繁接触,其中缘由如何不得而知。这是朱熹家庭背景的第一个方面。

朱熹的家庭构成大致有朱森(爷爷)、程夫人(奶奶)、朱松(父亲)、祝夫人(母亲)、朱槔(三叔)、朱熹、刘清四(妻子)、朱塾(长子)、朱埜(次子)。[①] 需要说明的是,朱熹的孩子不止两个,他还有一个三子朱在和五个女儿。但他们都在朱熹中年时期出生,不在本书的描述之列,与青年朱熹有关的只是他的长子朱塾和次子朱埜。朱熹的爷爷和奶奶在朱熹青年时也已经去世,但对青年朱熹的思想依然有着影响;他的三叔朱槔虽常年在外云游,但与家人也经常有所联系。这是朱熹家庭背景的第二个方面。

朱熹的家庭成员几乎全部信佛。爷爷朱森年轻时虽然以教授儒学作为生活来源,但是晚年却笃信上了佛教。奶奶程夫人基本上也是一个虔诚的佛教徒。他的三叔朱槔基本上是以身侍佛。朱熹与他在外地的一次偶遇,

---

① 朱森一共有三个儿子。这里除了朱熹的父亲朱松,朱熹的三叔朱槔,还有他的二叔朱柽。但朱熹关于朱柽的记载很少。

让他真切地感受到了三叔朱槔基本上就是一个方外之人。父亲朱森与母亲祝夫人也基本上信佛。朱熹师从的武夷三先生,刘子翚主张的"三字符"的禅学工夫,刘勉之主张"昭昭灵灵的禅",胡宪与佛教人士多有来往。因此,朱熹见李侗之前,完全生活在一个佛教世家。无怪乎李侗第一次见到朱熹时,就看到他身上印刻着浓厚的佛学迹象。这是朱熹家庭背景的第三个方面。

于是从青年朱熹早期的生活经历和家庭环境,给我们最直接的感受就是朱熹生活在一个"佛教世家"之中,这与人们理解朱熹时看到的那个激烈的辟佛,批判张无垢,批评程氏门人近佛的儒学斗士完全是截然相反。这种矛盾的出现也就说明我们不能再以中年朱熹的视角来分析青年朱熹的心理,有必要从新的角度对青年朱熹的心理做进一步的探讨,以便找到朱熹青年与中年的转变之迹。

南宋初期多战乱,士大夫面对朝廷的军事软弱、政治多变的现状无能为力,这让深处朝堂之中的他们更为真切地理解那种深深的无力感。因此,士大夫以近佛的姿态应对这个破乱的朝廷也就成了一种常态。事实上,国破家亡,居无定所,社会动荡,民心不稳,人们也确实需要用宗教来安慰那种因频繁逃亡而产生的恐惧心理。因此,不管在南宋初年人们所从事的职业如何,对生的希望与死的无奈,都让人不自觉地投入宗教之中。在两宋,佛教禅宗简易的修行法门与道教相比可能更受士大夫和底层人民的喜欢。清晰了这一点,我们就会明白青年朱熹面临的是一个怎样的社会环境。

有趣的是,南宋初年人们对佛教的巨大心理需要并没有带来佛教的大兴。南宋初年的朝堂与民间虽然有众多佛教信徒,但南宋丙也没有呈现出唐朝时的辉煌。这主要还是唐武宗灭佛运动的历史惯性所致。其实,从北宋孤山智圆、明教契嵩时期,佛教就已经走下坡路,于是才有他们"援儒卫释"的奇怪传教之法。到了南宋初期的大慧宗杲,佛教面临的情况依旧没有太大的改变,山林禅开始成为修行者采用的主要方式。同时,佛儒之争在两宋之间一直存在,到朱熹青年时,两边就出现更为明显的代表人物。如儒门的李侗、佛门的宗杲,他们构成了人们心中脱难解困、心灵安宁的两个典型的思想明星。

这一切都伴随着朱熹的进士及第与初仕同安的人生路程,开启了一段思想转变的人生之旅。同时,这一切又都与朱熹的佛儒转化分离不开,于是从心理学的角度上,朱熹是如何从禅门一步一步地走向儒门的,标志着青年时代的结束与中年时代的到来。这是理解朱熹的一个侧重点。对于青年时期的朱熹来说,他一样经历了踌躇满志,意气风发,同样对自己的未来充满着各种幻想。特别是蒙童时期读《礼记》与《孟子》带来的心灵震撼,更让他迫切希望在治世上能有所作为。

他的师友在介绍司马光等人的事迹时,谈到王安石与司马光拜相后的君臣"共商国是"的施政方针,又在无形中为青年朱熹的入仕愿望注入了一剂强行针。也就是说,在朱熹看来,只有步入朝堂,获得皇帝的青睐,才能创造如北宋君臣一般和睦的治世景象。关于这一点,从他第一次给皇帝上的《封事》(密封的奏章)就可以看得明白。他以道学家的身份劝皇帝正心诚意,排除奸佞小人,而完全没有具体的参政措施,也体现了他初入政事时表现出来的青涩。

进士及第时的"第五甲第九十名",间接让他明白已经没有机会进入朝廷的权力中心,铨试后授予"主簿"再一次地印证了他的预想。"主簿"一职对于朱熹并不陌生,他的父亲朱松就当过"主簿",所以多年来随父到处赴职的他显然明白"主簿"对于一个年轻官员意味着什么。虽然后世学者习惯美化朱熹在同安一任主簿上的政绩,但从朱熹在存世文字中基本绝口不谈同安县令陈元滂,也就说明朱熹这位主簿并不得陈县令的赏识。按照今天的行政思维来看,当时给皇帝的奏章中多数好事是"陈县令领导的",错事"应该是朱熹等人办事不力"。所以朱熹在同安一任上不断说的豪强滑吏中的"滑吏",是否也有指他的上司陈元滂,这不得而知。但从他绝口不提这个"上司",和去泉州复职时坚决不再回同安,可见他们的关系并不融洽。

还有一个细节,那就是绍兴二十七年(1157 年),朱熹这年二十八岁,他返回同安等待新的主簿时,《朱熹年谱》上有这样一段记载:"馆陈氏者数月,命友生之嗜学者与居,名其室曰'畏垒庵',陈氏世为医,名良杰。"[①]意思是说,"朱熹再次回到同安后,在陈良杰的馆舍里住了数月。陈良杰安排了一些人与他同住,朱熹给住的地方起了一个名字,叫作'畏垒庵'。"这条不起眼的细节其实透露了些许信息:一是朱熹为什么没有住回以前的主簿房中呢?要知道这个时候新主簿还没有来,他的房子也没有挪为他用;二是为什么是陈良杰给朱熹安排住处,而不是他的上司县令陈元滂给他安排?毕竟同事一场,回来交接工作,总不至于没有休息的地方。

---

① 王懋竑:《朱熹年谱》,北京:中华书局,1998 年,第 14 页。

从束景南对这一事件的描述中大致可以看出些许端倪。束景南说："（朱熹）到同安后，破败的主簿廨舍已经倾坏，他只好借县医陈良杰的馆舍暂居。寓舍在冷僻的穷巷，人迹罕至，朱熹起名为'畏垒庵'。"①这里展示出几个细节，一是朱熹刚离开自己"主簿廨舍"不久②，他的"主簿廨舍"怎么就"倾坏"到不能住人了呢？这里的"倾"说明他的房子已经成了危房。很显然，朱熹在当主簿时，他的房子其实已经破烂不堪。而身为一县之长的陈元滂并没有丝毫考虑过朱熹的生活。二是朱熹借陈良杰的"人迹罕至、冷僻穷巷"的馆舍居住，而不是住在县衙的馆驿或者陈良杰的家中（此时朱熹应该只是自己一个人），说明朱熹在同安一任上并不受陈元滂和其他同事的喜欢。

这种原因很简单，一个即将离职的下属，且与上司关系一般，怎么可能在离职时受到很好的待遇呢。朱熹戏称自己所住的房子为"畏垒庵"，绝不可能是束景南所说的"取庄子谬远荒唐的畏垒桑之说"③，而是朱熹对自己居住生活的真实写照：一个随时可能倾倒的房间。总体来看，这种馆舍应该还是比自己以前住的主簿廨舍强一点，至少从目视来看，还达不到危房的地步。

据此可以想象朱熹一家在同安一任上是过的什么样的生活。后世学者习惯用"美化"的视角来看这一时期的朱熹，其实是用中年朱熹所有的人生境遇来看青年朱熹，这一点可能是不妥当的。

青年朱熹的遭遇其实是每一个新入职的年轻人都会遭遇的情况。一是朱熹赴同安任时，他的父亲朱松早已过世，而且他生前的官职也不大。虽然他曾经带着少年的朱熹来过同安，但频繁的流动也让他在同安没有什么好友可以依靠。二是朱熹没有什么显赫的家族背景。除了朱氏一门，他的岳父刘勉之已经故去。同时，因为刘勉之的家族势力主要在考亭（距离朱熹生活的五夫里大约有百里之遥），与刘氏宗亲的关系也并不是太密切。而且即使以师长之名踏上五夫里这一脉，但刘氏宗亲在刘子翚后，基本上都做起了山间儒者，远离朝堂，和四十岁后朱熹面临的情况完全不一样。三是朱熹的

①　束景南：《朱子大传："性"的救赎之路》，上海：复旦大学出版社，2016 年，第 146 页。
②　朱熹是绍兴二十六年（1156 年）秋天冬天秋满（聘期满），冬天离开。他绍兴二十七年（1157 年）春天再次回到同安。中间最多不超过三个月。
③　束景南：《朱子大传："性"的救赎之路》，上海：复旦大学出版社，2016 年，第 146 页。

表叔汪应辰此时还未来到福州,所以在同安一任上,朱熹基本是无人脉,无依靠。他的"正经界"之所以会惨败,也有这种原因。

因此,进士及第让朱熹失去了"光耀门楣"的机会,同安一任让他对官场心如死灰。然而同安一任最多也只算给朱熹一个教训,或者说一次历练。他在福州与表叔汪应臣的人生境遇,才让他对官场彻底失去了信心。

可以说在青年朱熹心中如果有两个偶像的话,那么其中一个应该就是他的爷爷朱森。他是一个人凭借自己的努力为朱熹树立一个良好的榜样。但是可惜的是朱森在朱熹出生前就已经去世,朱熹并没有机会直接向朱森学到什么,只是从奶奶程夫人严厉的说教中,能知道朱森的一些只言片语。另一个应该就是他的表叔汪应辰,汪应辰来福州之前曾任户部侍郎,无论是官职,还是他的治世之策,都让青年朱熹心生羡慕。因此,把汪应辰作为自己事业奋斗上的目标,在朱熹这里是非常现实的。

对此,"朱熹积极赞助他实施更革,替他具体谋划,废除扰民苛政"[1]。他曾经给汪应臣的信中说,"停卖僧田,烦扰顿息,为利为资"这三项中,他最为看重就是"烦扰顿息",不要与民争利。他的这种心理倾向实际上是源于同安一任豪强滑吏在盘剥百姓时让他感受到强大的刺激。因此,他迫切希望这位远房的亲戚有可能为民争取一丝利益。

然而,朱熹的心理预期显然与汪应辰的施政方针存在巨大的距离,而这种差异的冲突就在盐法这个问题上爆发了出来。对于王朝来说,北方的战事与南宋朝廷的巨大开销,让当时的漕使陈季若不可能让盐法这个关乎王朝命运的税收轻易地让利于民。而对于百姓而言,连年的征战加上天灾人祸,让青年朱熹内心中不得不萌生起对百姓做一些实事的想法。这是每一个有抱负的青年人都渴望做的事。当分歧点摆在汪应辰面前时,实际上就等于把青年朱熹的"最后一丝希望"交给了汪应辰。但汪应臣主张从全局考虑,并没有采纳朱熹的建议。

在汪应辰看来,朱熹这次的"奏表"只是一次简单的建议,驳回朱熹的奏章或许可能让朱熹颜面无存,但这并不是什么重要的事。只要在下一次朱熹提出建议时,找个机会补回来就好。在他看来,朱熹此时只是一个为工作而努力提出建议的谋士,他完全没有考虑到朱熹的内心动向是真的为民发声。因此,汪应臣才会在奏表里说:"惟元晦(朱熹)以谓宁可作穷知州,不可

---

① 束景南:《朱子大传:"性"的救赎之路》,上海:复旦大学出版社,2016年,第172页。

与民争利,而少嘉、季若则以为可。故于三人中从二人之言。"①当他的奏表被朱熹知晓后,朱熹的失望之情溢于言表。至此,他由对汪应臣的失望引发至对整个官场彻底绝望。他不得不开始重新思考他的人生。

这次的奏表也决定了后来汪应辰等人无论怎样举荐朱熹出仕做官,朱熹都委婉地拒绝,不肯再应召入朝。他"对朝廷重臣以信以及'受知极深'的汪应辰、韩元吉、芮烨等人都始终抱着疑信难合的态度"②。汪应辰偶像角色的破灭,是青年朱熹人生中最大的痛点。当然,如果汪、朱二人只是政见不一,也不至于让朱熹对与汪应辰的这场人生际遇有太多挂碍。但问题是,青年朱熹真切地感受到频繁发生的自然灾害导致的民众疾苦,而在这种情况下汪应臣等人还主张与民争利,这不得不让朱熹再次对朝廷感到失望。

一个例证可以说明这个问题。朱熹在去湖南见张栻前,他所生活的崇安地区(今武夷山地区)发生大水,百姓陷入苦难之中。他曾经在同安为官被号召参加救灾,协助官府做赈灾的工作。让朱熹万万没有想到的是,这次赈灾只是官府的一个面子工程,并不是真正要解决受灾百姓的实际问题,这让朱熹对官场失望透顶。面对田产与房屋几乎被摧毁,众多百姓流离失所的局面,朝廷进行具体实施救灾的官员开始欺上瞒下,派遣的赈使虽然到处张榜扬言要施米十日,但实际情况是赈米的辎车只是从沿途匆匆开过,并没有真正开展赈灾的行动。在这期间,只有一群市井无赖抢到救济米,而多数深山中的饥民却颗粒未得,致使饿殍满地。房舍田地依然全部浸泡在洪水之中,沙石覆盖川原,尸骨震野。③ 这又再次激起了朱熹同安一任的痛苦记忆。因此,他对汪应臣"与民争利"的措施的失望,几乎等同于痛失最后一根救命稻草式的失望。我们可想朱熹当时的心情如何,也可以明白他中年后对朝堂的失望的源头。

因此,朱熹与东南三贤其他两人在为官时的不同之处,除了家族背景,重要的就是朱熹在地方一线是亲身经历了因朝廷无力、与民争利带来的种种残败之象。也就是说,吕祖谦可依靠金华吕氏家族之势大力提举道学后人(如陆九渊),以壮大道学家的队伍,张栻也可以依靠张浚的救国之功,以及宋孝宗个人的喜爱,毫无心理压力地步入庙堂之中。唯独朱熹独特的家

①　汪应辰:《文定集》,上海:学林出版社,2009 年,第 176 页。
②　束景南:《朱子大传:"性"的救赎之路》,上海:复旦大学出版社,2016 年,第 173 页。
③　束景南:《朱子大传:"性"的救赎之路》,上海:复旦大学出版社,2016 年,第 215 页。

庭背景和同安一任时痛苦的心理记忆,让他对为官有着沉重的心理负担。这一切都推动着青年朱熹寻找一条新的得救之道。那么他逐渐摆脱佛门之路,以学问之路教化后人也就理所当然了。这对中年朱熹的儒学成就也就有了合理的解释,而不再局限于从圣人视角来美化这个理学大家。

撰写青年朱熹其实有很大的心理压力。因为他不同于以朱熹本人为视角,以他的存世文本为出发点,来论证朱熹在某一方面的贡献。如朱熹的理学、朱熹的美学、朱熹的蒙学或朱熹的礼学。青年朱熹则是以朱熹为研究对象,采用现代叙事的方法来进行探索。因此,哪些是朱熹的心理,哪些是我"强加给朱熹的心理",有时难以区分清楚。因此,一直以来都想写一部关于朱熹青年时期的书,但至于如何落笔,却迟迟没有思路。

束景南老师的《朱子大传:"性"的救赎之路》给我带来了很多启发,我曾将青年朱熹的部分再三反复读了几遍后,惊叹束老师文献功底的扎实,考证之详细,唯对于束老师对朱熹的心理的评判之词感到怀疑。于是回想起从学辅仁大学心理学系的质化心理学,突然想到可以从"传记心理学"角度作为我撰写此书的主要的写作手法。传记心理学的写法在某些方面类似于小说,但又与小说不同。它既注重写法的自由性,以注重史料的真实性,不允许有"戏化"的成分。它主要采取以真实的历史情景推测出历史人物的心理特征,这与本书的写作初衷较为契合。

传记心理学写作的优点是,作者不必完全受限于历史材料,他的目标在于突出历史人物的"心理"面向。因此,这种写作对于作者相对自由。然而经过中国哲学训练出身的我,又无法完全放开对史料的引用。于是求助了辅仁大学心理学系的一些学长学姐,他们劝我索性不给自己那么多的枷锁,打破现代心理学、社会学、哲学等学科壁垒,单从个人感悟将朱熹从进士之后到己丑年开悟之前的事情写清楚。

这一时期的朱熹与史书上常见的朱熹的最大不同是,他的人生经历主要是以信仰佛教为主线的,基本上遵循信佛、疑佛、反佛、辟佛这个路径。在这条主线上,朱熹的家庭背景、师承背景、个人经历、历史际遇,呈现的是一个充满矛盾、郁郁寡欢的青年朱熹形象。这一时期他既有意气风发(中举),也有灰心丧气(中进士);既有茫然无措(婺源展墓),又有斗志昂扬(批判张无垢)。他从中举、结婚、进士及第到婺源展墓、求道延平,从铨试、同安主簿、见汪应臣到豪强滑吏、百姓疾苦、与民争利,让青年朱熹彻底经历了世间人生百态。他去湖南虽然不是与张栻第一次相见,但远赴湖湘却在无形中帮助朱熹完成了理论体系的凤凰涅槃。从此以后,史书上常见的朱熹形象出现在人们面前。

在写青年朱熹的过程中,常常有一种困惑:我到底是在写青年朱熹,还是在写现在的自己?虽然与朱熹相隔800余年,但总是能感受到这位古人时刻在身边。从他的诗中,从他的人生经历中,从他的存世文稿中,我都能看到现在自己的影子。因此在写青年朱熹的时候,也时常有种"庄周梦蝶"之感。虽然这种与千年古人相提并论的想法似乎有拔升自己之嫌,但这纯粹是一种真实的心理感受,就允许我放肆一回吧。

几年前在台湾地区参加一次民间书院的活动时,遇到一位学者,他对我说:"研究一个历史人物,你如果真的能把你变成他,那你就是算是真正的入道了。"他的意思是说,在研究一个古人时能与他达到一种跨时空的"共情",那么研究者所取得的结果估计也就不会与真实偏离太远。从此,在阅读有关朱熹研究的文献资料时,我时常在想,如果朱熹活到21世纪,他会怎么看待今天这个世界呢,他会怎么用自己的理论来与这个时代对话,这位古人将如何面对互联网、人工智能、元宇宙等诸多新事物?种种的疑问伴随着阅读的深入,在整理众多朱熹文献的过程中,我慢慢地发现朱熹早已经在自己的文集语录里说明了一切,只不过他采用的是文言文,不容易被现代人所了解罢了。

互联网、人工智能、元宇宙不管多么先进,在本质上还处于"器"的层面。这也决定了它们本质上是为人服务的,它们需要"道"的牵引。千年之内无非还是一个"天理"与"人欲"的博弈,在科学技术的推动下,现代文明将人欲无限扩大。然而现代科学技术的进步并没有改变人之为人那种最为根本的人性,今天我们面对的所有政治、经济、文化等等,都是一种对"人性"的考验。当资本主义市场化接入到日常生活之中时,又将这种"人性"的经济行为进一步放大。所以青年朱熹当年经历的一切,在现代生活的世界里依然可以看到些许痕迹。或许用这种新型写法,会更加容易地打通古今之隔吧。

由于朱熹是800多年前的古人,他的语录文字多为文言文,不方便现代人阅读。因此笔者尝试将所有文言文以现代汉语的方式呈现出来。但同时为了避免误解而带来的误导,依然在文中或页下注保留其原文。若因此给阅读带来不便,还请读者见谅。

第一章　进士及第

　　青春、梦想和迷茫，是青年朱熹的三个典型的特征。一般认为他十九岁时就能进士及第，又在同一年成家，则为双喜临门，他应该成为别人羡慕的对象，束景南甚至用"春风得意"来形容他在这个时期的状态。在他人看来，他至少应该感到满足。相对于那个久试未中的黄铢而言，他不知道有多幸运。但是这种他人的感觉对于朱熹来说并不真实，如同一个有希望考入重点高校的学生却考入了一所普通本科院校一样，不管他在别人眼里有多优秀，他的内心世界都无法接受这一个事实。这种事与愿违的现实决定了他开始关注佛教的因果，对佛教表现了出奇的兴趣。

第一节　心　结

　　一般来说，国破家亡的环境是激发宗教繁荣的主要因素。面对天数的无常，生活在南宋初年的普通民众都不确认死亡与明天哪个会先到来。频繁的战争、流行的瘟疫、粮食的歉收和豪强滑吏的盘剥，让这个风雨飘摇的南宋一时间无法给人们带来生存的安全感。临安城的歌舞升平和泉州港的热闹景象，与这个武夷山深处的五夫里似乎没有任何关联。在五夫里能看到的除了那些充满原野气息的山峦叠嶂，就只剩下农村独有的平静祥和。虽然朱熹的岳父及师友等人曾经都是功名在身，甚至朱熹的姻亲刘氏家族一些成员曾经在两宋之际战功赫赫，在当地享有相当高的名望。但是过往的兴盛并没有能改变五夫里远离权力中心这个现实。所以，朱熹所谓的"荣归"五夫里，实际上只是代表着朝廷对他的一种遗忘。朱熹自然不会不懂得朝廷处理这个事的背后考虑，但是此时的他并没有任何别的办法。他只能像一个取得高考分数却迟迟等不来录取通知书的学生一样,祈求自己过往的努力会改变自己这种不幸的命运。

虽然中年朱熹曾经表示:"我对于科举,从很小的时候就看得很轻,并不是我接触后才看轻它。这就像有人天生不喜欢喝酒,见酒就厌恶,并不是知道酒有什么危害。又比如说有人天生不好色,也不是他的境界有多高,只是他天生就觉得那个东西无关紧要。"①我们不否认中年朱熹说出这句话的真诚性,但这与青年朱熹的现实境遇应该相差较远,有几分可信性就很难说。一是南宋严苛的丁税与徭役制度,常使一个平常之家苦不堪言。科举是朱熹逃脱这种生活重负的途径,他不至于连这个道理都不清楚。二是南宋初期朝野上下对王安石变法多有诟病,但王安石与君王"共商国是"仍得到正面的评价。这自然也不是一个十几岁的少年可以看破的。当然,武夷三先生在对朱熹的教育中可能含有大量的归隐劝导,但从刘氏一门多官宦的现实情况来看,这种占比显然是微不足道的。同时,朱熹此时未经历过三先生中年之前的世事,让一个少年朱熹能达到中年人的心智,这多有神化朱熹之嫌疑。中年朱熹这一段话,多为劝学之言。

对于青年朱熹来说,说他在青年时期就萌生了淡薄功名的想法明显是有悖常理的。此时的朱熹还没有达到中年朱熹那种思想的坚韧,更没有体会到老年朱熹因庆元党禁而感受到的绝望,他还是希望被朝廷认可的。他的经历使他不可能有王阳明那种"三不朽"的追求,他的家世也不允许他有上阵杀敌的年轻冲动。但说他此时就放弃了入职朝廷,显然是说不通的。对于从小信奉儒家思想的朱熹而言,他的学术历史使命就有"格物致知、正心诚意、齐家、治国平天下"的一面。治国平天下是所有儒者一生的追求,朱熹也不可能远离这个目标。虽然从朱熹的存世文本中我们发现他屡次放弃入仕为官,并以此为标准判断朱熹此时就没有了为官之念,这种判断明显是唐突的,也不符合人的思想发展规律。

青年的朱熹对"为官"还是有一定追求的。这里倒不能说朱熹的目的是通过为官以达到生活富足,或者光耀门楣。即使存在着这样的目的,也应该

---

①　原文曰:"某于科举,自小便见得轻,初亦非有所见而轻之也。正如人天资有不好咬酒者,见酒自恶,非知酒之为害如何也。又人有天资不好色者,亦非是有见如何,自是他天资上看见那物事无紧要。"黎靖德:《朱子语类》卷十三,《力行》,北京:中华书局,1986年,第246～247页。

不是朱熹早年希望为官的主要目的。朱熹自小受到的儒家教育,及朱松和武夷三先生对他的教导,使青年朱熹此时即使是仍存在着些许功利心,但他内心之中的宏大之愿也决不止步于此。事实上,从中国古典文化呈现出来的特点,"为官"成为一种心理向往是读书人普遍存在的愿望,这里没有是非对错之分。之所以后人将"为官"与贬义捆绑在一起,则在于对"贪官"的固有印象,将"为官"理解为"一任清知府,十万雪花银"。自然,这种再平常不过的心理期盼就成了一种负面的"揽财之道"。

事实上,青年朱熹从绍兴十八年(1148年)春中进士到绍兴二十一年(1151年)春任泉州同安县主簿,相隔了三年。按照古代科考及第到放外任官,这个时间相比较来说是不算长的,但这种理解是一种站在朝廷这个大背景下面来谈的。对于朱熹个人来说,这三年是非常漫长的。其实,可以从今天的高考制度来分析,便可以明白当时朱熹的心境。现在的高考时间是每年的6月7日、8日两天,除了特别招生的之外,一般得到高考的录取通知书约在8月中下旬,其中间隔的时间约两个月。经历高考的学生都知道,这两个月基本上是人生最难熬的两个月。这期间有对分数的期盼与迷茫,也有对录取学校不确定而有的担心。也就是说,不管此时孩子们用何种方式来缓解自己的压力(比如去旅游、去KTV唱歌、参加暑假兴趣班等),但压力本身没有一丝的减除。因为他们知道,决定一生的时刻就在不远处或微笑或嘲讽地看着自己。

现代人面对高考这两个月的等待都可以让人如此焦躁不安,而朱熹面对的是十八倍的三年,我们可以想见他内心中承受着多大的心理压力。而且,朱熹此时的情况还不如不知道分数的高三学生,他是已经知道他在殿试的结果:"王佐榜第五甲第九十名,准敕赐同进士出身。"这绝不是一个让他满意的"分数"。于是可以猜想得到,朱熹从临安回到潭溪(五夫里)决不会表现出那种惬意的神情,也不是束景南描述的那样春风得意。(束景南说:"朱熹在六月离临安,归途春风得意,他仍旧兴致勃勃地访师问道。"①)

首先来看绍兴十八年(1148年)春四月初三日的殿试与四月十七日的发榜。绍兴十八年(1148年)春四月初三日,宋高宗赵构在集英殿主持了以徐履为首的合格举人的殿试,朱熹就是这些人其中的一个。四月十七日,宋高宗又在集英殿唱名,赐状元王佐以下及第、出身、同出身共三百三十人,朱熹

---

① 束景南:《朱子大传:"性"的救赎之路》,上海:复旦大学出版社,2016年,第85页。

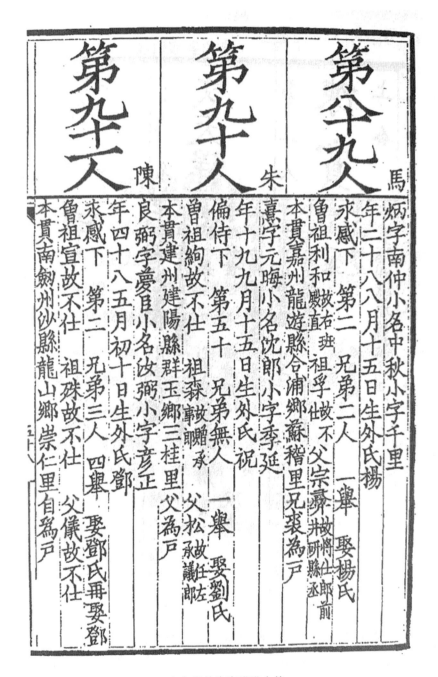

十九岁的朱熹登进士第

本图来自：梁庚尧：《宋代科举社会》，台北：台大出版中心，2015年，第17页。

中第五甲第九十名，赐同进士出身。

　　因此,以这样成绩来判断朱熹进士及第后会有"春风得意"的表现,显然是有一些牵强。对朱熹而言,在潭溪的苦读让他没有想到会是这样的成绩。虽然他此时才十九岁左右,但是过早成熟的他已经在殿试中有意地避开了宋高宗和秦桧的"晦",在策略中隐藏自己的少年盛气,不谈用兵救国之策。即使如此,他依然无法融入这个偏安东南一隅的朝廷。从大时代背景来看,朱熹的遭遇是注定的。对于一个心怀远大抱负的年轻人来说,即使低头适应那糟糕透顶的局势,也绝写不出那些阿谀奉承的言语。而失去了粉饰太平的辞藻,他怎么会受到统治者的喜欢呢? 这也就是说,朱熹看清了社会,明白了人情,但却无法强迫自己的内心。但是他不这样做,也就注定了他在应试上的努力无法达到全力以赴的程度。这就导致了他"同进士出身"的现实命运。

　　对朱熹而言,他既要坚守儒者的本心,又要顺应时代的趋势。他明白自己的父亲朱松就是与秦桧不和才远走福建,可是他的应试又不得不在秦桧的眼下进行。宋高宗的"中兴"似乎又像一种巨大的讽刺来考验着朱熹的内心。所以无论从进士的名次,还是殿试的过程,及这道吊诡的策论题目,都让朱熹无法"春风得意"。

　　其实,关于朱熹的进士及第,还有一个方面需要谈的。那就是朱熹在朱松逝后,迫切需要一个可以改变自己人生命运的机会。《朱子大传:"性"的救赎之路》里曾经有过这样一段记载:"在潭溪,朱熹母子的景况并不富裕,但也不同于一般寄人篱下的生活。刘子羽在给刘勉之的信中提到为朱熹母子提供的住食条件说:'于绯溪得屋五间,器用完备。又于七仓前得地可以树,有圃可蔬,有池可鱼。朱家人口不多,可以居。'(《鹤林玉露》甲编卷二《子弟为干官》)可是朱熹却感到一种精神上的压抑,一种过早的人生忧患意识使他变得更老成沉郁,坚毅内向。"[①]这段描述其实透漏出一个长期寄人篱下的人迫切希望得到"光宗耀祖"机会的渴望。无疑,这次中举后的进京赶考是朱熹不能不重视的一个机会。

　　于是对于上文描写朱熹时出现的矛盾,就有了一个合理的解释。虽然朱松与秦桧有冲突,但秦桧此时正是宋高宗的宠臣,朱熹也不得不低下那年轻气盛的头颅,以换取在他这个年龄不得不在意的功名。所以他放弃了以往的以兵救国的主张,在自己的策论中开始有意无意地顺着秦桧和皇帝的

---

　　① 束景南:《朱子大传:"性"的救赎之路》,上海:复旦大学出版社,2016 年,第 51 页。

意思说。他虽然对宋高宗给出的"中兴"心生厌恶，但这是他唯一可以改变命运的机会，他不得不用道谦的禅宗佛学来"打太极"。所以他得中五甲第九十名，也就不是什么奇怪的事了。其实，即使今天的人站在当年朱熹的那个位置，似乎也会做出和他一样的选择。卧薪尝胆的举动，是青年朱熹必须经历的功课。

秦桧的劝降和宋高宗的绥靖政策，让基本一无所有的朱熹不得不正视这种历史现实。他也不得不尝试着改变自己的内心。可以说，科考是青年朱熹唯一可以改变命运的方式，也是早熟的朱熹必须做出的选择。青年，在理想与现实的角逐中，理想往往要让位于现实。事实证明，朱熹的这个选择是正确的。我们从黄铢在科考上的遭遇就可以看得到，失去了功名的加持，黄铢后来表现得郁郁寡欢，他对自己的人生逐渐有了自我放弃的念头。在南宋那个风雨飘摇的年代，没有进士及第，文人的命运多是非常凄惨的。这说明了朱熹当年没有意气用事，用禅学来应试是非常明智的选择。

朱熹在策论中放弃宋高宗不愿谈及的兵事，而是以道谦的思想来"变通"。然而令他没有想到的是，这种"变通"虽然方向对了，但得出来的结果却不是朱熹期盼的。出身官宦世家的朱熹自然明白"同进士出身"对他来说意味着什么，他也明白这个功名对自己未来从政之路将带来多少艰辛和挑战。事实上，朱熹后来去泉州同安县上任时，他在主簿任上的不得志，及在中年时期弹劾浙江诸地贪污腐败问题上的挫折，都已经在这一刻埋下了伏笔。所以当束景南说朱熹在得知进士及第后，他会有"春风得意"的感觉显然是值得商榷的。同时，我们从朱熹回到潭溪后依然表现出来的发愤图强的状态中，也可以看得到他对殿试的不满；从他在进士及第后广交道士与和尚，也可知他内心的沮丧。他已经在寻找一种对命运不得志的解脱之道。他就像一个没有考好的孩子一样，虽然也顺利上了大学，但由于已经得到的与自己心中的目标相差太多，而表现出一种"学习的狂热"。这种狂热既体现在对"已取得成就"的不满，也体现出对失落心理的一种情感补偿。他对自己取得的这个功名虽谈不上抱怨，但他内心中的那个功名"结"始终是无法打开的。

第二节 自 我

朱熹在青年时期表现出来的种种样态,我们从弗洛伊德的本我(id)、自我(ego)和超我(superego)理论中可以找到相应的参照。在弗洛伊德的理论中,对人的划分分为本我、自我和超我这三个层面。它们分别代表着人格的某一个方面。比如说,本我反映人的生物本能,遵循按快乐行事的原则,偏重于人的生物本能;自我寻求在环境允许的条件下让本能冲动能够得到满足,是人格的执行者,按现实原则行事;超我追求完美,代表了人的社会性,是"道德的人"。

弗洛伊德认为本我(id)是人格结构中最原始部分,构成本我的成分是人类的基本需求。比如饥、渴、性三者均属本我的属性范畴。本我需求产生时,个体的诉求需要立即满足,因此它会成为支配人的活动的基本原则。在青年朱熹这里,生存依然是他需要考虑的第一件事。虽然刘子羽为朱熹母子安排了不错的生活,但是这种赠予的生活并不是一个二十多岁的朱熹想要的。朱熹从出生到成年的颠沛流离的生活经历,加之朱松于他十四岁时去世,这些都迫切地要求他需要自立。这种自立不单单是指可以养活一家人,而且需要自己在亲朋好友中树立良好的形象。这种求生存与求发展的心理,构成了在风雨飘摇中成长的朱熹不得不面对的重中之重。

弗洛伊德认为自我(ego)是在现实环境中由本我分化发展而产生的个体。自我反映了由本我而来的各种需求与在现实中不能立即获得满足的矛盾冲突,它常表现为内心必须迁就现实的无奈,并试图通过学习实现在现实中需求满足的心理。自我介于本我与超我之间,对本我的冲动与超我的管制具有缓冲与调节的功能。青年朱熹显然是处于这样的一个阶段中。他既没有办法摆脱本我对自己的要求,也远没达到中年朱熹那种超我的洒脱。他迫切希望通过"努力"和"学习"来向世人证明自己存在的价值与意义。从这一点上说,他的"进士及第"非但没有给朱熹带来满足感,反而成为促进他摆脱这种"看似耻辱"的功名的学习动力。朱熹从临安回到五夫里时继续奋发苦读,则完全符合上面的理论。

因此,不站在朱熹的立场上是无法感受到"同进士出身"的名次对一个异常努力的少年是一个怎样的讽刺。这就如同父母不理解孩子明明考上了一所好大学,但孩子却常常为自己的大学非常不满意,表现出一种痛苦的表情。因为这种在他人心里产生羡慕的功名,与青年朱熹原有的预期相差过远,遂只能成为朱熹内心中难以言说的苦闷。此时,除了他的妻子刘清四能真切地明白朱熹的烦恼,他的师长和岳父都可能无法理解朱熹内心中的烦闷心情。虽然在朱熹的存世文本中很难发现有关刘清四在此时的着重描述,也难见到朱熹对自己心理的刻意描写。但细读朱熹这一时期的诗,那种苦闷的景象就不由自主地呈现在面前。这或许有可能是后人编著《四库全书》时将朱熹原来的"日记"性文字有意地删减,或是朱熹囿于时代的局限,不愿将这些内心世界的话放在纸上。所以朱熹的苦闷绝不是因没有直接的文字就可以直接否定的。

这件事也揭示出朱熹亲近佛老的真实意图,他是希望通过宗教式的超越来摆脱"自我"的空虚与烦闷。当然,他与竹源庵的宗元和开善寺的道谦的交往中,这种超我显然是没有成功的。否则他不会在两年后南下同安时,就那么容易接受李侗的儒家思想。对于青年朱熹而言,他的"超我"主要体现在他的山水美学的思想里。通过山水的情美,追寻那陶渊明式的归隐与"随心所欲不逾矩"式的洒脱。

朱熹一生是寄情于山水的。他的很多诗歌都是在这种情景下写成的。这也是朱熹对"情"的一种直观的表达。这种直观的表达分为两个方面:

一是以文字来抒情。比如朱熹在《丘子野表兄郊园五咏》的《柳》中言:

> 欲识渊明家,离离疏柳下。
>
> 中有白云人,良非遁世者。[1]

又如《题郑德辉悠然堂》中言:

> 高人结屋乱云边,直面群峰势接连。
>
> 车马不来真避俗,箪瓢可乐便忘年。
>
> 移筇绿幄成三径,回首黄尘自一川。
>
> 认得渊明千古意,南山经雨更苍然。[2]

对这种陶渊明式自由的追求,他自己作《隐求斋》诗云:

---

[1]　朱熹撰,朱杰人等主编:《朱子全书》第 20 册,上海:上海古籍出版社,合肥:安徽教育出版社,2002 年,第 228 页。

[2]　朱熹撰,朱杰人等主编:《朱子全书》第 20 册,上海:上海古籍出版社,合肥:安徽教育出版社,2002 年,第 352 页。

> 晨窗林影开，夜枕山泉响。
>
> 隐去复何求？无言道心长。①

朱熹的这三首诗对自己的内心表白十分直接，基本上可以看出朱熹在这三首诗中要表达的苦闷意涵。

二是直白地表示喜爱。朱熹对亭阁的喜欢不言于表，他中年后兴建书院，多采取用亭阁结构，也反映了青年时这种心理的预期。朱熹晚年对亭阁的喜爱更进一步，他在《聚星亭画屏赞》中说：

> 名画想多有之，性甚爱此，而无由多见。他时经由，得尽携以见，顾使获与寓目焉，千万幸也。彼中亦有画手，能以意作古人事迹否？②

意思是说："有名的画作我已经有了不少，但独爱这一幅（聚星亭里的画屏），这在我的一生中是不多见的。有时候从这经过，能和大家在此上下观赏一番，这是多么荣幸啊。一起看画的人就不乏会画画的，但能不能画出古人的这种意味呢？"钱穆说："朱子晚年，苟陈家风，朱子向所不喜。而为此一画，几经筹度，往返商讨，不厌不倦。甚于游艺、格物双方精神之兼畅并到，正可因此想见。"③这件事虽然发生在朱熹的晚年，也几乎是他从青年到老年一生的写照。

他的"自我"主要体现在他对儒家的学习与修行中：即囿于时代局限又有意于突破时代束缚的为儒学正名的抗争。正因为如此，他对《孟子》学才会产生一种异于常人的情感。

他对《孟子》的关注使他在生活的每一个点滴中，都沾染了"为天地立心，为生民立命，为往圣继绝学，为万世开太平"④的儒家道德本心，而无法成为陶渊明式洒脱的超我。朱熹的山水诗不是他"理性压抑后的释放"，"理"思想从未逃离朱熹本心。这说明朱熹的"自我"是充满着矛盾的二重情感。

---

① 朱熹撰，朱杰人等主编：《朱子全书》第 20 册，上海：上海古籍出版社，合肥：安徽教育出版社，2002 年，第 522 页。

② 朱熹撰，朱杰人等主编：《朱子全书》第 23 册，上海：上海古籍出版社，合肥：安徽教育出版社，2002 年，第 3108 页。

③ 钱穆：《朱子新学案》第 5 册，北京：九州出版社，2011 年，第 396 页。

④ 此名为"横渠四句"流传最广的版本，但较之文本文献，存在着一定的问题。《张子全书》的版本为："为天地立心，为生民立道，为去圣继绝学，为万事开太平。"（张载：《张子全书》，林乐昌校对，西安，西北大学出版社，2014 年，第 259 页）《张载集》的版本为："为天地立志，为生民立道，为去圣继绝学，为万事开太平。"（张载：《张载集》，北京，中华书局，1978 年，第 320 页）虽然这三种版本用字不同，但立意几乎一致，故文中引用流行版本。

这种矛盾的情感不是青年朱熹此时心理呈现为"混沌状态",而是他的"理"思想还没有完全成熟前的"草稿",是他思想成熟前的"迹"。这种"迹",是青年朱熹最本真的体现,也是我们研究青年朱熹最有价值的部分。

弗洛伊德认为人的超我(superego)有两个重要部分:一是要求自己行为符合自己理想的标准,二是用良心规定自己的行为免于犯错的限制。因此,超我是人格结构中的道德部分,从支配人性的原则看,支配超我的是完美原则。青年朱熹的超我表现为他的道德本心一直在对他进行圣人式的约束。从这一点来看,朱熹的"为天地立心,为生民立命,为往圣继绝学,为万世开太平"又成为他在青年时期的超我表现。在他内心之中,道德的向往和真实世界中的不公,让他不知道如何平衡超我与本我二者的天平。所以说,这一时期的朱熹思想虽不混沌,却使自己的未来充满了迷茫。在他内心之中,既有诸葛孔明的安邦立世的超我存在,也有陶渊明的田野闲居以求生存的本我存在。这时摆在他面前的,就是平衡本我、自我和超我在心中的比重,使它们形成一个有机的整体。因此,"进士及第"后对于朱熹内心面临的最大挑战,就是如何让自己的本我、自我和超我再次回到协调与平衡的状态,从而保证了现实人格与理想人格的正常发展。这对他来说是一个不小的难题,却又是他不得不要化解的问题。如果三者的结构继续失调乃至破坏,轻则产生心理障碍,危及人格的发展;重则消极厌世,步入宗教的世界中寻找安慰。黄铢就是一个典型的反例。

"道心"与"闲居"的羁绊,构成了朱熹从浙回闽后两种矛盾最真实的心理体验。而这种心理体验又往往集中于一点:焦虑。这种焦虑,即让朱熹无法放下心理负担来积极入世,也注定了他无法像陶渊明一样真心回归田园。

焦虑在弗洛伊德的理论中有三种:现实性焦虑、赢得他人的尊重焦虑和道德性焦虑。这三种焦虑在进士及第后的朱熹身上能看到明显的印记。一般来看,这三种焦虑往往出现在人生发展的不同阶段。但是在人生经历的特殊时期,这三种焦虑也会同时出现。进士及第后的朱熹,可能就面临着这种特殊的时期。对于青年朱熹而言,他的"现实焦虑"来源于中进士后的去向。因为南宋时期铨试制度的存在,进士就成为一个"有可能"获得官职的"出身",却不能直接为官。在青年朱熹看来,上天给了他希望,但这种希望对他来说又是十分渺茫。他不知道,自己是否能在铨试中有改变命运的机会,会不会有一道"象征着幸运"的圣旨出现在这个大山中的五夫里。他也不知道,他还有没有机会能等来这道没有确定时间限制的圣旨,因为朝廷的

动荡与连年的灾荒,使一切都具有了不确定性。

对于一个人来,现实中最大的焦虑往往不在于"得不到",也不在于"得到",而在于"得到"与"有可能得到"之间。朱熹此时刚好就处于这样一个尴尬的阶段。对于他来说,他此时既可能是别人羡慕的榜样,也可能是别人嘲笑的对象。要知道,五夫里虽然不大,但是长居于此的刘氏家族和胡氏家族都是名门望族,这两个家族获得成功的族人也很多。刘子羽甚至官拜将军,胡宏从这里走出并创立了影响深远的湖湘学派。与此相比,朱熹这个"同进士出身"在五夫里确实也没有什么可被羡慕的资本。因此,当正式的朝廷任职批文到来之前,朱熹至少是不会在两大家族面前面露喜色,更不会有什么"春风得意"的举动。他这个"同进士出身"在五夫里这个地方,基本也只相当于读书人中的"良好",和"优秀"的距离还相差较远。朱熹的姻亲同辈人中入朝为官者也不在少数。

赢得他人尊重的焦虑主要是在朱松去世之后,朱熹一家搬到五夫里后他内心的想法。可以想象,一个刚刚十四岁的懵懂少年,在经历了父亲去世和举家搬离的变故后,他的内心多少是缺少安全感的。在安全感的建立中,"他人的尊重"是重要的一环。我们无法知道朱熹在初到五夫里时他遭遇过什么,是否也和现在很多十四五岁的青少年一样,面临着被孤立和各种莫名的欺负。两个哥哥的早逝,让他在世上唯一可依靠的就只有父亲朱松。而朱松的离开,又让他只能围绕在母亲身边。由于资料的缺乏,对于当时这对孤儿寡母初到这个异地的五夫里是怎样一种心情已经不得而知。不过,面对家世的多变让朱熹还继续保留一颗童心,这多少有些强人所难。事实上,从朱熹后来的回忆中就可以看得到,朱熹认为自己青年时代并不是什么聪敏过人之人,相反他认为自己比较愚笨。胡宪等师者对他青年时的评价有"优秀之说",我们可以想象少年的朱熹到五夫里后"为了这个优秀"付出了巨大的努力。他的努力甚至表现为异常勤奋。

少年朱熹和青年朱熹内心真切的需求,就是赢得别人的尊重。他不想被别人瞧不起,也不想母亲因为自己的行为而丢脸。这种寄人篱下的生活也让朱熹过早地明白,"赢得别人的尊重"对自己到底意味着什么:有尊严地活着。所以我们发现青年的朱熹对礼是异常敏感的。他的这种"礼"不仅体现在他对师长的尊敬,也体现出他对先人治礼思想的追寻。他从对张载礼学的关注,到对司马光等北宋学者的礼学思想的总结,最终完成了他那部《礼仪经传通解》的书稿。不过,这已经是中年朱熹的事了。我们很难想象一个对"礼"不遵循和不喜欢的人,最后可以留给后人那样一部皇皇巨著。

第三节　尊　重

尊重是刻画在朱熹的骨子里的。他对尊重的捍卫,既表明他少年时对胡宪等先师的礼敬有加,也体现在他中年后对陆九渊那些不懂礼的弟子由衷表现出来的厌恶。南宋淳熙六年(1179 年)己亥秋,张栻曾经写信给朱熹说:"近来有澧州教授傅梦泉来湖南见我,他是陆九渊的高足,这个人看起来刚介有立。但是他所谈的内容多是一些扬眉瞬目的浮夸学问,可能是他长期向陆九渊学习,从陆九渊那里学来的。"[①]"扬眉瞬目是指傅(梦泉)不事辞气容貌修养,带着禅家呵叱的意思。"[②]张栻之所以和朱熹在书信中强调这一条,说明张栻和朱熹对陆氏门人和陆九渊的"无礼"行为有所不满。陆氏门人不尊重人的行为也绝不是什么孤例,陆九渊死后,朱熹依然对他表示不满,也体现了对于"陆氏不教礼学"的忌惮。

中年朱熹也曾在丁未五月二日亲自写信给陆九渊,谈论陆氏门人的无礼不敬的问题,并将这个问题的根源指向了陆九渊。他写道:"你来信所说的'利欲深痼者'已经不用再多说些什么了,关于这些烦心的事,也就是一些没有实际意义的轻为高论,妄自给出一些内外精粗的差别,以个体的良心和日常的见解为标准,就称圣贤的话都不可信,只给出一个类似圣人气象和语言,也没有什么深入学问。这种说法是乖戾狼悖的,对传播儒家大道十分有害,用不了多久就会有这弊端的显现。"[③]

这里的"轻为高论"、"乖戾狼悖"明显在批评陆九渊本人完全没有儒家学者以礼"修身"的本分,给人一种不尊重的感觉。这种没有"尊重"的无礼

---

① 原文曰:"有澧州教授傅梦泉者,资禀刚介,亦殊有志,但久从陆子静,守其师说甚力。此人若肯听人平章,它日恐有可望也。"张栻:《张栻集》,邓洪波点校,长沙:岳麓书社,2009年,第 716 页。

② 陈来:《朱子哲学研究》,北京:生活·读书·新知三联书店,2012 年,第 442 页。

③ 原文曰:"来书所谓利欲深痼者已无可言,区区所忧,却在一种轻为高论,妄生内外精粗之别,以良心日用分为两截,谓圣贤之言不必尽信,而容貌词气之间不必深察者。此其为说乖戾狼悖,将有大为吾道之害者,不待他时末流之弊矣。"朱熹撰,朱杰人等主编:《朱子全书》第 21 册,上海:上海古籍出版社,合肥:安徽教育出版社,2002 年,第 1565 页。

之举,让朱熹对陆氏门人大为恼火。同时,对于教导无方的陆九渊也略带嗔怒之言。朱熹曾说过陆九渊不识《中庸》,也不明《大学》。这是朱熹认为陆九渊教门人可能过于注重"心即理",或者"宇宙即吾心"的形上层面的引导,忽视了对其门下弟子的形而下层面的行为举止的规范。陆九渊对"礼教"的不够重视,造成弟子的无礼行为,使朱熹一度怀疑陆九渊有"近禅之嫌"。其实,从尊重这个角度来看,朱陆的矛盾在这一点上就已经不可调和了。无论是享誉历史的鹅湖之会,还是后来陆氏门人的拜访,都因这种不尊重的无礼之举使朱熹对陆九渊大加反感。

在鹅湖之会上,陆九渊突然发难而吟诵的那首著名的诗:

> 墟墓兴哀宗庙钦,斯人千古不磨心。
>
> 涓流积至沧溟水,拳石崇成泰华岑。
>
> 易简工夫终久大,支离事业竟浮沉。
>
> 欲知自下升高处,真伪先须辨只今。①

这首诗的出现是接续其兄陆子寿为鹅湖之会时准备的那首诗:

> 孩提知爱长知钦,古圣相传只此心。
>
> 大抵有基方筑室,未闻无址忽成岑。
>
> 留情传注翻榛塞,着意精微转陆沉。
>
> 珍重友朋相切琢,须知至乐在于今。②

将这两首诗进行对比,陆九渊的诗明显带着挑衅的意味。这让朱熹当时就感到了"不尊重",气到不知道该说什么。陆九渊曾说:

> 易简工夫终久大,支离事业竟浮沉。举诗至此,元晦失色。至"欲知自下升高处,真伪先须辨只今",元晦大不怿,于是各休息。③

很显然,陆九渊的诗相较于陆子寿,挑战的意味更多了一些。从陆九渊的诗中,我们既能看出他的年少轻狂,也显露出陆九渊为人处世时"无礼"的性格底色,这让朱熹感到很大的不适。

鹅湖之会虽然是朱熹中年之时发生的事,但这其实是青年朱熹的那种"赢得他人尊重的焦虑"的延续。一个人能对他人表现出来的"不尊重"如此介意,除了涵养,那就只剩下过往的记忆了。中年的朱熹是不缺"涵养"的,

---

① 陆九渊:《陆九渊集》,北京:中华书局,1980 年,第 301 页。

② 陆九渊:《陆九渊集》,北京:中华书局,1980 年,第 427 页。

③ 陆九渊:《陆九渊集》,北京:中华书局,1980 年,第 427~428 页。

就只能说他青年时那种需要"赢得他人尊重的焦虑"并没有消失。只是经历了世事百态的朱熹不可能意气用事地愤然离去,但结果是朱熹对鹅湖之会之前所定的目标已经没有多少耐心。鹅湖之会的情景几乎都被陆九渊的哥哥陆子寿看在眼里,他也突然明白他在来的途中改变初衷,是个多么错误的决定。因此,三年后,才有朱熹书信里"其后子寿书来,乃伏其谬,而有'他日负荆'之语"①的表达。很显然,朱熹是对陆九渊当时的"无礼"很生气。同时,他也隐约看到了陆九渊这种"无礼"必然会在日后官场上吃大亏。事实上,朱熹的预测最终真的发生了,《宋会要辑稿》载:"淳熙十三年十一月二十九日,敕令所删定官陆九渊差主管台州崇道观。九渊除将作监丞,臣僚论驳,谓其躁进强聒,乞赐寝罢。故有是命。"②大意是在淳熙十三年(1186 年)十一月二十九日那天,皇帝下旨让陆九渊辞掉原官职,到台州崇道观任职。皇帝准备让陆九渊当监丞,结果大臣们都反对。大家说他性格急躁,强词夺理,最后皇帝只能收回成命。这大致就是陆九渊因"无礼"而有的命吧。

陆九渊对于当年鹅湖之会的莽撞是否给朱熹带来"不悦"的感受我们不得而知,但在以后的交往中,陆九渊对待朱熹的态度显然已经没有了当年的那种"躁进强聒"。这种"尊重"的恢复让朱熹看到了陆九渊的诚意,才有请他入讲白鹿洞的事情。此后,朱陆之间通信频繁,但陆九渊的性格及对"礼"的轻视,始终无法让重视周礼的朱熹对其认同。这也决定了他一生中悲惨的命运。陆九渊的陨落是以吕祖谦为主的道学阵营的重大损失,也是朱熹一直担心的事情。吕祖谦、朱熹与和陆九龄相约鹅湖寺本来就是想劝导陆九渊收收性子,以道德礼教束身。没想到陆九龄中途忘了鹅湖之会的目的,与陆九渊站在一起,来与朱熹、吕祖谦论战。

因此,当朱熹在第一天听到陆九渊在鹅湖寺中吟诵"墟墓兴哀宗庙钦,斯人千古不磨心。涓流积至沧冥水,拳石崇成泰华岑。易简工夫终久大,支离事业竟浮沉。欲知自下升高处,真伪先须辨只今"③时,朱熹与吕祖谦就知

---

　　①　朱熹撰,朱杰人等主编:《朱子全书》第 23 册,上海:上海古籍出版社,合肥:安徽教育出版社,2002 年,第 2781 页。意思是说:后来陆子寿写来书信,认为以前的做法或说法是错误的,说以后有时间,特意来找朱熹请罪。

　　②　转引自余英时:《朱熹的历史世界》(下篇),北京:生活·读书·新知三联书店,2004 年,第 472 页。

　　③　朱熹撰,朱杰人等主编:《朱子全书》第 20 册,上海:上海古籍出版社,合肥:安徽教育出版社,2002 年,第 301 页。

道这位可能站到自己阵营的道学者，以后可能会吃大亏。朱熹知道，陆九渊在鹅湖寺上有多风光，他在日后的仕途中就有多凶险。朝廷内道学一派与反道学一派的斗争不需要"意气风发"的个人意气，而是"沉重冷静"的道德约束。为官之道不能逞一时口舌之快，而是要心思缜密地面对各种复杂的问题。

鹅湖之会是一次非常好的给陆九渊教育的机会，但因为陆九龄的阵前倒戈，使陆九渊这匹千里马再无戴上道德缰绳约束的可能。这也为他日后因"躁进强聒"被赶出政治中心埋下伏笔。陆九龄想必在事后也想到了这个方面，他们来鹅湖的目的并不是让早已成名的弟弟陆九渊再炫耀一番，而是借助吕祖谦和朱熹这两位前辈的学识磨一磨陆九渊那桀骜不驯的耿直性子。但是鹅会之事木已成舟，一切都为时已晚。后来陆九龄给朱熹写信有"负荆请罪"之说，也多半有这方面的考量。

陆九渊事件揭示了中年朱熹时刻思考的一个问题：道德性焦虑。实际上，道德性焦虑围绕着朱熹一生，但它应该是始于朱熹的青年时期。尽管道德在人的一生中都是普遍存在的，但是人能真切地感受到道德的存在应该是在青年时期。这里有两个因素，一是青年之前的道德是朦胧的。童年的小男孩和小女孩裸露着上身，没有人觉得他们的这种行为和道德有什么关系，他们本人也不会觉得这是不道德的。他们对道德的感知多是来自成人（老师、父母和其他成人）的语言反馈，让他们"认为"这是不道德的。至于为什么不道德，往往不是他们这个年纪需要考虑的问题。这一点，心理学家皮亚杰和科尔柏格都有过关于人的道德发展阶段的相关理论论述。

当然，对于少数早熟的孩子可能会过早地感受到道德的存在和压力，但这情况基本上是他心智过早地进入了"青年阶段"。人如果有一天不再意识到自己还是一个孩子，他就已经无法将自己还归置于童年时期。因此，道德焦虑最常见的往往是在人的成年之后。

对于朱熹而言，他的道德焦虑是显而易见的。对于他来说，不管早年父亲朱松向他灌输了多少儒家思想，他对道德行为的感知还是停留在懵懂时期。但是他到五夫里后，道德行为的遵守为他带来"实际的好处"，道德的"实用"第一次让朱熹深信不疑。他真切地感受到道德的魅力与价值。这就是说，做一个遵守道德的人，至少可以赢得不错的口碑。这对于一个刚刚丧失父亲缺乏安全感的少年来说，无疑是一把最好的保护伞。虽然朱熹中年之后与陈亮一直辩论"义、利"关系，但对于一个寄人篱下的少年朱熹来说，

"利"的实惠性让他不得不屈从。在单亲家庭中,这种现象并不少见。因此,我们不能拿中年朱熹来强行要求青年朱熹也要达到那种"圣人气象"。

关于学校霸凌事件,一个突出的现象就是有道德的老实孩子往往更容易被欺负。这种"被欺负的行为"在后来都会被制止。但是有意思的是,这个"制止"既不是老实的孩子变得强起来足以对抗欺负者,也不是学校出面或老师的强行干预,反而是学校里另一伙善于打架的男孩子"看不惯有道德的孩子被欺负"而出面加以制止。所以即使这个有道德的老实孩子没有主动要求别人去为他做什么(比如说找别人帮助他解决之前被欺负的问题),也会有人主动无报酬地帮助这个有道德的男孩子解决了这个问题,惩罚那个欺负者。于是道德在这里就构成了一种"道德奖励"。

"道德奖励"是一种由于同情或怜悯而产生的一种行为互助。它并不是什么迷幻的空想理论,而是真切地存在于人们现实生活的方方面面之中。"道德奖励"的现实效果往往是立竿见影的,小到家庭,中到学校,大到社会,都含有着这样一种普遍的原则。

青年朱熹一定也得到过这样的"道德奖励"。比如说刘勉之将自己的女儿刘清四嫁给朱熹为妻,其实也是一种变相的"道德奖励"。然而所有的东西都有两面性。道德奖励的副作用就是极易生成道德焦虑,即因为害怕失去道德奖励而产生焦虑。对于青年朱熹来说,他真切地感知到道德奖励给他带来的好处,他也知道只有继续遵守道德,北宋"德政"的"共商国是"才有可能成为他未来的希望,变成一种新的"道德奖励"。但是他也明白如果自己达不到这种道德上的完美之人,获得这种"道德奖励"就显得十分渺茫。这里蕴含着青年朱熹对未来的期望。

这种期望存在着不可确定性,但他知道道德的维持将是他在人间立足的最基本保证。朱熹的这种坚守,无疑促成了让道德成为他衡量一切价值的标准。这种标准同时也导致了朱熹一生中患得患失的人生际遇。他太迷信自己信奉的这套道德标准,他也太希望别人也达到他内心的道德标准,特别是他抱有希望的宋孝宗和宋宁宗这两个皇帝。这种心理促使他在被皇帝召入朝宣讲时,不由自主地说了很多让宋孝宗和宋宁宗十分不舒服的"圣人道德",落下凄惨的结局。

可以说,朱熹的进士及第非但没有给他带来所谓的幸福感,反而是深深加重了他的焦虑。但吊诡的是,这种焦虑却成为他继续前行的动力。

第二章　复归家园

　　如果说进士及第是朱熹面临的第一种焦虑，那么第二种焦虑应该源于他的结发妻子刘清四。一般看来，朱熹的洞房花烛与金榜题名发生在同一年，是青年朱熹人生中接连发生的两件喜事。但是刘清四背后的刘氏家族，相对比朱熹的寄人篱下身份，让青年朱熹常有一种莫名的压迫感。姻亲内部本有的势能产生的压力，往往是人生中最难解决的难题。这就如同"入赘"相比于"迎娶"，多少都有一点感伤。朱熹虽谈不上"入赘"，但刘氏家族的时常接济，也让朱熹有一种说不出来的感伤与压力。这或许比进士及第的那个名次更让他心有不安。

第一节　婚　姻

　　朱熹与刘清四的出身在表面上看是门当户对，实际上并不是这样。刘清四的父亲刘勉之是五夫里的名门大户，又在考亭等地有多处产业。因此，暂不论其兄刘子羽等人在朝廷当过封疆大吏，就刘氏家族在五夫里的影响力，实际上也是朱氏家族所不能比的。当然，朱熹的祖上在婺源也曾有过封疆之事，但由于年代久远，到其曾祖父朱振时已经不再做官，到朱熹的爷爷朱森时，朱森已经变卖婺源的地产随朱松入闽。朱松虽曾在朝廷为官，与朝中大臣多有往来，但相较家庭昌盛的五夫里的刘氏家族，朱氏一门此时已经败落了。

　　朱熹来到五夫里是在朱松过世之后。他和母亲祝夫人等来到五夫里投奔刘氏家族,基本上是过着寄人篱下的生活。如果说此时以祝夫人为代表的朱氏家族与以刘勉之为代表的刘氏家族是门当户对,这显然是说不通的。而且,虽然朱熹在少年时期学习优异,但毕竟是一个少年,没有取得什么功名,不能为家族带来什么实质性的帮助。因此,少年朱熹生活充满着坎坷,又促使他的意识过早成熟,他显然对自己与刘清四之间的差距心知肚明。在这种情况下,他知道自己多少有点"高攀"之嫌,这对他来说是一种隐形的压力。

有一个情节需要说明,那就是朱熹与刘清四结婚的时候,朱熹还没有取得什么实质的功名。绍兴十七年(1147年),朱熹十八岁,在建州乡试中考取举人。第二年的绍兴十八年正月,刘勉之将女儿刘清四许配与他。当然,古代中举自然也是可以为官的,但是对家族里已经出过封侯拜相大将军的刘家,这个功名自然是不值一提。这一点朱熹十分清楚。同年三月,新婚蜜月刚过,朱熹就入都参加进士考试,在四月十七日中王佐榜第五甲第九十名,获得了准敕赐同进士出身。

在一般人看来,朱熹在十八、十九岁的两年就完成了中举、娶妻和进士及第的三件大喜事。若是在平常人家,肯定是欢天喜地的情形。可是面对着有封疆大吏背景的刘氏家族来说,这只是家里的平常事。刘清四自然也是见惯了家族里科考带来的喜讯。对于她来说,考取功名或者封侯拜相,这在刘氏家族已不算什么新奇的事。而且刘子翚等叔辈曾获将军的官职,这也让刘清四对朱熹的"进士及第"难有过于激动的反映。姻亲的平静无疑让青年朱熹感到一丝丝的失落,他感受不到他人的眼中因羡慕而产生的优越感。相反,在这个人才辈出的刘氏家族里,他的压力并没有因为科考而减少一分,反而因为名次的不理想,他常会在妻子刘清四面前表现出一种失落之态。

朱熹此时的心态,我们用今天的思维来分析一下,就会发现这种心理是非常正常的。刘清四在得知朱熹进士及第后的心情,完全符合一个全家都是名牌大学教授,自己又是海外名校博士的女孩,知道自己的老公考取了一所全国重点大学的博士学位时的心情。虽是喜事,但由于对比过于明显,不会像自己感到过于欢喜。刘清四的背景不同于一般家庭,她不会呈现欢天喜地的行为,她也不会觉得这是一件特别值得高兴的事。她的反应实际上就是朱熹焦虑的原因之一。刘清四与朱熹新婚不久,她自然也不会像成熟女性一样照顾丈夫的想法,她只能以最本真的心态来面对朱熹取得的成就。

因此,朱熹的这个"准敕赐同进士出身"对比五夫里声名显赫的刘氏家族就显得过于暗淡,他无法得到内心需要的正向反馈。

史料中关于刘清四的记载很少,我们只能在一些历史片段中推测刘清四的性格与为人方式。后人根据朱熹岳父刘勉之的儒家身份,推定出生于世儒书香之家的刘清四,一定是常年受父亲教诲,知书达理,清正为人。对于这一点,从朱熹的存世文本中从未记录他对妻子的抱怨,可见这种推断基本上是可信的。同时,朱熹一生虽说做官时间很短,颠沛流离时候较多。操持家务,勇于担当,基本上是刘清四嫁与朱熹婚后的分内事。她被称为是朱熹的贤内助,这一点应该是实至名归。林振礼就指出:"刘清四无疑是一个贤妻良母,她大约只活到四十四岁。她的死当与频繁生育、过度劳累有关。"[1]这说明了刘清四虽然不一定能为朱熹的内心排忧解难,但照料朱熹一家,则是十分称职的。

上述关于刘清四的推论,说明她不会对朱熹"进士及第"表现过分的喜悦。同时,长期的儒家教诲会让她在朱熹"进士及第"后以一种更为平常的心态来面对这种结果。这一切或许都符合儒家礼仪的典型规范,但对朱熹本人来说却增添了些许的落寞。真实的人生不仅需要天理的规范和伦理的礼节,也需要家人在特定时间有"夸张性"的情绪表达。因为家人不经意的,甚至是有意表现出来的"夸张"行为,对其家庭中那个取得成就者的满足感达成,是必不可少的条件。成人在特定的时候是和婴孩一样需要"夸张行为"的奖励,如"你真棒"之类的表述。但是对于家族中考取功名司空见惯的刘清四来说,朱熹的"第五甲第九十名"确实也让她无法产生这种"夸张式"的行为。同时,她所接触的传统礼教也不允许她在朱熹面前有如此的表现。更何况,二者也刚新婚不久,相敬如宾依然是婚姻中的常态。以上种种都会让朱熹对自己得来的"这个不满意的功名"产生一种难以言说的落寞。

从朱熹的存世文稿中我们很难见到他对自己考取功名细节的描写,这已经说明他对这次科考的过程与结果是不满意的。人往往不会忽视自己曾经取得的成就,除非"这个成就"不被自己承认。范进中举后的疯狂,可能是他一辈子炫耀的资本。而对于中年朱熹来说,那个"五甲第九十名"却也真的不值得再提起。对于他来说,这次科考多少是有些"功利主义"的,他是希望通过科考来达到做官改变命运的目的。也正因为如此,他才会变通地选

① 林振礼:《朱子新探:朱子学与泉州文化研究》,北京:商务印书馆,2018 年,第 8 页。

择大慧宗杲的理论来应付朝廷的考题。但这种功利心对于坚守道德本心的中年朱熹来说，并不是一件光彩的事情。因此，无论是以朱熹屡次辞官的现象来说明朱熹考取功名的目的就是"正君心"和"共商国是"，还是以朱熹对考取功名的蔑视来证明他曾有的功利之心，都显然是有把中年朱熹的思想过早地移植给青年朱熹的倾向。从朱熹十八岁到四十岁的二十多年中，他的理思想还处于萌芽阶段，"四书"体系还未真正建成。今人所熟知的朱熹的一切传世资料，此时还没有痕迹可寻。这一切都表明青年朱熹的科考指向一个最直接的目的：光宗耀祖，壮大门楣。但显然，"准敕赐同进士出身"这八个字是无法承载这种历史任务。面对功成名就的刘氏家族，朱熹或许只有进入一甲，才有"光宗耀祖"的资本。但这也只是假设。所以我们基本可知朱熹入都回到五夫里后，他真实的内心里充满着多少无法言说的无奈或悲凉。如果自己无才能，也能安心地面对上天的安排。可中举时的喜悦明明还在耳边回响，怎么会有中进士如此巨大的反差。他无法接受却又不得不接受这种现实，他甚至更加迷信佛教的因果或命运的多舛。

不过，总体说来，上天还是眷顾朱熹的。刘清四是一个中国典型的儒家女性角色。她相夫教子，多少也减轻了朱熹不少的生活负担。加上本身的教养，也让她对于朱熹的贫困窘境不会有过多的抱怨。所以纵观朱熹与刘清四共同生活的 28 年，虽然朱熹廉洁清贫，俸禄极低，经济拮据，但二人终能相濡以沫，相敬如宾。在这 28 年间，刘清四先后为朱熹生育三男五女（其中次女和幼女早夭），并教育这些孩子长大。

在史料的记载中，朱熹的长子朱塾少年时对读书的兴趣不高，学习很不用功，"懒散，既不知学"是他的在学习上的常态。为此，刘清四与朱熹费了不少心力，对他加强了督导，将他送往婺州金华拜吕祖谦为师。之后，朱塾学有长进，并入朝为官。朱塾先后担任了淮西运使、湖南总领等职。受到朱熹家风的影响，他在任时勤政清廉，在百姓之间颇有政声。

朱熹的次子朱埜是在朱熹泉州任上所生。那时朱熹忙于政事，刘清四基本上就是亦母亦师，对这个孩子悉心教诲。朱埜长大后，任"差监浙江湖州德清县户部瞻军酒库"。他在任期间，往来账目十分清楚，从未有过疏忽之漏。

朱熹的第三个儿子朱在。长大后因朱熹的功劳补了一个承务郎，在嘉定十年（1217 年）以大理寺正知南康军。因为他在上任期间积极的"进学问，振纲纪"，最后升至浙西茶盐常平使、知平江府、吏部侍郎，官声极佳。朱在的后人朱潜在南宋末年离开中国,进入到朝鲜半岛,开创了朝鲜李朝朱子学。

中年朱熹的贡献太大,以至朱熹逝世后就有人以"朱子"相称。到了元代,在许衡等人的大力推崇下,他更是被抬到了与孔孟同一位置的圣人层面。于是在这种背景下掀开起了一种针对朱熹的造神运动。朱熹被当成"神"一样被后世解读。这也决定了在他的日常生活中,只能有"好"而不能有"坏"。人们接受不了朱熹的家庭里也存在"鸡毛蒜皮"式的争吵,接受不了朱熹"郁郁寡欢"的心态。朱熹"必须"是意气风发,挥斥方遒的。经过造神运动洗礼过的人们不想也不愿意看到他们眼中的朱熹有一点点的瑕疵,他们不允许自己的精神图腾受到哪怕是一点的负面评价。于是朱熹被大家抬到神坛上,被塑造成另外一种样子。

但是对于未加封神的朱熹来说,由"神"的样子回归到"真实的人"才是理解他的正途。他有他的喜怒哀乐,他有他的郁郁寡欢,他有他的人生不得志。同样,对于新组建的这种对他"不利"的原生家庭结构,他的落魄以及与刘清四平淡的过往生活,让他们之间的想法不可能完全相同,也就决定了他们之间不可能只有幸福而没有争吵。实际上,两宋中产家庭妇女在家庭中所起的作用与承受的压力,也足以分析出她们存在着独立的人格。明清之际那种"三从四德"的妇女形象,可能不一定适合描画两宋的妇女。特别是经历过国破家亡和频繁战争的南宋初期,妇女绝不只是男人的附庸,虽然这其中可能会存在着一些特殊的情况。可以说,如果只从功效论的层次来分析刘清四,她对朱熹的家庭贡献是值得肯定的。但是如果将刘清四对朱熹家庭的贡献中抽离出来,只面对朱熹来说,朱熹夫妇相处就会出现一种平常人家常有的景象:争吵与和睦。

出身名门世家的刘清四在"下嫁"朱熹时,虽谈不上抱怨,但夫妻之间因为生活的琐事而吵架拌嘴,应该是常有之事。可以想象出来的场景是,刘清四在拮据的生活中会有些许的抱怨,或者少许的埋怨,这也是人之常情。毕竟取得功名的朱熹此时还未取得任何"实质性的官职",家庭生活的拮据依然是困扰他们的现实因素。从中可以想象出朱熹初为人父时的喜悦与不知所措,也能了解他面对家庭琐事的无奈。同时,他也需要处理婆媳关系、翁婿关系,他不可能再是一个每天只做学问,靠学业和智慧来赢取人生存在感的读书人。他要面对的问题与挑战实在太多。

虽然刘氏家族在朱熹母子初来五夫里时给了他们丰厚的土地以谋生

计,但是对于朱熹而言,家庭开支的拮据自然也是常有之事。当然,他们不会像佃农或雇农那么凄惨,不用担心缺衣少食的问题。但他一定会和今天的青年学者一样,微弱的工资勉强支撑着一家的花销。他们是富人中的穷人,也是穷人中的富人。在五夫里这个地方,青年朱熹的家庭只能算得上是一个中等偏上的位置。

第二节　清　贫

从社会学的角度来看,处于不同阶层的人面对的压力和感受到的幸福感是完全不同的。处于社会分层顶端的人精神压力较大,处于分层底端的人物质压力较大,但他们的幸福感都明显优于中层。中层的人在物质层面与精神层面的压力都不及前两者,往往难有幸福感。这里面既有人欲攀比使然,又有客观的社会环境导致。

对于分层顶端的人,他们的物质压力是极少的,因此他们在物质层面多是幸福的。处于底端的人,他们的物质层面极其匮乏,但这反而导致家庭成员没有什么欲望而相濡以沫,幸福感明显优于其他人。处于中层的或中产的人则不一样,他们既不想承受底层的赤贫,也体会不到顶层物质丰盈的随心所欲。这造成他们是最缺幸福感的一批人。有趣的是,也正是因为中层人群这种幸福感的缺失,促使他们或他们的后代往往更有出息。他们被迫远离生活的舒适圈,这一点从朱熹的儿女就可以看得出来。

朱熹与刘清四的清贫生活,基本上就是南宋典型的中产家庭缩影。刘清四眼中的朱熹,才华横溢却郁郁不得志;朱熹眼中的刘清四,勤俭持家,却无法对话。朱熹不知道如何把自己内心世界的话对这个枕边人讲,因为他的心中包含着治国平天下的宏图。刘清四也不知道如何安慰朱熹,因为她的眼中多是家庭琐事的安全、幸福和美满。因此,两种世界观的人难免会因为诸事不合而发生争吵。刘清四虽会和朱熹因为生活琐事争吵,但总体上她还是会迎合这个心中有一番抱负的身边人。她理解朱熹内心的苦闷,但她作为一个女人又不能做些什么,这也导致她也不能说什么。她像中国千百万南宋家庭中的女人一样,感受着,陪伴着,静默着。①

书香世家的原生家庭,让刘清四与朱熹不可能发生激烈的争吵。但对于朱熹来说,刘清四的一个不安的眼神就足以说明一切。他知道,刘清四与岳父刘勉之帮助自己太多,但是他的内心何尝不想将这种关系进行逆转。作为一个长期受到别人恩惠的人,心中最大的理想就是将"恩惠反转"。但青年的朱熹知道,他现在做不到,将来也可能做不到。他本来想通过金榜题名为刘氏家族提供一种荣誉上的反馈,但这个"准敕赐同进士出身"对于家庭显赫的刘氏家族实在不值得一提。其实,他从临安回到家中,看到刘清四平淡的表情,他就已经知道了这次取得的功名在刘氏家族到底是一个什么样的分量。

不难想到,朱熹回来后第一次见岳父刘勉之,他一定对朱熹有些许的肯定,也会说"此事甚好,多须尽力为朝廷办事"之类的套话俗语。但朱熹一定能从刘勉之那不愠不喜的表情中看到,他的这种功名其实并没有给岳父带来多少喜色,更谈不上让岳父家庭光耀门楣的程度。他的心中多想通过科考取得的成就来补偿刘氏一族对自己一家的恩惠,他多么希望通过这次科考能为岳父家带来些许的荣耀。只是现实不随人愿,他也只能默默接受这种事实。因此,当束景南描述朱熹在进士及第后返乡归途时表现出一种"春风得意",这种判断是值得推敲的。因为对于青年的朱熹而言,他对自己的定位远不是这个"准敕赐同进士出身",他怎么可能"得意"得起来呢?也许他只有在得知自己上了皇榜那一刻才有些许的高兴。而这一切又都在他站在皇榜下看着上面自己的名字时,就已经恢复了平静。事实上,从朱熹回到五夫里后继续勤奋苦学的行为,和他在进士及第后及中年之前,都亲近宗杲的"三字符"和"昭昭灵灵的禅"的经历来看,我们可看得出朱熹内心的落寞。这也说明了朱熹的焦虑是远大于喜悦,基本上也符合上面的判断。

---

① 有学者认为南宋初年由于人口丁税(人头税)的原因,女人成年后就必须嫁人,否则要承受5倍左右的丁税。因此,南宋的很多家庭在女儿成年后,不过问男方家世如何,都想方设法将女儿嫁出去,以逃避过于繁重的人头税。这种情况在一般的庶民家庭是存在的。但是刘清四不同的是,她的家族是官宦后代,是可以免除相应的徭役和丁税。特别是她的家族中有很多人还有功名在身,这也决定了我们不能把她与一般的庶民家庭相比来理解朱熹与刘清四的这种组合。刘清四的家族背景是远远超过朱熹的,甚至在朱熹从同安到武夷山后,搬到了刘清四的老家考亭,继承了刘勉之的家业,也就决定了刘清四绝不会是明清之际大家常见的妇女形象。

一般认为,青年朱熹的亲近佛老有两种解释:一是认为青年朱熹的治学取向发现了转移,由儒入佛;二是认为青年朱熹的思想还不成熟,还没有认识到儒家的精髓。实际上,这两种说法都有问题。我们可以看看朱熹对自己的描述:

> 某是自十六七时下工夫读书,彼时四旁皆无津涯,只自恁地硬着力去做。至今日虽不足道,但当时也是吃了多少辛苦,读了书。①

> 某少时为学。十六岁便好理学,十七岁便有如今学者见识。后得谢显道论语,甚喜,乃熟读。先将朱笔抹出语意好处,又熟读得趣,觉见朱抹处太烦,再用墨抹出;又熟读得趣,别用青笔抹出;又熟读得其要领,乃用黄笔抹出。至此,自见所得处甚约,只是一两句上。却日夜就此一两句上用意玩味,胸中自是洒落。②

> 某年十七八时,读《中庸》《大学》,每早起须诵十遍。今《大学》可且熟读。③

意思大概是说:

朱熹是从十六七岁时就开始下功夫读书的。那时家庭条件不好,也没有什么可依靠的人,只能凭着自己的蛮力去做。今天这些事看起好像没有什么,但是当时也是吃了不少辛苦,读了书。

朱熹很小的时候就很好学。十六岁就对理学感兴趣,十七岁大约就有今天部分学者的见识了。后来求得谢显道的《论语》,十分开心,将其熟读于心。他先是用红色的笔将语意较好处标出,后来又发现有趣处,觉得用红色涂抹处太多了,就开始用黑色的笔来画。后来又读到有趣处,就用青色的笔在上面画;后来又读到了精华之处,就用黄色的笔来画。到那个时候,他自认为大致了解了书的全部内容,只是常在各别字句上格外上心。常常因为其中的一两句让自己日夜玩味,胸中有坦荡之感。

朱熹十七八岁的时候,开始读《中庸》和《大学》,每天早上起来必须背诵十遍。到如今仍觉得《大学》确实值得熟读。

仅以上三段,如果说朱熹的治学取向有了转移,这明显说不过去。朱熹

---

① 黎靖德:《朱子语类》卷一〇四,《自论为学工夫》,北京:中华书局,1986 年,第 2612 页。

② 黎靖德:《朱子语类》卷一一五,《训门人三》,北京:中华书局,1986 年,第 2783 页。

③ 黎靖德:《朱子语类》卷十六,《大学三》,北京:中华书局,1986 年,第 319 页。

近佛近禅,哪里是什么为学取向的转移,儒学一直是他内心中本有的治学动力。同时,说朱熹的思想还不成熟也不对。朱熹这句"十六岁便好理学,十七岁便有如今学者见识",明显就是对这种观点的驳斥。那么,当排除了朱熹亲近佛老的这两个因素,他的真实意图就可以被推测出来。

首先,三先生(刘子翚、刘勉之和胡宪)本来就亲近佛老。这基本是五夫里地区的一种常态,也基本符合战乱频繁时期人们对精神世界的真实需求。束景南说:

> 南宋半壁山河下的诗人注定只能怀着黄昏夕阳的黯淡心情踏上惨淡的远游之路,朱熹的少年远游更多是古道夕阳瘦马的仕途奔波,只在猎取个人功名富贵的欲念之上还有一重对中原沦落、山河破碎的忧愤。十九岁的朱熹已不仅有一个二程理学的头脑,还有一个浸透佛老的灵魂。[①]

这里虽然只描写朱熹,也基本代表了南宋如刘氏家族等人的真实写照。

其次,朱熹近佛老有向岳父示好之嫌。古代对父母的孝顺理解有二:一是孝,表现为内心对父母的尊敬与赡养;二是顺,表现在言语中对父母的顺从与服从。对于朱熹而言,他到五夫里后的一切都是刘氏家族提供给他的,他唯一能做出实质性的回复,或许也只有"不违父母言"。这个"不违",不是不与父母与岳父母争辩,而是顺从。所以亲近佛老也是朱熹与刘勉之可能和睦对话的一个重要方面。这里可以从朱熹的字"元晦"就可以看得出来。

朱熹的字元晦是刘子翚给取的,为此刘子翚还做了篇《字朱熹祝词》:

> 冠而钦名,粤惟古制。朱氏子熹,幼而腾异。交朋尚焉,请祝以字。字以元晦,表名之义,木晦于根,春容晔敷;人晦于身,神明内腴。昔者曾子,称其友曰:"有若无,实若虚。"不斥厥名,而传于书。虽百世之远也,揣其气象,知颜氏如愚,迹参并游,英驰俊驱,岂无他人,夫谁敢居?自诸子言志,回欲无伐,一宣于声,终身弗越,陋巷暗然,其光烈烈。从事于兹,惟参也无惭。贯道虽一,省身则三。夹辅孔门,翱翔两骖。学的欲正,吾知斯之为指南。惟先吏部,文儒之粹,彪炳育珍,又华其继。来兹讲磨,融融熹熹,真聪廓开,如源之方驶,望洋渺弥,老我缩气。古人不云乎,纯一已。怅友道之衰变,切切而唯唯,子德不日新,则时余之耻。勿谓此耳,充之益充,借日合矣,宜养于蒙。言而思怼,动而思

---

① 束景南:《朱子大传:"性"的救赎之路》,上海:复旦大学出版社,2016年,第81页。

踬，凛乎惴惴，惟曾颜是畏。[①]

“晦”字在当时是具有浓重的佛学色彩的，禅宗大师妙喜宗杲的字就是“昙晦”。所以束景南说：“妙喜与朱熹，一个是佛国界的煌煌太阳，无尽居士字曰‘昙晦’；一个是理学界的煌煌太阳，屏山居士字曰‘元晦’。并非偶然巧合。”[②]朱熹之所以接受这样一个具有明显佛国的“字”，也表明了朱熹对刘氏家族的示好。不过，这还只是其一。

朱熹在刘氏家族中接受的佛学思想，主要有刘子翚主张的“三字符”和刘勉之主张“昭昭灵灵的禅”，后者是宗杲大力发扬的。朱熹亲近的佛学明显偏重于后者，也说明了他在刘子翚与刘勉之之间，明显已经倒向了岳父这里。束景南说：“绍兴十六年（1146 年）刘勉之把女儿刘清四许给朱熹。作为妇翁，刘勉之对朱熹理学思想的形成便占有一个特殊位置。”[③]实际上，朱熹早期理学思想中有着浓厚的佛学色彩，自然也就少不了刘勉之的影响了。

这里的表述并没有阴谋论的意思。不是说朱熹为了特意讨好谁故意而为之，而是说明在少年朱熹与青年朱熹生活的那个独特的历史背景下，他自然是会更为亲近他的岳父。对朱熹而言，这也是一种变相的孝顺。

最后，亲近佛老也有朱熹自己的内心需要。对于一个长期寄人篱下的

---

① 杨国学校注：《屏山集校注与研究》，北京：中国书籍出版社，2012 年，第 59～60 页。意思是说：行冠礼、取名、取字，只不过是古代传下来的制度。朱熹幼年便呈现出与众不同之处。我们算是相识很久了，请我来给他取字。他的字取“元晦”，有表名的意思。树木的根部是晦暗的，到了春却枝繁叶茂，光景无限；人的精神和智慧在内心中是充实而隐晦的，才能精神有力。过去有个思想家曾子，称赞他的朋友时说：“有无相伴，实虚相浸。”不求虚名，而传于史书。虽然历经百世的时间，也可以感受到他的气象。他知颜回有些愚笨，于是常邀请曾参同游。他的身形相貌，无人可比，有谁敢与他比呢？当孔门诸子谈论自己的志向时，颜回并没有说什么，他少说多做，终身卓越，虽身居陋巷，但光芒万丈。与颜回相比，唯有曾子不逊于他。传播儒学正道，常要三省吾身。扶持孔门，是两个重要的帮手。学问要想走正途，我常以他们为目标指向。我先前为官，后来回隐做学问，希望能培育有用之才，以继承我门大道。你来这样学习，起早贪黑，也非常的聪慧。也让我再次看到学问的源流方向，破除迷雾，使我也开始思考如何收敛气息。古人不是常说吗，要纯粹一致，永不停止。只感伤朋友交往道义的改变，务必谨慎小心，德行无法日新，时常感到羞愧。（这里主要指南宋初年道学家一直被朝廷打压的事情）不要受这种风气干扰，要充实精进，融合中道，将好习惯存养于童蒙时期。说话要谨慎考虑，做事要先思考遇到的困难，时时存警惕之心，诚心诚意，心中常思曾子和颜回常敬畏的事。

② 束景南：《朱子大传：“性”的救赎之路》，上海：复旦大学出版社，2016 年，第 62 页。

③ 束景南：《朱子大传：“性”的救赎之路》，上海：复旦大学出版社，2016 年，第 69 页。

青年,他内心的苦闷是无法言说的。刘清四不会懂得他的枕边人为何惆怅,她无法真正理解失去父亲对于一个男人来说意味着什么。同时,刘清四也不会明白在男人的世界里到底要的是什么,难道平稳过一生不是最好的选择吗? 她的女人视角注定让她不可能成为朱熹诉苦的对象。

第三节 放 心

宗教最大的魅力就在于信仰者可以"自说自话",这种"自说自话"可以理解为一种心理学上的自我诉说。在质化心理学的研究中,叙述疗法和自我诉说是治疗心理疾病的一种典型的手段。宗教提供了一个超越此岸的存在,恰好迎合了人们这一种心理的需要。因此,宗教无形中打开了对世人的一座自我诉说平台,自然也是郁郁不得志的青年朱熹无法逃避的诱惑。

从朱熹中年时残存的资料可以看出,朱熹对佛教的"保佑"一直是持怀疑态度的。但他的这种怀疑不是认为"佛教不存在",而是认为"现在看到的佛教可能是假的"。他曾说:"佛教刚来中国的时候,只是一些修行法门和教导的言语,比如说《四十二章经》这部经书。开始的时候只有这么一卷经书。……后来达摩祖师来到中国,发现中国人都会这样讲经,于是就换了话头,专门去岩壁中静坐参禅,那个时候也就只是这样。但是到了后来,他又说出很多'禅'话来,纠正了过去在传经中常见的弊端。于是佛门就出现不用再看经书了,也不必再静坐,越来越宽松,但本质上还是在摆弄着这些意思罢了。"[①]说明了朱熹的近佛思想没有完全消失,也表明了朱熹对佛教传道之法的怀疑,并没有达到完全否定佛教的程度。因为他毕竟还在面对"佛学世家"这种背景的侵扰。只是他对佛教的接受并不是完全照搬。

佛教中的义理之说就被他接受。他在刘勉之家中认识了竹源山的宗元禅师,又在刘勉之与宗元的引导下结识了道谦法师,而二人均是大慧宗杲的弟子。于是宗元的竹源庵和道谦的开善寺,就成了朱熹排解心事的去处。

---

① 原文曰:"佛教初入中国,只是修行说话,如《四十二章经》是也。初间只有这一卷经。……后来达摩入中国,见这般说话,中国人都会说了,遂换了话头,专去面壁静坐默照,那时亦只是如此。到得后来,又翻得许多禅底说话来,尽掉了旧时许多话柄。不必看经,不必静坐,越弄得来阔,其实只是作弄这些精神。"黎靖德:《朱子语类》卷一二六,《释氏》,北京:中华书局,1986 年,第 3035 页。

在这种历史机缘下,他逐步接受大慧宗杲的"昭昭灵灵的禅"也就是顺理成章的事情了。

于是当他用宗杲的《大慧语录》来应对殿试的考试,也不会让人觉得很突兀。事实上,朱熹的进士及第说明他确实在入佛学佛过程中得到了一种很深的人生体会,否则也无法在众多学子中脱颖而出,被宋高宗选中。而宋高宗本人并不是一个昏庸的皇帝,他的才能从现存西湖边残留的碑刻中就可以看得出。他一生中之所以做出那些看似"糊涂的事",实际上都是对政治利益的考量,而非只归罪于他的"昏庸无能"。那么,朱熹能被他选上,也说明了朱熹的文章确实有打动宋高宗之处,也不像朱熹自己所言的"胡说"。朱熹说:"我十五六岁年纪的时候,也常留心于此。有一天我在刘子翚先生家里遇到一个僧人,便与他说话。这个和尚只是说了些囫囵话,也不说不是,也不说是。于是他和刘子翚先生说,我也可以理会到'昭昭灵灵的禅'。刘子翚先生后来说给我听,我便认为这个和尚可能有更多的高妙之处,于是就去扣问他,觉得他说的挺好的。后来我去临安(今杭州)参加殿试,就用他的意思来胡说了一通。那时候写的文字不如现在写的严谨,只是大致说了一些。考官为我的文章说动了,于是我就中了进士。"[①]青年朱熹对佛学的复杂态度,一直持续到他中年参透《中庸》里"已发、未发"这个问题后方才有所解脱。

以上只是说明了朱熹近禅的原因。但是,朱熹对佛学的偏重,还是要回到他的进士及第的角度上来看。

殿试的失意让朱熹在追求人生存在的价值与意义之时陷入了迷茫。众多的儒学经典虽然早已烂熟于胸,但满纸的仁、义、礼、智、信并不能化解朱熹内心的惆怅。刘清四虽然是一个贤内助,但她明显不能帮助朱熹摆脱这种心理困扰。对于朱熹的岳父刘勉之,由于身份的居高临下,更不可能真正地走到朱熹的内心。此时,真正能化解朱熹内心苦闷的,可能就剩下那个可以进行自我叙说的竹源庵和开善寺。佛教道场的清净之地为朱熹的精神洗涤提供有利的条件。

---

① 原文曰:"某年十五六时,亦尝留心于此。一日在病翁所会一僧,与之语。其僧只相应和了说,也不说是不是;却与刘说,某也理会得个昭昭灵灵底禅。刘后说与某,某遂疑此僧更有要妙处在,遂去扣问他,见他说得也煞好。及去赴试时,便用他意思去胡说。是时文字不似而今细密,由人粗说,试官为某说动了,遂得举。"黎靖德:《朱子语类》卷十六,《大学三》,北京:中华书局,1986 年,第 319 页。

由于我们无法得知朱熹在竹源庵和开善寺时是否让自己的痛苦得到释然，也无法得知朱熹与宗元和道谦是否有良好的交流，不过从中年朱熹对二者的批判来看，明显朱熹在与宗元和道谦的交流中并不是很顺心。对于宗元和道谦来说，他们的意图是吸收更多的香火，而寄人篱下的朱熹并不是他们内心理想的发展对象，只是碍于刘氏家族的关系，不会有怠慢之举而已。但二者在内心上对青年朱熹或多或少有些"指导"之嫌，却少了应有的尊重。这可能是朱熹日后对二僧如此反感的主要原因之一。

本就寄人篱下的朱熹希望在佛国净土中找到心灵的安慰，而早已名声在外的宗元和道谦怎么会把这样一个年轻的后生放在眼里。这让朱熹本有的不满之情早已不言于表。对于朱熹来说，他是真心想要找一个可以无拘无束地谈天论地的朋友，而宗元和道谦明显不会成为这样的角色。实际上，中年朱熹遇到张栻和吕祖谦时，三人儒学的相契才有了互诉心事的可能。只是处于青年时期的朱熹只能一个人默默地坐在佛前，进行心灵洗涤式的自我叙说。

总体来说，刘清四算是朱熹的贵人。在朱熹四十七岁时，操劳一生、体弱多病的刘清四黯然辞世。这对朱熹来说是一个很大的打击。从朱熹为妻子写下的《墓祭文》中就可能看到刘清四对青年朱熹的陪伴与扶持："岁序流易，雨露既濡，念尔音容，永隔泉壤。一觞之酹，病不能亲。谅尔有知，尚识予意。"在这里，朱熹描述了刘清四体弱多病时自己未能在其身边亲自关照，又描写了刘清四处处为自己着想，屡屡承受着朱熹的求学治学之路时整个家庭的艰辛，支持他的理学研究，教书授徒。刘清四去世第二年，朝廷命朱熹知南康军，临行前他又特地去祭拜刘清四的墓，并写了一首《唐石雪中》云：

春风欲动客辞家，霖潦纵横路转赊。
行到溪山愁绝处，千林一夜玉成花。[1]

这里的"愁绝处"即指刘氏墓之所在，而"千林一夜玉成花"则寄托着朱熹对刘清四的深情。可以说，刘清四在朱熹的一生中占有十分重要的位置。她陪伴了朱熹的整个青年时期，陪伴他从痛苦走向释然，陪伴他从默默无闻走到中年时期的理学泰斗。这一切都离不开刘清四的默默付出。朱熹从青

① 朱熹撰，朱杰人等主编：《朱子全书》第20册，上海：上海古籍出版社，合肥：安徽教育出版社，2010年，第452页。

年到中年这段期间,刘清四面对的是:

> 家庭负担极其沉重,一家老小的生活重担都落在她的身上。不仅有八个子女,还有活到七十高龄的婆婆祝氏也是由刘清四伺候。婆婆过世之后,刘氏以四十多岁的年纪连续三年生下三个女儿。其时长子、长媳却远在江西婺州,次子未娶,缺少帮手。而朱熹长期潜心于"为往圣继绝学"的事业中,自泉州同安县(现为同安区)初仕之后仅靠半俸度日,家庭处于"贫病困惫"之中。因此,刘氏是在劳累与贫困中死去的。[①]

朱熹在将刘清四安葬于唐石里(今黄坑)后塘大林谷时发的那句誓言:"生不同时,死同穴。"是融入了多少的人生情感。最终在庆元六年(1200年)三月初九日,朱熹在七十一岁于考亭去世时,朱熹灵柩运至后塘大林谷,与妻子合葬一穴,践行了"生不同时,死同穴"的诺言。

刘清四对于朱熹而言,是重要的人生伴侣。而她的父亲刘勉之,也曾是朱熹重要的精神导师。我们可以感受到,青年朱熹所有的一切举动,在很多看似不合理的行为,实际上是朱熹当时最合理的一种解释,包括前面所说的朱熹对刘勉之地讨好(也包括朱熹对佛老的亲近)。他们是朱熹一生除母亲外最重要的两个人。

从临安的进士及第到朱熹慢慢地步入禅门,这一过程描述了朱熹从十九岁"登王佐榜进士,获准敕赐进士出身"到二十三岁"铨试得中,授左迪功郎(从九品)、泉州同安县主簿"这四年来的心旅历程。这一期间,朱熹在家中并无实事可做,只能望着远处高大的山峰,走着那条被今人称为"朱子巷"的小路,抒发着自己不得志的心情。

虽然五夫里依然山清水秀,但青年朱熹在这里完全没有欣赏美景的心情。朱熹对自己前途的深度焦虑,让他时常夜半起身,辗转反侧。这种郁郁寡欢的心情使朱熹不自觉地将心向佛教靠拢,频繁出入于佛寺。这种不安也让他在二十一岁时回婺源祭祖。对于朱熹这次回婺源之行,后世的记载偏重于朱熹在婺源做了什么,而没有描写朱熹回婺源的真实原因,这显然是不妥当的。

进士及第后的朱熹,他此时的心情犹如一个在高考拿了高分数却迟迟等不到入学通知书的学子,在希望与绝望互相交织的世界中痛苦地等待命运的安排。这就决定了他回婺源展墓,一有散心之意,二有求祖先保佑之

---

① 林振礼:《朱子新探:朱子学与泉州文化研究》,北京:商务印书馆,2018年,第8页。

嫌。五夫里的压抑迫使他急切地想找一个可以暂时逃避的地方,以舒缓自己的内心烦躁。而中国的祖先崇拜又在另一个方面为朱熹提供一种希望,即使这种希望看似渺茫。

两宋的多战事让先人保佑的心理诉求成为人们的普遍心理,这导致了两宋葬礼的发达。张载的关中之礼中,葬礼就占了很大一部分。因此,在人生不幸之时,修缮一下祖坟,求一下先祖,对自己的未来也算添了一份未知的保证。这其实在中国古代的汉人文化中,是一种普遍存在的现象。在今天的乡村之中,这种情况依然存在,是一种人之常情。①

第四节 展 墓

今天的江西婺源很多关于朱熹回婺源祭祖的故事,多数记载都集中在他成名之后的经历。对于朱熹的第一次祭祖,并没有太多的史料留存。这其实也符合中国交往文化:当人还没有达到功成名就时,没有人会在意他到底去过哪里,做了什么。而所谓的“后来的回忆”,多是“回忆者美好的杜撰”,与真实的情景相差往往很大。

元朝时著名的新安学派以朱熹为尊,但这与青年朱熹毫无关系。这也是青年朱熹无论如何也不会遇到的事情。他这次回婺源,只是为那颗浮躁的心找一处安放的静处。这同现在许多人寻祖籍地是一个道理。林振礼对朱熹回婺源的经过有这样的一段描写:

> 他(朱熹)以新科进士的名望与新安(婺源)众多的后生学子讲学论道,开始他生平第一次的讲学生涯,他的学术传播和影响正是从新安开

---

① 中国朴素的阴阳观,认为死与生的紧密相连。一般认为,祖先的死是一种“超能力”的飞升,具有了一种神鬼的“超能力”。这种超能力,在其子女遇到危急时刻出面化解。这种祭祀时出现的普遍心理,造就了中国乡村独特的祭祀文化。体现为家庭中的成员在烧纸钱与磕头时,会在心中默念“请保佑全家兴旺发达”。于是祭祀行为不再是一种简单的追思,而成为一种活人与逝者之间的“利益交换”。如果这种“交换”的效果在活人的世界里没有得到实现,则认为是逝者的“怪罪”,或者逝者埋藏之地存在着风水问题,迁墓往往成为活人的一种最常见的行为。当然,这种行为并不是任何人都可以做到的,这里面存在着经济、政治与文化的多重考量。但是普遍修缮先祖之墓是这种“求利益”的通常行为表现。因此,我们从朱熹回婺源时找到一世祖的墓地,然后与族人大修先祖之墓的行为来看,也能展示出朱熹回婺源的真实心理动机。这不是一种贬义或负面的表达,是中国古人平常的一种日常表现。

始的。他的才华和新科进士的桂冠使得他在祖籍婺源得到平生第一次盛大的称赞,既有前辈的首肯和美誉,又有同辈的倾慕与崇拜,这使得他的自尊心得到极大的满足。从一个寄人篱下的孤儿到前呼后拥的成功者,这一人生中巨大的飞跃就是在他的祖籍地完成的。朱熹这次婺源之行还有更为深层的心理原因,就是他压抑已久的独立意识终于得到张扬:他不再是依附于岳父的女婿,依附于老师的学生了,而是一个可以独立担当学业与家庭重任的男子汉。他从此可以名正言顺地自称为"新安朱熹",这不仅是在血缘关系上的认祖归宗,更是精神上庄严的独立宣言。①

这段描述有值得肯定的地方,也存在着值得怀疑的部分。首先,朱熹的第一次回婺源展墓可能没有上面描述的那样"精彩"。一个并没有什么声望而只是中了一个"同进士出身"的朱熹,他不可能如文中有那么大的声望。文中发生的事很可能是把朱熹后来回婺源的情景与第一次回婺源展墓混同起来。因宋末元初新安朱子学派的影响力很大,这种将中年朱熹的事迹与青年朱熹的事迹记录混淆是十分正常的事。其次,刘勉之的存在绝不是对"朱熹的压制",而更多是对朱熹的扶持。试想一下,朱熹一家在五夫里的生活如果没有刘勉之的帮助,他们基本是无法立足的。因此,刘勉之对于朱熹在五夫里的立足有很重要的作用。实际上,可以看到朱熹后来到同安任上,没有刘勉之的帮助时他生活的窘境,一比便知。所以说朱熹"压抑已久的独立意识终于得到张扬:他不再是依附于岳父的女婿,依附于老师的学生了,而是一个可以独立担当学业与家庭重任的男子汉"这种表述明显存在着问题。但是朱熹当时的"压抑"之心却是真实存在的。这种压抑不是谁压制了他,而是他"准敕赐同进士出身"同他的自我心理预期产生了深深的矛盾。而这个他无法解决的矛盾和刘勉之的突然离世让他既感觉落寞,又不知所措。一系列的"霉运"向朱熹袭来,他真的不知道如何来面对这一切,这才可能是他回婺源展墓的真实原因。

当然,朱熹在婺源确实开始了他的学术生涯,只不过不会同上面所说的"从一个寄人篱下的孤儿到前呼后拥的成功者",也还没到他能自信地称自

---

① 林振礼:《朱子新探:朱子学与泉州文化研究》,北京:商务印书馆,2018 年,第 9～10 页。林振礼的这段描述是受到汲军、童腮军《择婿婚及对朱熹女性观形成的影响》(《朱子学刊》,2003 年第 1 辑,第 179～180 页)一文的影响。

已为"新安朱熹"的时候。这一切都是中年朱熹才有可能做到的事,而不是刚刚得中进士的青年朱熹能得到的。

美好的故事与后人的编撰,让这一阶段的青年朱熹的真实事迹慢慢被人遗忘。《朱熹年谱》上的些许文字,也只说明了朱熹在这一时期做了什么,见了谁。但是从这些文字的缝隙之中,隐约可以看到中年朱熹治学成功的影子。比如朱熹说,

> 我从十七八读《孟子》,一直到二十岁时,还是逐字逐句去看,更无法理解其中的深意。二十岁以后,方才知道不可能这样的读。《孟子》书中的很多长段语句,都是首尾相对应的,其中的逻辑脉络也是相贯通的,只要肯下工夫熟读,自然就可以看到他的本义。从此以后再读《孟子》,觉得理解十分清楚明白。①

从心理学角度来分析一下这段话,朱熹为什么对《孟子》感兴趣? 要知道《孟子》在北宋早期没有多大的影响力,孟子也不是现在说的亚圣,亚圣在北宋时指的是颜回。这里就要叙述一个背景:孟子的升格运动。

孟子的升格运动源于北宋孤山智圆、明教契嵩和大慧宗杲的"援儒卫佛"运动。这三个大德高僧为了捍卫佛教的合理性,从儒家的经典中找到《孟子》,发现其中"尽心知性"的理论与佛教的"明心见性"的理论有异曲同工之妙,因而大肆推崇《孟子》。北宋的二程为了捍卫儒家,与其展开了旷日持久的论争,使得孟子的影响力越来越大。最后,孔子第三十五世孙孔道辅提倡"诸儒之有功于圣门者,无先于孟子"②,他也在其家庙中设立了孟子、荀子、扬雄、王通、韩愈的"五贤堂",并画像供奉他们。至此孟子荣升到亚圣的地位。

朱熹对《孟子》感兴趣应该源于他的少年时期。朱熹曾说:"我在八九岁时,读到《孟子》这里时,常常感到慨然奋发,认为人的为学之路就应该如此

---

① 原文曰:"某从十七八岁读《孟子》,至二十岁,只逐句去理会,更不通透。二十岁已后,方知不可恁地读。元来许多长段,都自首尾相照管,脉络相贯串,只恁地熟读,自见得意思。从此看《孟子》,觉得意思极通快。"王懋竑:《朱熹年谱》,北京:中华书局,1998 年,第 7 页。

② 孙复:《孙明复小集》,《兖州邹县建孟庙记》,四库全书珍本第八集,1978 年,第 34 页。意思是说:孔门及以下诸儒对儒门的贡献,没有超过孟子的。

做工夫,当时就已经有了这个意思。"①而此时(青年时期)朱熹对孟子感兴趣,就绝不是要从孟子里寻找"慨然奋发"的动力,而是要寻找一种心理解脱。他对孟子的再度关注,一定受到过大慧宗杲的高徒宗元和道谦这两位的影响。这时候朱熹对孟子的理解也多少沾染一种佛教圆融的气息,朱熹说:"二十岁已后,方知不可恁地读。元来许多长段,都自首尾相照管,脉络相贯串,只恁地熟读,自见得意思。"这二十多岁的突然贯通,有佛学的援助,有命运的忧伤,也有孟子本身带来的激烈。可能是《孟子》中那句话给朱熹再次振作提供精神动力:

> 故天将降大任于是人也,必先苦其心志,劳其筋骨,饿其体肤,空乏其身,行拂乱其所为,所以动心忍性,曾益其所不能。②

这或许就是两宋学习《孟子》,对孟子开展升格运动的主要动因。"在理学发生过程中,为后来理学家所特别重视的五部著作内,唯有《孟子》一书的地位变化最大"③。而朱熹本身对《孟子》又特别重视,他说:"《孟子》若读得无统,也是费力。某从十七八岁读至二十岁,只逐句去理会,更不通透。二十岁已后,方知不可恁地读。元来许多长段,都自首尾相照管,脉络相贯串,只恁地熟读,自见得意思。从此看《孟子》,觉得意思极通快,亦因悟作文之法。"④

清代赵翼在其《陔余丛考》指出:"宋人之尊《孟子》,其端发于杨绾、韩愈,其说畅于(皮)日休也。"⑤这里点明了孟子学说兴起的开端,徐洪兴指出,在唐初到晚唐,孟子的地位一直是存而不显的。无论是唐初的唐高祖、唐太宗和唐高宗,孟子均不在其供奉的孔门之列。相反,颜渊反而被定为"亚圣"。而且当时的科举考试"明经",《孟子》一书也没有被入选在内。它的地位甚至不如道家。⑥

----

① 原文曰:"某年八九岁时,读《孟子》到此,未尝不慨然奋发,以为为学当如此做工夫,当时便有这个意思。"王懋竑:《朱熹年谱》,北京:中华书局,1998年,第2页。

② 朱熹:《四书章句集注》,北京:中华书局,2011年,第325页。

③ 徐洪兴:《思想的转型:理学发生过程研究》,上海:上海人民出版社,1996年,第93页。

④ 黎靖德:《朱子语类》卷一〇五,《论自注书》,北京:中华书局,1986年,第2630页。

⑤ 赵翼:《陔余丛考》卷四,《尊孟子》,上海:上海古籍出版社,2011年,第72页。

⑥ 徐洪兴:《思想的转型:理学发生过程研究》,上海:上海人民出版社,1996年,第93～94页。

最早实质上揭开孟子升格运动的是韩愈,他说:"故愈尝推尊孟子,以为功不在禹下者为此也。"①他认为"孔子之徒没,尊圣人者,孟氏而已"②。但"孟子虽贤圣,不得位,空言无施,虽切何补"③。这里明显将孟子抬高到一定的地位。

徐洪兴认为韩愈抬高孟子地位理由有二,一是只有孟子得到了孔子的真传,如"孟轲师子思,子思之学,盖出曾子。自孔子没,群弟子莫不有书,独孟轲氏之传得其宗……故求观圣人之道,必自孟子始"④。二是孟子有辟"异端邪说"的"卫道"之功。如"扬子云云:古者杨、墨塞路,孟子辞而辟之,廓如也"⑤。

徐洪兴的这种观点指出了唐末宋初孟子复兴的两个重要原因,但这并不完善。《孟子》学思想的提出还应该补上辟佛的历史背景。如前所说,在面对佛教性善论的挑战下,孟子的"性善论"才真正具有攻击力。

韩愈的学生李翱之所以也赞同升格孟子的地位,也意在对抗唐末佛教的侵扰。他说:"孔氏云远,杨朱恣行,孟轲拒之,乃坏于成。戎风混华,异学魁横,兄(指韩愈)尝辨之,孔道益明。"⑥可见辟佛才是他们升格孟子的主要原因。

在此之后,皮日休在韩、李之后,也继续了孟子的升格运动。他指出:"孟子叠踵孔圣而赞其道。"⑦"古者杨、墨塞路,孟子辞而辟之,廓如也。故有周、孔,必有杨、墨,要在有孟子而已矣。今西域之教,岳其基而滇其源,乱于杨、墨也甚矣。如是为士,则孰有孟子哉?千世之后,独有一昌黎先生,露臂瞋视,诟于千百人内。其言虽行,其道不胜。苟轩裳之士,世世有昌黎先生,则吾以为孟子矣。"⑧

皮日休也曾上书朝廷:"圣人之道,不过乎经;经之降者,不过乎史;史之

---

① 韩愈:《韩昌黎全集校注》卷三,《与孟尚书书》,台北:世界书局,2002年,第225页。

② 韩愈:《韩昌黎全集校注》卷一,《读荀》,台北:世界书局,2002年,第36页。

③ 韩愈:《韩昌黎全集校注》卷三,《与孟尚书书》,台北:世界书局,2002年,第225页。

④ 韩愈:《韩昌黎全集校注》卷四,《送王秀才序》,台北:世界书局,2002年,第276页。

⑤ 韩愈:《韩昌黎全集校注》卷三,《与孟尚书书》,台北:世界书局,2002年,第224页。

⑥ 董浩等编纂:《钦定全唐书》卷十三,《祭吏部韩侍郎文》,台北:文海出版社,1972年,第8210页下。

⑦ 皮日休:《皮子文薮》卷四,《文中子碑》,北京:中华书局,1959年,第38页。

⑧ 皮日休:《皮子文薮》卷九,《请韩文公配飨太学书》,北京:中华书局,1959年,第93～94页。

降者,不过乎子;子不异乎道者,孟子也。"①以上是晚唐知识分子对《孟子》升格过程的阐述。

　　进入到宋初,以柳开等一些活跃的思想家开始对孟子广泛关注。柳开受皮日休影响,推崇孟子。孙奭校勘了《孟子》,并撰成《孟子音义》二卷;范仲淹推崇尊孟思想;欧阳修提出:"孔子之后,唯孟轲最知道。"②等到了孙复、石介的时候,孟子思想到达了一个新的高峰。孙复说:"孔子既没,千古之下,攘邪怪之说,夷奇险之行,夹辅我圣人之道者多矣。而孟子为之首,故其功巨。"③石介则说:"孟子既没,微言遂绝,杨、墨之徒,榛塞正路。孟子正人心,息邪说,距诐行,放淫辞,以辟杨、墨。"④孔子第三十五世孙孔道辅也指出:"诸儒之有功于圣门者,无先于孟子。"⑤他也在其家庙中立了孟子、荀子、扬雄、王通、韩愈"五贤堂"、"像而祠之"。

　　自此之后,二程、张横渠和王安石,在孟子的升格运动中发挥了巨大的作用,将孟子彻底地从幕后推到时代的前沿。

---

　　①　皮日休:《皮子文薮》卷九,《请孟子为学科书》,北京:中华书局,1959 年,第 95～96页。

　　②　欧阳修:《欧阳修全集·居士外集》卷十六,《与张秀才第二书》,台北:世界书局,1991年,第 482 页。

　　③　孙复:《兖州邹县建孟庙记》,《孙明复小集》,四库全书珍本八集,1978 年,第 33 页。

　　④　石介:《徂来石先生文集》卷十四,《与士建中秀才书》,北京:中华书局,1984 年,第162～163 页。

　　⑤　孙复:《兖州邹县建孟庙记》,《孙明复小集》,四库全书珍本八集,1978 年,第 34 页。

第三章　初仕同安

　　朱熹获得第一个官职发生在绍兴二十一年（1151 年），那年他刚好是二十二岁。由于成绩中等，他通过铨试获得左迪功郎、泉州同安县主簿这两个官职。铨试是北宋王安石变法后出现的一种独特的选官制度，类似于现在的县市级的公务员考试。[①] 朱熹被授予的左迪功郎和同安县主簿两个官职在宋代官职中属于从九品的官职。这两个官职主要负责协助县令、县丞做些文职的工作。因为宋代基本也是奉行官员不下县及乡绅治乡的施政策略，因此这两个官职是所有官职中最低的一品。所以我们可以想象得到朱熹拿到这两个官职任命时，他的心情是有多么的糟糕。

第一节　忧　伤

　　让朱熹感到难受的还有这两个从九品的官职不是马上就可以走马上任的，他必须要等到两年后的绍兴二十三年（1153 年）。也就是说，他真正上任的时间是在他二十四岁的时候。他从十九岁进士及第到二十四岁赴任同安，前后共间隔了五年。这段时间，希望与绝望并存，无时不在撕裂他那梦想有一番作为的心。

---

　　① 铨试制度未产生前，一般取得举人的功名就可以为官。但王安石变法后，这种由功名直接为官的方式被取消，取而代之的是必须通过铨试才有当官的机会。有趣的是，王安石变法失败后，他的多数政令都被取消，唯独铨试这种制度被保留了下来，一度成为两宋文人走向仕途的必经之路。从中我们也可以看出，两宋由"三甲"的进士制度到"五甲"的进士制度，不过是一种功名的大跃进。但朝廷的官员容载力有限，就不得不产生这种类似公务员考试的新制度。

朱熹的这段经历不会见于史书,这五年真的没有什么丰功伟绩可以写的。他从临安回到五夫里,除了去趟婺源祭祖,基本上就在五夫里的竹源庵和开善寺安放他的肉身。他去婺源祭祖实际上并不是顺理成章的,一是朱熹在婺源的一世祖朱瓌到六世祖朱绚都葬于婺源,但除了一世祖的墓地在万安乡的千秋里,以后朱氏的几代人在婺源的葬地多有变迁,下葬地点较为分散。二是就算找得到一世祖的墓地,也因年久失修,久已荒芜。说明朱氏后人对先祖的祭祀也并不是过多关注。三是这里与朱熹爷爷朱森(七世祖)有关的地方并不多。从朱森开始,朱熹的父亲就携家人从婺源进入闽地生活。由于两宋之际多战乱,他与婺源的亲人几无走动。而朱熹本人是在福建尤溪县郑氏祠堂中出生的,他十四岁之前虽随朱松四处游走,但基本上与婺源就没有多大的联系。以上来看,我们实在想不通朱熹这次去婺源祭祖的动因是什么。

只有一种解释,那就是朱熹想找个理由离开五夫里去散散心。同时,通过祭奠先祖来祈求祖先保佑以摆脱现实的窘境。通过祭祀先祖的方式来达到改变现实霉运的做法,这在中国古代的农村是十分平常的事情。这在前面也有谈到。不管朱熹初次回婺源的动机如何,一定不是束景南认为的"绍兴二十年(1150 年)春的回婺源省祖墓,是一次锦衣荣归故里的出闽远游"①。这种说法很值得商榷。朱熹十九岁(绍兴十八年,1148 年)进士及第,他二十一岁(绍兴二十年,1150 年)去婺源展墓。如果真的是"锦衣荣归故里",他本可以在十九岁年底或二十岁年初去婺源,没必要拖到进士及第的两年后。那么唯一可能符合常理的就是前面说的两个理由:散散心和求祖先保佑。事实上从婺源回来的第二年(绍兴二十一年,1151 年),他就在铨试中取得了功名,获得了左迪功郎和同安县主簿两个官职。从侧面也印证了他的婺源之行,应该有"求祖先保佑"的成分。当然,这种"祖先"的灵验也为他之后几次回婺源,并派他的长子回婺源定居埋下了伏笔。

朱熹回婺源祭祀的现象在今天依然存在。学子们在参加各种中考、高考、研究生考试、公务员考试的开始之前,依然看到很多人跑到当地的寺庙或文昌阁(楼)祭拜,基本上也与朱熹这次回婺源展墓是异曲同工。总之,就是一种通过祭拜的方式来求心理安慰。这里需要注意的是,青年朱熹的婺源展墓并不是为了编撰《礼仪经传通解》做准备,他还没有到达中年朱熹那

---

① 束景南:《朱子大传:"性"的救赎之路》,上海:复旦大学出版社,2016 年,第 89 页。

种层次。青年的朱熹虽然或多或少地接触过司马光和张载的礼仪系统,但此时他受佛学影响至深,应该不会有中年朱熹那深厚的礼仪思想。所以婺源展墓的目的应该是这么简单的:一切都是为了同安赴任这种前途铺路。

婺源展墓并不代表了朱熹有亲近鬼神的思想。实际上,朱熹对鬼神的看法更接近于一种科学思维。朱熹说:

> 关于鬼神这类事情,圣贤们都说得很清楚,只要将礼书熟读一下就可以明白。二程(程颢、程颐)开始的时候并不谈论鬼神,但是无奈今天民间大家都在谈论鬼神的事情。古代的人之所以制定祭祀之礼,只不过是他看到了天理本然而矣。神,伸张的意思;鬼,收缩的意思。比如说,风雨雷电开始发生时,就像"神"的样子,等到风雨停了,雷电消失了,则呈现出"鬼"的样子。鬼神不过是阴阳此消彼长的状态而已。生长教育,风雨明暗,都是这个样子。对于人来说,精是魄,魄是鬼,呈现最完整的样子;气是魂,魂是神,呈现最完整的样子。当精气聚合在一起时则成为万物,所以说哪个物会没有鬼神呢!所谓"游魂为变",意思是说魂游走了,那么魄自然就显现出来了。鬼和神只是气中的两种形态。能伸张能收缩,这是气典型的样子。天地之间无非都是气。人之气与天地之气是经常连接在一起的,没有间断过,只是人自己看不见。人心开始发动,必然会影响到气,因为这将与屈伸往来的气相感通。比如卜筮之类,都是心里本来就有这个物象,只有当你说出心里的事情,才能达到相应的效果。[①]

也就是说,朱熹对鬼神之事始终是将信将疑的。他在回答弟子陈淳和黄义刚的问题时,间接地表达了他对鬼神这件事的看法。

> 你们说的那个鬼神是没有形影,是难以理会的,也不用去理会,只有在日常生活中去理解就好。孔子说:"如果没有好好地应对活生生的

---

① 原文曰:"鬼神之事,圣贤说得甚分明,只将礼熟读便见。二程初不说无鬼神,但无而今世俗所谓鬼神耳。古来圣人所制祭祀,皆是他见得天地之理如此。神,伸也;鬼,屈也。如风雨雷电初发时,神也;及至风止雨过,雷住电息,则鬼也。鬼神不过阴阳消长而已。亭毒化育,风雨晦冥,皆是。在人则精是魄,魄者鬼之盛也;气是魂,魂者神之盛也。精气聚而为物,何物而无鬼神?'游魂为变',魂游则魄之降可知。鬼神只是气。屈伸往来者,气也。天地间无非气。人之气与天地之气常相接,无间断,人自不见。人心才动,必达于气,便与这屈伸往来者相感通。如卜筮之类,皆是心自有此物,只说你心上事,才动必应也。"黎靖德:《朱子语类》卷三,《鬼神》,北京:中华书局,1986年,第34页。

人,怎么能应对好鬼呢! 连生都没有理解,怎么会理解死呢!"这话说的也够通透了。这便是正确的理解方式,将世间的鬼神都放在了明处。如果该理会的你不去理会,只是理会一些无关紧要的东西,那将来也就没有什么能理会的了。[①]

从朱熹引用孔子的"未能事人,焉能事鬼"的这段记录中,我们基本上已明确了朱熹对鬼神的态度。也就是说,民间祭祀心理中希望通过"鬼神"的超能力来改变自己不幸命运的理解,显然是不适合揭示青年朱熹这次展墓的。那么,朱熹回婺源展墓的动机和目的便呼之欲出了:朱熹只是求个心安。"心安"对于进士及第后的朱熹来说至关重要,人要为自己的心灵寻找一个安放的空间。

按照艾瑞克·H. 艾瑞克森(Erik H. Erikson)的理论,朱熹此时情绪的最大特征应该表现为忧伤。[②] 也只有将此时朱熹的情绪界定为忧伤,才能解释朱熹从进士及第到赴任同安之间的五年内的亲近佛老和婺源展墓的怪异行为;才能说清楚朱熹在赴任同安时为何不急不慢,转到南剑州(治今南平)浦城南崇仁里樟林去见李侗。他在选择赴任的路线时特意由建溪南下经建宁、南剑州,东沿闽江至福州,再南下经莆田、泉州到同安,这不符合常理。按照正常的心理分析,在得到朝廷颁布上任诏书之后,他应该马上从家启程赴任,怎么可能一路拖拖延延走了两个月,这只能说明一个问题:这次赴同安任,朱熹是心不甘的。

但是研究朱熹的学者对朱熹这次赴任评价很高,束景南曾指出:"这两个月的沿途问学对他后来理学和经学的发展起了如此深远的影响,以至整个改变了他一生的思想道路。"[③]束景南显然是站在朱熹思想发展史的角度上来评价的,这基本上也得到了研究朱熹思想由佛到儒转变的学者的共识。但是如果将朱熹的这次南剑之行只界定于朱熹另一种思想史的开端,将有可能陷入一个思路陷阱:青年朱熹在见李侗前,要么已经完全投入了佛门,

---

①　原文曰:"那个(鬼神)无形影,是难理会底,未消去理会,且就日用紧切处做工夫。子曰:'未能事人,焉能事鬼! 未知生,焉知死!'此说尽了。此便是合理会底理会得,将间鬼神自有见处。若合理会底不理会,只管去理会没紧要底,将间都没理会了。"黎靖德:《朱子语类》卷三,《鬼神》,北京:中华书局,1986 年,第 33 页。

②　艾瑞克·H.艾瑞克森:《青年路德:一个精神分析与历史的个案研究》,康绿岛译,台北:心灵工坊文化,2017 年,第 108 页。

③　束景南:《朱子大传:"性"的救赎之路》,上海:复旦大学出版社,2016 年,第 114 页。

要么朱熹还没有真正理解儒学。这两种推论显然都不符合现实。

且不说朱松自小对朱熹就进行了儒家式教育，朱熹十四岁后到五夫里从学三先生，接受的也是正统的儒家教育。说青年朱熹对儒家不懂或不通，这显然是有悖事实的。那么，认为朱熹完全投入了佛门，成为《传灯录》里的大德高僧，这种说法多是不可信的。如果他当时真的完全投入了佛门，那么他来见李侗的行为，要么是多此一举，要么是"挑衅"。如果是多此一举，他完全没有必要在南剑州停留；如果是来挑战，这与注重"礼思想"的朱熹完全无法统一。中年朱熹多次批评陆九渊本人及其弟子，多是他们的"无礼"。而我们在朱熹三见李侗时，未发现他有任何的无理之举，就说明"挑衅"之说有多么荒谬。

可以想象，一个获得"准敕赐同进士出身"的朱熹，来挑战一个学界的大儒，这怎么也是说不过去的。同时，长期寄人篱下的朱熹，又失去了父亲的庇护，他怎么可能有那么大的勇气来挑战父亲的生前好友呢？这两种推论显然都是不成立的。那么，唯一合理的解释就是朱熹既没有放弃儒家，也没有挑战李侗之意。而是他在竹源庵和开善寺多年苦求，并没有帮助他找到解决焦虑的"心安"，他迫切希望通过求助李侗这个学者大儒，为他那忧伤的心找到一个安处。这应该是隐藏在他内心中的一种来南剑州的动机。

但是李侗的"默坐澄心"的近禅工夫方法，显然没有让朱熹在第一次面见李侗时有所收获。朱熹第一次见到李侗后是十分失望的，他不明白这个整天静坐、不愿多谈一言的大儒，和父辈们口中的那个学问精深者到底有什么具体的联系。青年的朱熹此时自然无法体会到李侗的工夫法门有什么独特之处，因为这与朱熹在竹源庵和开善寺见到的情景太像了。而朱熹对这种以静坐来除忧伤的做法显然已经厌倦了。

可以说，朱熹在青年后第一次面见李侗是充满期待的。这就如同在现实生活中为某事所困，突然想到自己儿时曾见过一个高人总爱帮人缓解危机，而现在见到他时，却发现他只是"故作高深"那样的失望。李侗在杨时离世后基本上就继承了他那一套近似佛学的工夫理论，这也让他在"非佛非道"上以"近佛近道"的方式进行着儒家的修行。这一切在青年朱熹看来，只是对佛道的模仿。初到南剑州时，他看到的这一切，在他早年从学三先生时就已经接触太多了，他完全看不到李侗将会，或者能给他再来什么。对于一个功名和仕途均不如意的朱熹来说，他迫切需要的是切实可行的"心理慰藉"，而不是继续打坐静悟。同时，李侗也从满身散发着"佛教气息"的青年朱熹身上,感知到这一切。他慢慢地知道面前这个青年需要什么。

但是我们不能拿朱熹第一次和以后见李侗的事做对比。实际上后来朱熹见李侗,他的心境是完全改变了的,他不再对自己的仕途抱有任何希望,他对自己的未来也充满了悲观。但这一切都是他在同安主簿任上遭遇到的切身体会带来的反映:豪强滑吏在朱熹面前表现的阳奉阴违,以至他对自己在治世方面的处处不得意,这几乎让他心灰意冷。

同安任上的清贫也让他感受到给妻子刘清四和幼年孩子带来的生活上的难题。此时的朱熹就如同一个刚刚大学毕业,又马上结婚生子的年轻人。他对工作充满了热情,但现实的残酷让他感受到来自物质与精神的双层煎熬。来同安后,少了岳父刘勉之的帮衬,使得本来就不容易的生活更是雪上加霜。可以想象当年朱熹在同安任上面对的一切:事业不得志,生活很清贫,家庭也有些许的争吵,让这个本就充满忧伤的朱熹,再度陷入忧伤之中。

在这里,我们基本上可以发现朱熹日后屡次辞官的那种最初心理迹象:同安任给他带来的为官第一印象极差,导致了他在年纪尚轻时,就对官僚系统充满了厌倦,而不是进士及第后看到的朱熹对做官充满着期待。人的心境是会随着现实产生巨大的改变。如果朱熹那句"某于科举,自小便见得轻"是真实的,那么这个"小"真正体现的不是他的少年,而是他的初次为官的青年。否则,我们无法理解多次出仕正经界、设社仓和弹劾唐仲友。一个人只有经历了重要的心履历程后,才真正明白自己想要什么。

第二节　自　强

同安县为今厦门市同安区和翔安区等。同安县城基本上残留着中国普通县城的纯朴模样,看不到"特区"加持在它上面的光环。虽然同安县在历史上立县较早,但它在南宋的经济发达程度是与泉州府无法相比较的,更不要说那繁花似锦的临安城(今杭州)。从朱熹三年前在临安城参加殿试时的那种意气风发,也可以想见赴任同安后他的精神落寞。对于他而言,这幻如天上人间的两种生活环境,可能最让他联想到的不过就是那句"准敕赐同进士出身"。这一功名是朱熹以后所有命运过往中无法忽视的线索。①

实际上,两宋的名人做边疆小吏并不是什么新奇的事,从欧阳修、包拯,再到苏轼,基本上都有做边关小吏的经历。但他们与朱熹完全不同,欧阳修被贬,是因为他对朝廷的施政不满,认为自己治世理想得不到施展;包拯虽能久不为官,但他的家族可以帮助他随时回到徽州,他的为官生涯可以由自己支配;苏轼是天纵才子,苏轼家族又是名门望族,所以他的被流放完全是政治原因。朱熹与他们最大的不同是:他们是有强大的家族背景做支撑,而朱熹只能依靠他自己。青年的他希望通过一件事来证明自己,以在物质上能够回报家庭,精神上回报资助过自己的刘氏家族。青年的朱熹迫切希望寻找一个证明自己的机会。

对于他来说,他能选择的就只有两条路:登科和入仕。登科的排名早已经成为他内心中无法抹去的伤疤,而入仕同安也很可能成为他愿望陨落的第二个滑铁卢。朱熹的预感是没有错的。漳泉平原的地理环境铸就了这里复杂的政治关系,对一个没有根基的朱熹来讲,他的"抱负"将使他在同安一任上付出惨重的认知成本。他的"正经界"之念在豪强滑吏的干扰下,成了他为官生涯中暗淡的一笔。

其实,同安时期的青年朱熹与鹅湖之会时的青年陆九渊颇有几分相像。这也导致了朱熹与陆九渊的初见就对彼此异常的熟悉,也决定了二者的初次交锋就直接达到"无言"之窘境。陆九渊曾说:"'易简工夫终久大,支离事业竟浮沉。'举诗至此,元晦失色。至'欲知自下升高处,真伪先须辨只今',元晦大不怿,于是各休息。"②陆九渊把朱熹的反应看成是"朱熹为其辩败,而无力还击"之状,这应该是陆九渊的误读。否则,后来就应该没有陆子寿"他日负荆"之语的表述。很显然,这里朱熹与陆九渊的冲突,一是陆九渊在会讲时的"无礼"让朱熹不满,二是朱熹也隐约从陆九渊身上看到了他初入职场的那种横冲直撞的自己。

---

① 虽然在两宋中进士后,初设之官多不大,但也有明显的不同。一般来说,状元、榜眼和探花等一、二等进士及第,多是放任从六品(监丞)、正八品(大理评事)的官职。官职不大,多数是京官,或者是到地方担任通判。最低的就是从九品,如朱熹的主簿、迪功郎。从这可以看出,朱熹的官职一是最低,二是地处偏远。可见他的仕途之路在他到同安那一刻,就注定了他接续的一生。即使后来他不断接近朝廷的中心,甚至成为帝师,也决定了他一生发展被这个"准敕赐同进士出身"牢牢绑定。即使他再努力,也无法摆脱原始功名给他的束缚。

② 陆九渊:《陆九渊集》,北京:中华书局,1979年,第427～428页。

陆九渊初次见面的"无礼"确实让朱熹气愤不已,但朱熹并没有选择离开,或者不与理会。其实,按照当时朱熹的身份和学者间的声望,他完全可以不再去理会陆九渊。相对于初出仕途的陆九渊来说,他太像自己的青年时期有那种"躁进强聒"的特征。陆九渊也正是因为他的"躁进强聒,乞赐寝罢"①,从"差主管台州崇道观"变成"监丞",从此陆九渊便远离政治中心,在他精彩的一生中开始默默地谢幕。陆九渊作为理学阵营中非常重要的一员,朱熹知道在鹅湖上如果放任陆九渊的言行,不能使其信服,他的未来将会有一个什么样的结局。陆九渊很可能像自己在同安任上一样,处处受制于这个本就不清明的南宋王朝。朱熹后来写的诗《鹅湖寺与陆子寿》中有两句明显就道明了他当时想法:"德义风流夙所钦,别离三载更关心。偶扶藜仗出寒谷,又枉蓝与度远岑。旧学商量加邃密,新知培养转深沉。只愁说到无言处,不知人间有古今。"②此时朱熹口中的这种"旧学",既是指儒家的古本,也有指他自己这么多年宦海沉浮而得到的那一点点政治经验。只可惜有强烈胜负欲的青年陆九渊是不会体会到这一层的。

可以想见,在与陆九渊的第一次交锋的晚上,朱熹应该是无眠的。这种无眠有三个方面的考虑:一是吕祖谦所言不虚,陆九渊确实是一个不可多得的人才,为理学阵营可以多一个年轻的后辈而欣喜;二是必须打掉陆九渊的"躁进强聒,乞赐寝罢"的性格,给他一个教训,以勉他步入自己的后尘;三是为陆子寿的临时倒戈而气愤,他完全忘了此次参加鹅湖之会的真正目的:将陆九渊吸收到理学阵营中,并给他一次磨砺。这一点从陆子寿"他日负荆"的态度中就可能看得出来。鹅湖之辩哪里只是一场学术论辩那么简单,这实际上是以吕祖谦为核心的"道学"与"反道学"论战高潮的一次前期准备,是一次关于道学阵营的招兵买马。只可惜大家都错误估量了陆九渊的学识能力,在这场盛会上陆九渊并没有得到什么"教训",反倒让他更加"志得意满",这也预示了他以后的人生之路上的悲惨结局。因为改变他"躁进强聒"性格的最后一次重要机会就在陆九渊感受到胜利那一刻就已经没有了。陆九渊作为南宋江右地区的大家族,除了"鹅湖"这种盛会,很难再找到其他的

---

①　转引自《朱熹的历史世界》(下篇),北京:生活读书新知三联书店,2004 年,第 472 页。

②　朱熹撰,朱杰人等主编:《朱子全书》第 20 册,上海:上海古籍出版社,合肥:安徽教育出版社,2002 年,第 365 页。

让他可以修正自己性格的历史契机了。

对陆九渊的认知与他未来悲惨的命运,这一切都真实地发生在青年朱熹任职的同安。他不同于以后陆九渊的是:由于长期的寄人篱下,他没有展露出太多的锋芒。而他在同安任上的急于做事,也没有遮蔽住他的锋芒。可以说,朱熹在同安任和赴浙江调查唐仲友案这两次为官的悲惨经历,基本上都是符合他"展露锋芒",进而惹下祸端的判定。"躁进强聒"也是青年朱熹的一种典型性格。这种性格也注定给朱熹带来穷困潦倒的生活窘境。

同安任是朱熹第一次经历人间世事。这里有希望、悲伤、忧伤、期望、失望到绝望。同安经历的一切,基本上预示着朱熹在青年这一阶段的缩影。所以以心理学的视角来看朱熹在同安任上所得到的一切,就不免知道青年朱熹为何会积极地投入佛教活动之中。这种投入一方面表现为朱熹面对理想与现实的矛盾产生的巨大感性需求,另一方面也揭示出他迫切需要在佛教中寻找自己的精神世界。然而他在竹源庵和开善寺的五年中,并没有得到精神的填补。他只能再度将儒家拾起,以安放自己那颗浮躁的心。所以在同安期间,说朱熹已经放弃了儒学,这是不可信的,因为他到同安后就积极地兴学教育;说朱熹不懂儒家,也不可信,他做主簿时的政绩,其实都证明了他对儒家有很深刻的理解。只是这些不足以解决他的问题,所以他后来为什么要去见李侗,这或许就是他的内心之中那久久无法安放的"抱负之心"无法停歇。

朱熹在同安任上常表现出的郁郁寡欢,不代表朱熹在同安任上以佛系的方式来面对日常的工作与生活。其实,朱熹此时的情况如同现代一个国内重点名校毕业的博士生,下放到一个非常偏僻的乡村做村支书,他感到不得志,表现出一种郁郁寡欢是一样的。有趣的是,这种心理上的负面情感却不能判定朱熹会消极地对待自己的工作。这是人的一种奇怪却又正常的心理反映,勤奋的人是闲不住的。朱熹在同安任上一定要做些什么,这个"做"有两个目的:一是朱熹的抱负之心未灭,工作可以确保他存在意义与价值;二是他也需要通过工作来抒发内心的不公。

《朱熹年谱》记载:"莅职勤敏,谳悉必亲,郡县长吏,事倚以决。苟利于民、虽劳无惮。职兼学事,选邑之秀民充弟子员,访求名士以为表率,日与讲说圣贤修己治人之道。"[①]意思是说,朱熹在同安任上很勤奋,很多事都亲自

① 王懋竑:《朱熹年谱》,北京:中华书局,1998年,第10页。

到场处理。所以同安县里很多人都喜欢找他一起商量公事。对于老百姓有利的事,即使很累,但朱熹从来都是任劳任怨,无抱怨之词。他在同安掌管教育(学事)工作,经常发掘一些有资质的孩子来加以培养,同时,他还访问当地的名士,以让其作为表率,正风异俗。

　　这段他人对朱熹的评价说明了朱熹对同安任职的初期是抱有失望与希望两种复杂的情绪。失望的情绪是他认为自己的才华远不止能胜任一个偏远的小县任从九品的"小吏";希望的情绪是他认为世事磨难只是暂时,经过自己的努力也会有光明的前程。他与当今那些遭遇职场年轻人是十分相像的,虽然对自己找到的这份工作非常不满意,但是他们始终还是会认为通过努力,依然会寻求到那难得的成就感。所以朱熹那句"某于科举,自小便见得轻",恐怕在这时是无法坚持的。

　　青年人由于失败的经历较少,还不会有中年那样心如死灰。他们对命运的希望往往大于绝望,甚至时常有"胜天半子"的少年狂妄。不过,这不正是青年人该有的样子吗?

第三节　逆　境

　　同安之地是朱熹青年时期最为清贫的地方之一。由于是初次为官,他拿的俸禄只是正常工资的一半,他和自己的家人时常处在"贫病困蹙"①的境地。这对于朱熹及他的家人是很大的挑战。同时,相对于生活的清贫,秦桧及其党羽的政治高压也构成了朱熹在同安任的重大阻碍。

　　朱熹一到同安就接触到"赵令衿案"。"赵令衿案"对青年朱熹的打击很大,"赵令衿案"的始末主要讲的是前宰相赵鼎(1085—1147)的事。在秦桧当政之前,赵鼎曾经两次成为当朝宰相,对保全南宋的江山社稷立有大功。他曾经也被封为尚书右仆射、同中书门下平章事兼知枢密院事,然而绍兴八年(1138年)赵鼎受到秦桧的排挤,不得不来泉州任知州。但由于屡次受到秦桧的迫害,又被贬官至"居兴化军",移至漳州,后又转侧潮州安置,最后贬至海南吉阳军(今海南三亚)。赵鼎在吉阳军生活三年,基本上过着与世隔

---

　　①　朱熹撰,朱杰人等主编:《朱子全书》第25册,上海:上海古籍出版社,合肥:安徽教育出版社,2002年,第4342页。

绝的生活,他的门人故吏因为惧怕秦桧都不敢同他往来。赵鼎为了不让家人再受到迫害,无奈之下他只能绝食而死。但即便这样,他死后秦桧依然没有放过他的儿子赵汾,硬逼迫赵汾承认自己与张浚、李光、胡寅等人有"谋大逆"之罪,最后被株连的人达 53 人之多。① 这一切给刚入仕途的青年朱熹带来强烈的震撼。当他还在对官场充满希望的时候,"赵令衿案"无疑成为压倒朱熹的为官之愿的最后一根稻草。所以朱熹在同安任上常带来了一缕悲伤的阴云也并非空穴来风,这注定了他在这一时期的为官任上常有郁郁寡欢的心情。

"赵令衿案"无疑是导致了青年朱熹在为官的早期的小心保守姿态。面对秦桧的权倾朝野,他不得不再次选择与进士及第时的谨慎态度,尽量绕开时局的敏感话题,小心翼翼地做事。林振礼指出,当时在泉州任职的主战派官员和正直的士大夫几乎都遭到打击。这种诸贤都被流放的残酷现实对刚刚开始当官的朱熹来说,有了十分深刻的影响。② 朱熹曾说:"盖方是时,秦丞相桧当国,猜暴叵测,故家大族一罹飞语,无不糜碎。"③意思是说,秦桧当宰相的时候,特别能猜忌。如果谁说错话惹恼了他,没有不粉身碎骨的。这对青年朱熹无疑带来了深深的恐惧。

从青年朱熹在同安任上主持教育工作时发布的《策试榜谕》中就可以看到这一期青年朱熹做事的保守性。他曾劝诫学生说:"朝廷的事,不是你我这样身处偏远的人能评论的。我以师生相交的诚意,劝你们不宜用文字表达什么,你们要慎重啊。"④朱熹的这种劝说充满了无奈,他说这句话时的心情应该与殿试前的心情是一样的。朝局混乱,自己又不得不强按自己那种反抗的心去顺应世事的潮流。他知道秦桧的手段和能力,他的父亲朱松就是因不满秦桧的政见而被迫离开朝廷的。那些曾经是刘氏家族口中的文人墨客,基本上都被秦桧一党残酷地迫害。并且秦桧一直要迫害的张浚、胡寅

---

① 林振礼:《朱子新探:朱子学与泉州文化研究》,北京:商务印书馆,2018 年,第 11~12 页。

② 林振礼:《朱子新探:朱子学与泉州文化研究》,北京:商务印书馆,2018 年,第 14 页。

③ 朱熹撰,朱杰人等主编:《朱子全书》第 25 册,上海:上海古籍出版社,合肥:安徽教育出版社,2002 年,第 4249 页。

④ 原文曰:"若夫朝廷之事,则非草茅所宜言,而师生相与之诚意,亦不当数见于文字之问也,二三子慎之。"朱熹撰,朱杰人等主编:《朱子全书》第 24 册,上海:上海古籍出版社,合肥:安徽教育出版社,2002 年,第 3569 页。

又与五夫三先生有着密切的联系,他们同样也与朱熹有着千丝万缕的联系。张浚是张栻的父亲,胡寅是张栻的老师,张栻是朱熹未来的知己好友。这里足见朱熹说出这句话来的心里悲歌。

对于朱熹来说,同安一任绝不轻松。他要防范的也决不只是豪强滑吏。事实上,青年朱熹在整个同安任上都需要谨小慎微。对于朱熹而言,他既要堤防秦桧的政治高压不能波及自己,又要整治豪强滑吏的肆意妄为。这在朱熹的同安任上构成了一个难解的矛盾。同时,秦桧的政治高压与同安一地的豪强滑吏不是截然分开的两部分,他们二者存在着诸多说不清、道不明的联系。

除此之外,工作的琐事与家庭的生活也成为考验青年朱熹的一道难题。他既要在工作上事必躬亲,又要解决家庭成员的"贫病困蹙"。他希望在工作中能达到移风易俗的目的,又希望能照料好一家人。这些情况交织在一起,对于一个在同安没有任何人脉的青年朱熹来说都是一个个难题。青年朱熹在同安要想有一些作为,他只能一切靠自己。

同安一任对他来说,内忧和外患常常一起袭来,考验着这个刚入官场的青年朱熹。他所面对的经常是无名的恐惧,和说不出道不明的落寞。他也想为前辈伸张正义,但是为了养家糊口的"碎银几两",他只能把嘴巴紧紧地闭上。而且为了那少得可怜的半俸工资,他甚至还要违心地说一些歌功颂德的话。他深知,他的想法不重要,他什么也做不了,他能做的,就是顺利做完同安一任。因为此时的他毕竟还有一大家子人要养。

朱熹刚到同安任职的第一年七月,也就是在他二十四岁的时候,迎来了人生中的第一个儿子:朱塾出生。初为人父的朱熹自然是满心的喜悦,一切愁云暂时都有了消散的理由。到同安第二年秋七月,他的第二个儿子朱埜出生。然而对于朱熹来讲,朱埜的到来可能忧愁要大于喜悦。多子多孙自然是好,可是微弱的收入与一家五口人[①]的生活,这让青年朱熹感到了从未有过的压力。[②] 此时刚刚参加工作不久的朱熹开始过上了上有老下有小的生活,可以想得到朱熹当年的窘迫。但是朱熹生活的窘迫并不是说朱熹的

---

① 五口人:朱熹、刘清四、祝夫人(朱熹母亲)、朱塾、朱埜。

② 按照南宋的规定,出生为儿子的要交丁税。对于已有功名和官职在身的朱熹是否要为两个儿子交丁税。如果依然需要缴纳,那对朱熹而言不亚于雪上加霜。即使朱塾和朱埜不用交丁税,朱熹从九品的俸禄基本上应对这样一大家子,也是异常艰难的。

生活不能继续维持,朱熹当时虽然清苦,但正常的生活基本上还是可以维持下来的。

朱熹在同安的五年间,也确实做了很多事。比如在追缴税款改革方面,朱熹说:

> 昔在同安作簿时,每点追税,必先期晓示,只以一幅纸,截做三片,作小榜遍贴云:本厅取几日点追甚乡分税,仰人户乡司主人头知委。只如此,到限日近时,纳者纷纷。①

这句话的意思是说:朱熹在做同安县主簿时,每次要追税了,就先贴告示告知。这张告示分三个部分,像小的榜文一样贴着。内容是:本县要用几天的时间来收税,会事先通知你们的社长或里正知道。这样做,快到期限时,来缴纳都就很多人了。这段话表明了朱熹在同安任上施政有方,是他值得骄傲的事情。在军事方面,朱熹也有些许功绩。绍兴二十五年(1155 年),同安县遇到盗匪入侵,他与主管监盐税的曹侯负责县城的西方角。由于布置得当,盗匪没有占到任何优势,便都一一散去。在教育方面,他将徐、王二先生请出,充当学宾,申县札子,并同时选用一些有学问之人兴学办校,改变民风。可以说,朱熹在同安一任做成了许多事情。

同安一任也给朱熹很多机会。比如在绍兴二十五年(1155 年)十月,秦桧病死,压在朱熹等人身上的政治阴霾总算散去。他的心情也如同这逐渐开明的南宋政风一样,开始有了好转。他不再唯唯诺诺地保守自己的想法,开始直言实事之弊。我们从这一年朱熹给学生出的一道《策问》中,就可以看到这种迹象的端倪:

> 策问:台谏是帮助天子视察天下的官职,有审查天下所有事情的权力。然而十多年来,能不能获得这个职位全看宰相(秦桧)的私人喜好,结果这个部门全部都被一些顽劣愚钝、嗜利无耻的人把持着,他们合在一起结成朋党,形成奸佞团体。近日天子慧眼知道了这种弊端后,于是将奸佞之人辞退,寻找有才能的人担任这个职位,又下明诏警示过去的做法。士大夫怀有一身学问,成为官员服务朝廷,这可谓是士大夫理所应当的事。然而他们高明宏大的议论或见解却未能在四方之地有所听闻,这不是很奇怪的事吗?今天天下的事情多如牛毛,只有二三个人代

---

① 王懋竑:《朱熹年谱》,北京:中华书局,1998 年,第 11 页。

表着大家来做这件事,以他们的话来当成信条。朝廷应该以何事为主呢?①

林振礼说:"朱熹以一县之主簿,言台谏用人之弊,敏锐地洞察秦桧党同伐异所造成的恶果。他对于治国之君必须广开言路——崇论弘议,'听闻于四方'的思考,已表现出非同寻常的深谋远虑。此后整顿吏治,防止大臣、近习弄权,以及限制君权成为他终生执着抗争的政治目标。"②这里的表述说明了秦桧死后朱熹感受到前所未有的自由之风,但关于"深谋远虑"的评价基本上有些拔高青年朱熹的意图。

事实上,青年朱熹对秦桧倒台后政治形势存在着一定的误判。他这一点同鹅湖之辩时的陆九渊十分相似。同其他的理学士大夫一样,他自认为秦桧的去世朝廷上就会迎来宋神宗和王安石式的"共商国是"。然而朱熹错误地估计了宋孝宗赵昚执政魄力,他也错误地估计了自己的话语权与社会地位。青年的朱熹以一种"初生牛犊不怕虎"的劲头向宋孝宗大谈自己的政治理念,俨然已经有了几分"帝王师"的口气。他问新君赵昚:

> 陛下以为今天的监司贪污受贿、榨取民脂民膏的人是谁?这些人不都是当代宰相秦桧通过台谏推荐上来的亲朋好友吗?关于没有能力的,陛下就应该让这些通过私交上位的人离开朝堂;尚且有一些能力的,暂时又无替换的他人,陛下应该做到心中有数。③

朱熹这种政治上表现出的不成熟性自然得不到皇帝的青睐,但是这次大胆的进谏也为"他日后卷入政潮埋下伏笔"④。

同安一任揭示了朱熹初入仕途的种种转变。他由保守与最初的胆小甚

---

① 原文曰:"问:台谏,天子耳目之官,于天下事无所不得言。十余年来,用人出宰相私意,尽取当世顽钝嗜利无耻之徒以充之,合党缔交,共为奸慝。乃者天子灼知其弊,既斥去之,乃咨人望,使任斯职,又下明诏以申警之。士怀负所学,以仕于世,至此可谓得所施矣,而崇论弘议未能有所闻于四方,何耶?今天下之事众矣,二三子试以身代诸公而任其责,以为所当言者,何事为大?"朱熹撰,朱杰人等主编:《朱子全书》第24册,上海:上海古籍出版社,合肥:安徽教育出版社,2002年,第3573页。

② 林振礼:《朱子新探:朱子学与泉州文化研究》,北京:商务印书馆,2018年,第14页。

③ 原文曰:"陛下以为今日之监司奸赃狼籍,肆虐以病民者谁?则非宰执台谏之亲旧宾客乎?其既失势者,陛下既按见其交私之状而斥去之矣;尚在势者,岂无其人,顾陛下无自而知之耳。"朱熹撰,朱杰人等主编:《朱子全书》第20册,上海:上海古籍出版社,合肥:安徽教育出版社,2002年,第577页。

④ 林振礼:《朱子新探:朱子学与泉州文化研究》,北京:商务印书馆,2018年,第15页。

微,到开始激进的质问皇帝,这一切都表明了青年朱熹从政的不成熟。但是同安一任也让朱熹积攒丰富的从政经验,无论是在经济方面(如税收),还是在军事和教育方面,朱熹都在这里获得了一定的锻炼,也取得了一定的成就。在这里,朱熹同时也积攒了自己从政的信心,明确了自己的人生定位。虽然同安一任并没有让朱熹在仕途上更进一步,甚至同安的破败让主簿的继任者都没有按时赴任,但朱熹至少从此刻走出了书斋,完成人生历练的第一步。他从同安辞退再次回到五夫里的时候,他已经不再是那个只在书本里看待人生的翩翩少年,而是一个历经世事的青年才俊。对于朱熹来讲,同安一任帮他完成了人生的第一次蜕变。

第四节 厌 倦

可以说,青年的朱熹在同安一任所经历,无论是失败的正经界,还是成功兴教育,都不会是中年朱熹所呈现出的那个正面样子。在南宋理宗复兴朱子学之前,朱熹所经历的历史残酷程度远超于今人想象,只不过,今天已经无法把它们真实的重现出来。当然,朱熹最初并不是对命运的不公听之任之,但他努力干预后依然要承受无果的绝望,促使他不得不回到佛教的世界中寻找安放心灵的净土。

朱熹在同安的政绩无法磨平朱熹在同安的悲惨命运。他创建经史阁等取得的些许功效,相对于他在任税吏时看到的诸多不公,这些"所谓政绩"丝毫不会给他带来多少成就感。虽然他后来去江西庐山知南康军时常会拿同安时的一些政绩来举证,这常让人误以为是他在同安一任做成了很多事情。这显然也是不实的。这其实反映出人的一种基本心理表现:人在渡过自己的困难时期后,往往会有意忽略那些人生苦难,而铭记自己少有的那些"高光时刻"。似乎漫长的困难时期就是为了烘托那几个"人生高光"而必有的背景铺设。知南康军时的朱熹对自己同安一刻的描述,也少不了对青年时代的"报喜不报忧"的表现。因为如果他在同安一任上真的获得了浓厚的成就感,他的政绩真的被上官采纳,就不会有泉州守官方滋举荐他继续担任同安县主簿时,他毅然决绝选择罢官回乡,表示永不再来的行为举动。他在任满之前就将家人全部送回了五夫里,就足见他对同安这一任的失望程度有多么大。

束景南曾对他在同安的五年任期做了一个经典的点评：

> 在同安五年，他尽忠王事，常风尘仆仆，奉檄奔走在泉、漳和莆田之间，出没于烟涛野岭，自称"海邑三年吏，勤劳不为身"，"王事贤劳只自嗤，一官今是五年期"。但他终于看到这种忠于君事却反使百姓陷入更深的贫穷困苦中："输尽王租生理微。""忠君"又走向了"爱民"的反面。这种痛苦矛盾使他初入仕途便产生了浓重的厌倦官场情绪，发出了"不堪从吏役，憔悴欲归休"的灵魂呻吟。①

如果说进士及第让朱熹感受到了人生的第一次大失望，那么同安一任就让朱熹感到了真正的绝望。他从二十四岁到二十八岁初入世事的这关键的五年里，让朱熹内心的希望一点点的破灭。他在婺源展墓时，在先祖坟前的种种无言祷告，最终都在无情的政治斗争中逐一熄灭。

青年朱熹此时可能并不想成为一个所谓的"道学君子"，但他至少想对得起自己的"道德良心"。儒家伦理道德的内在本色和佛教祛恶扬善的内在信念，都让朱熹成为税吏时备受煎熬。他无法做到一边看到百姓正遭受着疾苦，一边又能心安理得地收取税收。这种煎熬促使他通过与豪强滑吏的斗智斗勇，以求为百姓谋取一丝微不足道的利益。但是他的所有努力都遭受到前所未有的打击。即使他在同安一任的诸多政绩，也不过是对同安一地的士大夫进行了"杀鸡取卵"，解决不了根本的问题。他感受到自己实在无法在"主簿"这个位置上能再为百姓做些什么，他的离开注定成为历史的必然。

青年朱熹那微不足道的"正经界"与兴教育，虽然在同安一地移风易俗中起到过一定的作用，但这远没有在他知南康军时有那么多的成效。其实，如果中年朱熹在未来不是成了旷世大儒，那么同安一任的"正经界"与"兴教育"这两份政绩也不会落到他这个从九品的主簿身上。按照中国古代政治中衙门的惯例，好的政绩无非是给当时的同安县令陈元滂增光添彩，有谁会在意一个年轻的主簿呢？所以朱熹经常听到的信息应该是："在同安县令陈元滂的带领下，朱熹进行了'正经界'和兴教育。……"即使是这样，这种被朱子后学常津津乐道的"正经界"在汀州、漳州和泉州刚一开始推行，就遭受到土豪劣绅的强烈反对而被迫停止了。于是在这人情网错综复杂的同安县城，朱熹这一"为民争利的施政举措"便在县衙内外的质疑声中不得不草草

---

① 　束景南：《朱子大传："性"的救赎之路》，上海：复旦大学出版社，2016年，第123页。

收场。

县令陈元滂或许没有阻止朱熹来"兴教育",甚至他也为同安一地的民风改变做出过贡献。但是陈元滂最终希望的是他先完成自己的本职工作:向百姓收税。因为田亩赋税才是主簿的主要工作。但是随着朝廷停罢经界的禁令使得这些本可缓解农民负担的征税又落到苦难的农民身上,这又将成为青年朱熹必须解决的一道心理难题。对于朱熹来说,他面临着两种煎熬:不努力工作征税,对不起皇恩;努力工作征税,对不起百姓。他每天都在"忠君"与"爱民"这两种思想中苦苦挣扎。

关于这一点,从朱熹给皇帝的《与钟户部论亏欠经总制钱书》中就看得出来。朱熹说:

> 常听闻天子您体恤百姓贫苦,数次下宽恕诏书,布告免除百姓人头税和其他赋税,又下诏让征税者不要只求税赋征收的数量,同时又下诏派遣执事(官名)出使蜀地,宽限还债时日。朱熹我愚昧的觉得,民应该交的赋税得交,官府应得的税收得收。这种免除赋税的做法即没有法律依据,又师出无名,难道不会变成官府变项强加百姓头上的"亏钱"吗?朱熹我在此向陛下谏言,知道天子本意在于爱民,希望早朝商定就准备傍晚实行,但是朝中公卿及多数大臣多无主见,更没有人愿意将自己真实的意见表达出来,只附和着您说。前几天户部发布符檄公文,匆忙邮寄给提刑司。提刑司又下达于州,州又下达于县,都是匆匆忙忙的传递下去。这道诏书的执行者,如通判,又将这件事大肆渲染,积极的推广,现代已经无所不知。这种钱虽然不是赋税的习惯性收入,多为百姓的欠款和官吏隐瞒侵占的部分,以"一岁偶多之数"为最终额度。如果让他们偿还,合零就整,就可以成为经总的制钱。而今年把这两个重要的赋税全免了,那么今天的地方财政必然会有亏空增多,将不知道会出现什么后果。这个政令从户部辗转四次到达县府,如转动斜坡上的圆盘,到底县府已经失去了实行的基础,县府又会怎么做呢?他们不过是换个方式巧夺明目的取之于民而已。而陛下必然认为这部分钱是朝廷派官吏补发的。这种并非真正地有利于百姓的行为,与掩耳盗铃的

做法没有分别。①

经制钱的办法是提高南宋专卖产品价格,官吏的俸禄南宋要抽取1‰税收,百姓卖田宅时、官府发凭证时候、公租房房租,都要比原来多收钱。绍兴五年(1135年)宰相孟庾为筹措钱,又设置了总制司,"总制钱"因此得名。总制钱又加收了耆长、户长雇佣钱,合同书朱墨钱,民户加收三分免役钱,进一步加重了百姓负担。不要误以为总经制钱对百姓没什么影响,以为只是把地方财政收入纳入王朝财政收入。这样做必然会引发通货膨胀物价上涨,倒霉的自然是百姓。然而为了筹集军费,南宋统治者已经顾不了那么多了,只能先解决眼前军费问题。总经制钱一年的税收就有一千多万贯,是南宋重要财政来源之一。每当州县地方收不齐经总制钱时,他们就让百姓缴纳所谓"补亏钱",做买卖的除了缴纳正常商税以外,还要缴纳所谓"贴纳补助钱"。王朝用经总制钱搜刮钱财以后,过去富裕的州县,现在也变穷了。过去的中产之家如今只能勉强生存,过去底层百姓靠着耕田织布,自给自足还能生活,如今或者没办法当了盗贼,或者只能饿死。可是朝廷怎么会听一个偏远之地的从九品主簿的上书呢?朱熹最后一分希望随着上书的泥牛入海,慢慢地对朝廷充满了绝望。

这种绝望让朱熹感到在同安一任上能做事情越来越少,慢慢地也对他这项主簿的工作开始迷茫。他在朝廷的压力与良心的纠结中,对自己的这项"主簿"工作越来越感到厌烦。

其实,"县学"与朱熹本来关联不大,但它为何能成了朱熹关注的焦点,

---

①　原文曰:"盖熹闻之,天子悯怜斯民之贫困,未得其职,故数下宽大诏书,弛民市征口筭与逃赋役者之布,又诏税民毋会其踦赢以就成数,又诏遣执事使蜀,弛其逋负,如前所陈者。熹愚窃以为此皆民所当输,官所当得,制之有义而取之有名者,而犹一切蠲除,不复顾计。又出御府金钱以偿有司,是天子爱民之深而不以利为利也明矣。而况于民所不当输、官所不当得,制之无艺而取之无名,若所谓亏少经总制钱者乎?熹以谓有能开口一言于上,以天子之爱民如此,所宜朝奏而暮行也,而公卿以下共事媕阿,莫肯自竭尽以助聪明、广恩惠。前日之为户部者,又为之变符檄、急邮传,切责提刑司,提刑司下之州,州取办于县,转以相承,急于星火。奉行之官,如通判事者,利于赏典,意外督趣,无所不至。此钱既非经赋常入,为民所逋负,官吏所侵盗,而以一岁偶多之数制为定额。责使偿之,又合零就整,全是经总制钱,今年二税放免,今年亏欠必多,亦不可不知也。自户部四折而至于县,如转圜于千仞之坂,至其址而其势穷矣,县将何取?不过巧为科目以取之于民耳。而议者必且以为朝廷督责官吏补发,非有与于民也,此又与盗钟掩耳之见无异。"朱熹撰,朱杰人等主编:《朱子全书》第20册,上海:上海古籍出版社,合肥:安徽教育出版社,2002年,第1072页。

或许是他需要在任满之前找一些事来打发时间。

南宋初年,北宋灭亡的阴霾并没有完全散去,各地的教育基本上也都百废待兴。虽然宋朝南渡已经将有三十年的历史,但这种情况依然没有任何实质上的改观。同安是一座远离临安(今杭州)的边远小城,县学方面基本上还是处于一种蛮荒之地。同安县令陈元滂本就对朱熹弄出的正经界一事多有不满,他在朝廷与地方势力的双重压力下,所做的也只有对朱熹等人进行压制与安抚。于是这时朱熹提出要"重整县学"时,实际上正好是给了陈元滂让朱熹避开"正经界"这个风口的机会。对于他来说,这也算为当地的豪强滑吏及朝廷有一个交代。所以朱熹整顿县学这种闲职自然也不会受到过多的阻挠。

令所有人没有想到的是,县学给朱熹在同安一任带来了少有的成就感。他在主政县学的这段时间,先后颁发了《谕学者》《谕诸生》《谕诸执事》等告示,并开始亲讲《论语》等儒家知识,他原有的知识储备得到了现实的应用。①地方豪强见自己的利益没有真正受损失,也便没有再来为难这个新来的主簿。于是在中国古代的历史上,朱熹就在这种无奈的背景下出现在人们的视野中。后来,朱熹渡海在金门建立的燕南书院,见证了青年朱熹人生发展中少有的成功际遇。

如果没有绍兴二十五年(1155年)同安爆发的那次农民起义,朱熹可能会在同安的教育事业上继续经营下去。然而教育的成功并没有改变百姓受苦的事实,让他那颗本来已经安分的心又再度无法安宁。他作为朝廷的代表,镇压这场农民起义是他分内之事。但是他知道,这次起义本来是可以避免的,但最终在朝廷与地方的两股势力夹持下,让这场本不该发生的起义就这么发生了。虽然在朱熹等人的安抚下,这场起义最终没有造成太多的伤人事件,也很快平息下来。但朱熹知道,如果农民的利益得不到解决,这绝不是解决问题的长久之计。但是他一个小小的主簿,又能做什么呢?他何尝不知道自己对百姓说的那些安抚的话多少有些"画大饼"的嫌疑,可是他又能怎么做呢?

---

① 朱熹后来遇到朝廷屡次召唤而不出,一心专研道德文章,可能与他在同安的这次教育改革的成功有关。在人的心理现象中,对已犯的错误有意的回避,对已有成功的再度强化,是一种普遍存在的心理现象。朱熹在同安的教育改革无形中为他日后的人生选择提供了参考。

绝望的心情让他下定决心辞官归隐。事实上,他确实在这次起义结束后的第二年(绍兴二十六年,1156 年)就已经做好了回武夷山的准备。《朱子年谱》有一句很简短的话充分表达他的这种心情:"时秩满,代者不至,因送老幼以归。"①在朱熹看来,不管后任是否到来,他再也不愿意在同安继续停留下来。于是在绍兴二十七年(1157 年)时,朱熹说出的"后代不至,罢归",更是将这种心情发挥到极致。

如果我们对朱熹在同安一任的种种表现做一个心理上的总结,那么用"郁郁寡欢"就再恰当不过了。从"进士及第"到"同安一任",朱熹内心中期望通过科举来光耀门楣的希望被彻底撕碎。他幻想的"以仁治仕"的理想也就在他青年懵懂的仕途中落下帷幕。朱熹中年后屡次不应诏出仕,也多与这次同安主簿的经历有着说不清、道不明的关系。

---

① 王懋竑:《朱子年谱》,北京:中华书局,1998 年,第 14 页。

第四章　求道延平

　　朱熹与李侗(李延平)其实很早就相识,只不过无法确定他们第一次见面的时间。按照朱熹自己的回忆,应该是其父朱松活着的时候,带他去李侗家里做过客。那时候朱熹还小,李侗对于他来说只是父亲一个较好的朋友,有点像亲戚的角色。至于李侗有什么学问,自己是否要向他学习,这全然不是幼年朱熹要考虑的事情。从青年朱熹对李侗知之甚少的情况来看,朱松与李侗的交往应是不多。他仅在朱熹面前谈及这个学界的好友,让朱熹觉得朱松对李侗比较欣赏。朱熹曾说"父亲朱松常以李侗为自己的知己"。[①]可能说的就是这个意思。所以当朱松离世之前,他将朱熹母子托付给崇山峻岭中的五夫里三先生,而不是这个在今天南平市郊外的李侗,这足以看得出三先生与李侗相对比,朱松更倾向于前者。所以少年朱熹对李侗早期没有什么印象,也就不是什么奇怪的事了。事实上,朱熹对李侗的了解很可能多数都来源于三先生,而不是他的父亲朱松。于是这就可以解释朱熹青年后初见李侗时,那种局促不安和不知所措。

第一节　仰　望

　　青年朱熹对李侗思想的偏重,主要是受到杨时的影响。杨时(1053—1135),字中立,号龟山,谥文靖,南剑州将乐县龙湖(今属明溪县)人。他与游酢"程门立雪",倡道闽中,"其上接濂洛之传,下开罗(从彦豫章)、李(侗延

---

　　① 原文曰:"韦斋(朱松)深以为知言。"王懋竑:《朱熹年谱》,北京:中华书局,1998 年,第 9 页。

平）、朱（熹考亭）之绪"，是道南学派的创始人。杨时传学给罗从彦，罗从彦传李侗，李侗又传朱熹。明弘治八年（1495 年），明孝宗皇帝追赐"将乐伯"，从祀文庙。这个被称为"闽中四贤"的理学开山之人，他在福建一地的影响是比较大的。程明道和程伊川对杨时所评价的"吾道南矣"，基本上给道南一脉的理论做了最好的合法性证明。因此，二程弟子虽多，但以杨时作为其思想承接的主脉，多是可以令人信服的。当然，朱熹后来对杨时是有大加批判的，不过那已经是中年以后的事情了。

在朱熹的青年阶段，他认为杨时就是与二程相桥接的最合适人选。《朱熹年谱》曾有这样一段记载："杨时先生在东南地区教学传道时，向他学习的人很多。"①。在朱熹眼中，杨时是最贴近北宋二程思想的，且是影响力较大的一个。要学二程，必先学杨时。而在杨时的弟子中，罗从彦（罗仲素）又是最能领会杨时思想的聪颖之人。朱熹曾评价罗仲素说："能潜心学习并身体力行的人，有担当儒学传递下去重任的人，只有罗从彦一人而已。"②意思是说，罗从彦能精准地把握到杨时的思想，并能将杨时的思想转化为现实，他是为数不多的一个人。而李侗受学于罗从彦，得到了他的真传，他的罗氏同门都不如他。而且他喜欢钻研学问，不爱当官，像冰壶和秋月一样莹澈无瑕。③

李侗虽然与朱松早已熟识，但不是像朱熹所认为的那样关系密切。实际上，朱松流落到尤溪郑氏宗祠时，李侗所在的南剑州（今南平市延平区）与他的距离是近于武夷三先生的。但是从朱熹的回忆录中，很难听到他幼年或少年期间朱松与李侗有什么实际的往来。即使后来朱松全家搬去邵武，也不见得朱松与李侗有什么过多的交往。实际上，用精神知己来形容朱松与李侗，可能是比较合适的。

青年朱熹对李侗的最初印象应该是"崇拜"。虽然朱熹自认为他的父亲朱松与李侗之间是互为知己，但并没有太多的佐证材料，也只能说朱松与李

---

① 原文曰："龟山先生倡道东南，从游甚众。"王懋竑：《朱熹年谱》，北京：中华书局，1998 年，第 9 页。

② 原文曰："语其潜思力行、任重诣极者，罗公仲素一人而已。"王懋竑：《朱熹年谱》，北京：中华书局，1998 年，第 9 页。

③ 朱熹的原文是："（李侗）受学罗公，实得其传，同门皆以为不及。然乐道不仕，人罕知之。沙县邓迪天启尝曰：'愿中（李侗）如冰壶秋月，莹澈无瑕'。"王懋竑：《朱熹年谱》，北京：中华书局，1998 年，第 9 页。

侗早已熟识。其实,父辈之间的"知己"之说多是不可信的。相对于李侗独得杨龟山(杨时)的真传而名声在外,朱松只能算是学界中不太出名的普通官吏。朱松说与李侗是至交,却又未见朱松落难时李侗有任何实质性的帮助,所以这种"知己"也只能停留在口头上说说而已。这种现象在中国乡土文化中并不少见。

朱熹成年后第一次见李侗,基本上和其父朱松没有什么关系。如果说一定有什么关系,那估计就只是一个说辞。比如他们在见面时朱熹会自我介绍:"我是韦斋(朱松)的后人,今特来延平面见尊师,以求赐见"之类的谦词。朱熹此时面对李侗,基本可以想象他最早见李侗的心态:仰望。

二人这次初见基本可以看成是学界的晚辈求见"学界宗师"式的朝拜,是一种儒学内部的"顶礼"。所以一定需要做的就是将青年朱熹对李侗的初见和再见相区分。初见李侗,朱熹实际上是非常仓促的,这只是朱熹去同安上任的"路过"之举。当然,以此来说明朱熹此次的拜访不正式也不妥当,而用"仓促"来表明可能更加准确。

朱熹初见李侗大致有以下三个原因的考量:一是进士及第虽表面光鲜,但实际上并非达到朱熹的心之所愿,因此来延平见李侗有借道放松之嫌;二是朱熹对自己的学问很自卑,他缺少自信,希望通过求道李侗,能让自己在学术上真有所得;三是傍名声之嫌,青年朱熹要出人头地,就必须"师出名门"。武夷三先生对于"名门"之说显然逊色很多。而李侗独得杨时之真传,为道南一脉的正硕,故青年朱熹来此求师以接续正脉,也在情理之中。《朱熹年谱》有这样一条记载:

> 杨时在东南一地传道收徒,向他学习的人很多。但谈到能潜心学习并身体力行的人,有担当儒学传递重任的人,只有罗从彦一人而已。李先生的名字是"侗",他的字是"愿中"。从学于罗从彦,得到罗从彦的真传。与他从学罗从彦的人都不如他。但是他乐于学问,不愿做官,很少人知道他而已。[①]

显然,这段记载中勾画出"道南学派"的传承图:杨时、罗从彦、李侗,那么朱熹能否将自己与道南学派相嫁接,显然就取决于青年朱熹的眼界、能力

---

① 原文曰:"龟山先生倡道东南,从游者众,语其潜思力行、任重诣极者,罗公仲素一人而已。李先生讳侗,字愿中。受学罗公,实得其传,同门皆以为不及。然乐道不仕,人罕知之。"王懋竑:《朱熹年谱》,北京:中华书局,1998年,第9页。

和运气。以今天的眼光来看,朱熹成名后,当代学者将思想倒推回去,才发现杨时、罗从彦、李侗受朱熹的光辉而成名。实际上,回到青年朱熹的真实历史场景中去,则会发现这种发展实际上正好是相反的。那么,为什么说朱熹能否接续道南一脉需要靠眼界、能力和运气呢?

首先看眼界。李侗虽继承了罗从彦的真传,续了杨时的道南之说。但实际上在南宋,成名的学者并非李侗一人。湖南湘潭今碧泉书院的地方,胡宏父子的湖湘学派正在如火如荼地进行着,在湖湘一地影响很大。在浙江一地,因杨时早年在这里做过官,他的后学中也出现了很多名人,并且名声显赫。吕祖谦所代表的吕氏家族,就是其中一个例子。在江西抚州金溪一带,陆九渊的世家几乎也是当地的显赫。这还是只从理学家的视角来列举的。如果加上李清照、辛弃疾、陆游等人的家世,可能发现南宋高宗一朝也是群星璀璨。相比之下,这个隐居于南平郊野的李侗也未有太突出之处。因此,朱熹选择求学李侗,这首先是眼界要开,要看到李侗的价值。可以试想如果青年朱熹所考虑的是如何致仕取利,他是绝不会到延平来见李侗的。青年朱熹这关键的一步,既决定了他的人一生,也改写了南宋以后中国学术的历史。

其次是能力。李侗的日常表现实际是非常高傲的。从他人对他的描述中就可以看得出。比如沙县的邓迪天启说:"愿中(李侗)如冰壶秋月,莹澈无瑕。"我们来分析一下形容李侗的这两个词:冰壶秋月、莹澈无瑕。

"冰壶秋月"中的"冰"与"秋"都透露出"清冷"的感觉,也就说李侗给人的感觉是冷峻而不苟言笑的。可以想象出这样一个不苟言笑的人,他在与不熟悉外人初次见面时表现的样态一定是拒人于千里之外的。他们的能力往往高于常人,也常以君子自居,不屑于和宵小同流合污。对于这样的人,初见的陌生人如果没有真才实学,莫说交心,就连得到一场平等的对话都很难。"莹澈无瑕"说明李侗的穿着异常干净整洁。可以想象,对于服饰有异常要求的人,他们对人与事的要求一定是异常严苛的。他们的内心中不会轻易对他人敞开心扉,他们也从不在他人面前表露真实的性情。事实上,朱熹初次见李侗时,他的这种感觉就十分强烈了。朱熹形容李侗的"危坐终日"中的一个"危"字,就展现与初见李侗时朱熹感到的"距离感"了。

其实,我们不必对上面的描述进行过度的诠释与解读。一般学界后进初次求见学者先辈,多是这种情形。这是习惯使然,也是人之常情。李侗对朱熹的突然来访如果表现出异常的"欢喜",这才是不正常之事。实际上,朱熹在见到李侗的那一刻起，他就知道这次初见也只拿到了他和李侗继续交往下去的"入场券"。不过，这次初见确实没有让朱熹感到失望。朱熹在李侗这里为自己对进士及第的不满找到另一条心理的开解之路：放弃为官，师事李侗。

第二节 膜 拜

从此，李侗无形中成了朱熹心中膜拜的偶像，成了他未来人生选择的一种参照。事实上，在四十岁之后朱熹的身上，确实可以看到很多李侗的影子，恐怕都源于第一次见面李侗给他带来的印象。对于朱熹来说，能被李侗接见已属不易，能让朱熹看到自己由佛转儒的机会却纯属偶然。对于朱熹而言，早期他内心中的圣人形象多带有佛教的残影，特别是他少年时内心中的圣人形象几近于寺庙中的佛像，庄严而肃穆。相比之下，南宋早期的"反道学"运动让他看到诸多"伪道学家"那些丑陋的嘴脸。可以说，在少年朱熹的眼中，佛教的庄严和"伪道学"的迂腐让他无法从佛教的世界里抽离出来。然而这一切都在他面见李侗之后有了改观。也就是说，李侗的"冰壶秋月"迎合了他一种内心期盼入世的肃穆和威严。朱熹说："李先生天天正襟危坐，气色神彩精明，完全没有精神不振的样子。"[1]李侗这种真实的表现相对于庙中那不食人间烟火的"泥胎"来说，对青年朱熹有难以言说的吸引力。朱熹说："李先生流露出来君子内在的道德光彩，自然流露在面上与背部，他人是很难做到的。"[2]这基本上说明上面所讲的问题。

但是不得不承认的是，这次与李侗初见对于朱熹来说注定是不会有什么实质性的收获。

一是"朱熹这次见李侗主要就是向他大谈'昭昭灵灵'的禅学，炫耀自己近十年出入老佛的全部成绩和感受，把三先生和道谦传授给他的老佛玄说和盘倾倒出来，求教于李侗。李侗早已培养成睟面盎背的'醇儒'气象，木讷

---

[1] 原文曰："李先生终日危坐，而神彩精明，略无聩堕之气。"黎靖德：《朱子语类》卷一〇三，《罗氏门人》，北京：中华书局，1986 年，第 2600 页。

[2] 原文曰："先生（李侗）睟面盎背，自然不可及。"黎靖德：《朱子语类》卷一〇三，《罗氏门人》，北京：中华书局，1986 年，第 2600 页。

简重,不立文字,也不肯多言,他一眼就看出这个'从谦开善处下工夫来'的朱熹已不是一时能当场喝悟回头,所以他只用一两句话点拨朱熹从佛国仙界回到儒教乐地"①。

二是他与李侗此时还处于十分陌生的状态。在他心中,李侗只是一个学界前辈大儒的形象。这种印象注定了朱熹在初见李侗时,要保持一种"适度"的距离感。这种距离感即是一种礼节性的行为使然,也是一种因陌生而产生的彷徨与紧张。于是这次初见他与李侗所能谈的,无非是先父朱松对他讲过的一些关于李侗的琐事,还有武夷三先生对李侗的敬畏之词。这多表示为一种礼节性的寒暄与问候。朱熹后来对弟子说:"李延平初间也是豪迈底人,到后来也是磨琢之功。在乡,若不异于常人,乡曲以上底人只道他是个善人。他也略不与人说。待问了,方与说。"②这也足以说明朱熹与李侗的初见也只能是一些简单的问答之语

三是朱熹对李侗的思想还是抱有一定的怀疑心理。朱熹因家风中的佛教渲染,及武夷三先生的亲佛倾向,这都让青年的朱熹沾染了一席"禅气"。这种"禅气"在行为表现时就呈现一种"追求平等"与"伺机反驳的姿态"。当朱熹还没有实质性的接受李侗思想时,他的佛学印记还是让他对这位儒家大师保持一种本能的警惕。朱熹曾说:"某少时未有知,亦曾学禅,只李先生极言其不是。后来考究,却是这边味长。才这边长得一寸,那边便缩了一寸,到今销铄无余矣。毕竟佛学无是处。"③这段话基本能反映出朱熹初见李侗的真实心理倾向。但这时,"后来考究"还没有出现,所以朱熹表现出来的还是对"李先生极言不是"的怀疑心态。束景南说,

> 李侗对朱熹的初教,一是以"道亦无幽妙,只在日用间着实做工夫处理会",批评他的"就里面体认"的禅家空悟,要他去就"分殊"体认"理一";二是以"只教看圣贤书",批评他的耽读佛老和儒佛老三道同一思

① 束景南:《朱子大传:"性"的救赎之路》,上海:复旦大学出版社,2016年,第115页。

② 黎靖德:《朱子语类》卷一〇三,《罗氏门人》,北京:中华书局,1986年,第2600页。意思是:李侗先生最早也是比较豪迈的人,后来他变得如此也是经历过磨砺的。在乡间,他若与他人没有什么区别,乡间的人只是知道他是一个善人。他不会主动与别人说话,如果有人问他,他才回应一些。

③ 黎靖德:《朱子语类》卷一〇四,《自论为学工夫》,北京:中华书局,1986年,第2620页。意思是:我少年的时候,也曾经学过禅学。只是李侗先生总认为这种思想有问题。后来慢慢地思考,发现李先生说的是对的。慢慢地这边多了一寸,那边少了一寸,最后禅学已经所剩无几了。毕竟佛学没有太多实质性的东西。

想;三是以"义利公私"判儒释,批评他对佛老的好同恶异,包含了划判儒释的"理一分殊"思想。他从本体论到方法论都否定了朱熹的禅学,朱熹笃信不疑的儒佛老同道的思想第一次遭到了冲击,虽然他还是抱着"公疑而不服"的态度离开李侗,但在他出入佛老的头脑中已引起了巨大震动,促使他开始对儒佛老三大传统文化思想进行新的反思。①

这里的"公疑而不服"也说明了这个问题。

四是朱熹初见李侗是有求道之心的。既然是有心求教李侗,他自然也不会急于一时。而且,这次初见朱熹应该还没有找到与李侗的交往之法。前面那句描述李侗"待问了,方与说"的李侗教学之法,不可能让朱熹初见李侗就"喋喋不休"的求问解脱之道。因此,早熟的朱熹是不可能奢望这次初见李侗时就可为其传道授业解惑,虽然他来延平见李侗的最主要的目的就是为了"解惑"。以此种种观之,朱熹这次初见只是打开了弃佛入儒的大门,还未真正地走进儒门中去。

通过以上的介绍,可以想象出朱熹到达延平后,他对李侗的了解多是通过李侗的弟子及李侗周围的邻人所知。朱熹能与李侗坐在一起交流的时间并不多。一是二人并不熟悉,也没有什么话题可聊;二是青年朱熹此时还不足以达成与李侗谈论学问的地位。朱熹深知这一点,所以他也不会放肆的"无礼貌求教"。就如同前面邓迪天启说的"愿中如冰壶秋月,莹澈无瑕"这句话,估计也是邻人或弟子告诉朱熹的。因为这句话的表述方式明显不是以李侗为主语发出的。所以这次朱熹来延平见李侗,最多也只是"认认路""联系一下",感受李侗的"延平先生气象好",和后面的再见、三见是完全不同的。

有一点可能是需要被指出的,那就是朱熹之所以选择李侗来求教,可能还源于李侗的"默坐澄心"的工夫法门与佛教的"明心见性"工夫十分相像。单从二者工夫的外显来看,实难分辨了理学家与禅宗在工夫之路的差异。于是在初学者接触二者的修行法门时,常常感觉二者除了在"入世"与"出世"的本体论层面存在着巨大的差异,在工夫路径上实难有具体的不同。或许这也应该是朱熹初见李侗最为直观的感受,而这种感受也是他最初与李侗争论的平台。这座平台的出现,才有朱熹由佛转儒的可能性,李侗才有机会把朱熹从研佛的路径上重新拉回到儒家的阵营之中。

---

① 束景南:《朱子大传:"性"的救赎之路》,上海:复旦大学出版社,2016年,第115页。

束景南指出:"在《大学》上,朱熹说自己在接受三先生的格物致知说后三十余年无所适从,不能从佛老中自拔,就因为他在格物说上接受的是打上禅说烙印的'以心会理',还不是程氏和李侗的'即物穷理'、'分殊体认',这种'以心会理'实际仍是'释氏之学为主于中,而外欲强为儒者之论。'"①

朱熹自己也曾说:

> 我最开始的时候从学于刘屏山(刘子翚)与胡籍溪(胡宪),胡籍溪从学于胡文定(胡宏),好喜爱佛老。本来以胡文定的学问论如何治世就可以了,只是他的工夫未到。同时,他的佛老之学也没有什么成绩。刘屏山年少时参加科举,做官莆田,认识一名僧人,能入定好多天。后了见到了了老(天童正觉的大弟子思彻禅师,号"了堂")后,回家再读儒家的书,发现与佛教的道理相通,因此作了《圣传论》。后来刘屏山过世,胡籍溪还在。我在他们这条学问之路上没有获得真正的道,于是去见了李侗(李延平)。②

以上基本上也印证了束景南的判定。

在《朱子语类》中,朱熹对李侗的评价应该是发生在二见李侗并正式拜师之后的事。可以说,朱熹与李侗的初见给二人的印象都比较好。朱熹虽沾染了禅学的气息,但他身受儒家礼仪熏染的谦恭,让李侗对这个前来求教的晚辈留有深刻的印象。由于朱熹本人对这次初见介绍的不多,我们也无从知晓其中具体的细节。但二者似乎都有了一种心灵相吸。于是二见李侗后,李侗对朱熹表现出一种少有的关爱。朱熹说,"李延平不著书,不作文,颓然若一田夫野老,然又太和顺了。"③通过这种"和顺"与初见时的"冰壶秋月"的对比,可以看出李侗对朱熹的态度显然呈现较大的转变。这时朱熹说

---

① 朱熹撰,朱杰人等主编:《朱子全书》第22册,上海:上海古籍出版社,合肥:安徽教育出版社,2002年,第2037页。大意是说:以佛教的理论作为核心,牵强附会一些儒者的话来作诠释。

② 原文曰:"初师屏山籍溪。籍溪学于文定,又好佛老;以文定之学为论治道则可,而道未至。然于佛老亦未有见。屏山少年能为举业,官莆田,接塔下一僧,能入定数日。后乃见了老,归家读儒书,以为与佛合,故作圣传论。其后屏山先亡,籍溪在。某自见于此道未有所得,乃见延平。"黎靖德:《朱子语类》卷一〇四,《自论为学工夫》,北京:中华书局,1986年,第2619页。

③ 黎靖德:《朱子语类》卷一〇三,《罗氏门人》,北京:中华书局,1986年,第2601页。意思是说:李侗从不写书,也不写文章,就像一个普通的农民。只是和他们相比,又比较谦和。

"李延平不著书,不作文"显然已经得到了李侗的确认。而"颓然若一田夫野老"则表现出朱熹对李侗评价的"亲切感"。

可以说,在学问之外,朱熹对李侗是没有负面之词的,这与他评价二程门人(如杨时)等人是截然不同的态度。从某种程度上来看,朱熹实际上是以李侗为榜样来塑造自己的,这也就是他四十岁后人们熟知的那个"道德君子"形象了。看朱熹对李侗的描写,基本上就可以捕捉到他内心中的理想人格。朱熹说:"凡为学,也不过是恁地涵养将去,初无异义。只是先生(李侗)睟面盎背,自然不可及。"①这里朱熹说对"睟面盎背"的"不可及",应该就看出朱熹内心之中是希望自己也成为"睟面盎背"的样子。

实际上,朱熹虽与李侗交往的时间较短,不同武夷三君子交往那么长,但是真正塑造朱熹儒家典型人格特征的则是李侗。朱熹从李侗身上看到了自己未来求道性格的理想模型。他曾说:"李先生少年豪勇夜醉,驰马数里而归。后来养成徐缓,虽行二三里路,常委蛇缓步,如从容室中也。"②这里"豪勇夜醉"到"委蛇缓步",让朱熹从李侗性格的巨大改变中感受到儒家心性工夫立竿见影的实际效果,这相比于他以往看到、学到的禅宗工夫论更能让朱熹心动。无怪乎束景南说:"在少年朱熹出入佛老的虔诚而幼稚的世外追求底下,始终有一个不自弃的现世儒家灵魂在。"③因为儒家的这种工夫法门,不是什么可望不可即的秘籍,也是坚守儒心的"潜养思索"就可以达到效果的可见简易工夫,这使深受进士事件困扰的朱熹看到了摆脱之道。

一般来说,"人性褊急"基本上是青年"求上进"时表现出来的普遍性格。但是这种性格的好处是彰显了青年本有的活力,但它的负面也注定会让青年在成功的路上遇到更多的困难。对于此时的朱熹来说,他迫切需要解决困扰自己的两个心理问题,一是科举不利给他内心带来的困扰,二是光宗耀祖带来的迫切感。这两个问题随着时间的推进并没有得到缓解,反因朱熹

① 黎靖德:《朱子语类》卷一〇三,《罗氏门人》,北京:中华书局,1986 年,第 2600 页。意思是说:所有这样做工夫的人,基本也都是这样做涵养工夫,最初看来没有什么差别。只是李先生(李侗)睟面盎背,自然是别人不可及。"睟面盎背",是指君子正襟危坐,将内在的道德光彩,通过面上与形态自然流露出来。

② 黎靖德:《朱子语类》卷一〇三,《罗氏门人》,北京:中华书局,1986 年,第 2600 页。意思是说:"李先生少年的时候,也有侠义的一面,常在夜间喝得太醉,有时候会骑马从数十里之外的地方回来。后来慢慢地养成了缓慢的性格,虽然可能只走二三里路,常常也是轻走缓步,就像在房间里一样。"

③ 束景南:《朱子大传:"性"的救赎之路》,上海:复旦大学出版社,2016 年,第 58 页。

通过铨试后成为"同安县主簿"这个既定事实而让朱熹没有了希望。因此朱熹在进士考试结束后到赴同安上任之前,出现了他往复出入开善寺和竹源庵的求佛经历。

但佛教的摄入没让他有所心安,反倒让他对佛教这种通过逃避世事的做法充满了怀疑。他需要一种新的可见入世之法让自己浮躁的内心安静下来。在李侗处,朱熹发现"缓慢"和"持久"可能安放他那颗"急功近利"的心。朱熹说:"如果人的性格比较急躁,那么他表现出来的往往是不恰当的,应该在日常的说话和行为之间有意的缓慢着来。这样做久了,心中所想要做的事情自然就有条理了。"①这种"缓慢"和"持久"的行为训练,最终让朱熹的心性在这种行为中达到一种超然的境界,也就是"缓步委蛇,如在室中,不计其远"。这确实是克己修身所必须经历的行为阶段。

第三节　效　仿

朱熹从李侗的"初性甚急,后来养成至于是也"②看到了李侗工夫的可行性。朱熹说:"经常听说李先生年轻时,特别的豪迈,一般喝酒必定在十杯以上。他喝醉后特别喜欢骑马,一骑就是二三十里不回来。后来却将自己收敛得如此纯粹,这是别人难以达到的。"③这种浪子回头的工夫实效,坚定了朱熹继续从学李侗的决心。朱熹的理学工夫最终追求的也是那种始终如一的、安静祥和的境界修养。我们再来看看朱熹对李侗的描述:

> 平常人出门去近处,一般走得很慢;要去远方,则走得很急。李先生去近处也是这样,去远处也是这样。平常人喊一个人,喊一两声人没有过来,则声音越来越大;而对于李先生而言,如果那人没到,他的音量

---

① 原文曰:"人性褊急,发不中节者,当于平日言语动作间以缓持之。持之久,则心中所发,自有条理。"黎靖德:《朱子语类》卷一〇三,《罗氏门人》,北京:中华书局,1986 年,第 2600 页。

② 黎靖德:《朱子语类》卷一〇三,《罗氏门人》,北京:中华书局,1986 年,第 2601 页。意思是:他早年性格比较急,慢慢地涵养成这个稳重祥和样子的。

③ 原文曰:"常闻先生后生时,极豪迈,一饮必数十杯。醉则好驰马,一骤三二十里不回。后来却收拾得恁地纯粹,所以难及。"黎靖德:《朱子语类》卷一〇三,《罗氏门人》,北京:中华书局,1986 年,第 2601 页。

也不会升高。又比如在休息的地方墙上挂有字画,我常常会抬起头看一看。李先生则不会这样做。如果只是坐,他坚决不会看。如果他想看,则一定要走到墙下认真欣赏。他不为事物所左右的形态,大致就是这样。①

这种安静祥和的生活状态,与朱熹内心中潜在的山水美学思想在一定程度上达到了一种契合。对于朱熹来说,"进士事件"反映出他内心的浮躁,反映出他此时的状态恰好与青年李侗有着相似的人生经历。李侗中年后的修养成就,为正处青年时的朱熹带来了希望,为朱熹接下来的生活提供一个参考的模本。其实,李侗的生活相当于南宋版的"陶渊明",而陶渊明和诸葛亮是朱熹内心中一直向往的两个指引。朱熹后来的行为举止,实际上都有仿效李侗的样子。当然,二者是存在着不同的。朱熹对李侗生活的描述中,有这样几个特点:

> 李先生的住处很工整,少有费力的杂事。他住的地方比较狭小,房子也比较矮。等到他弟子人数多起来了,他就将住所接起来,又将厅堂接起来。他也有一间小书室,然而摆放的却干净整洁,所放之物都很有条理。他的德行与他人没有什么不同。他经常为任希纯教授做入学的职事,其间生活也是如此,颓如也。真是得到了杨时的真传。②

中年朱熹后来对寒泉精舍、武夷精舍的布局,基本上也是仿效这个样子。其实不只是朱熹,所有的理学家心中总是有两股力量在拉扯着他们的灵魂:这便是融入山水的"从心所欲"和立功立言的"共商国是"。在宋至明三代的理学家中,恐怕只有王阳明做到了这一点,这才有了他临终前那句

---

① 原文曰:"寻常人去近处,必徐行;出远处,行必稍急。先生(李侗)出近处也如此,出远处亦只如此。寻常人叫一人,叫之一二声不至,则声必厉;先生叫之不至,声不加于前也。又如坐处壁间有字,某每常亦须起头一看。若先生则不然。方其坐时,固不看也。若是欲看,则必起就壁下视之。其不为事物所胜,大率若此。"黎靖德:《朱子语类》卷一〇三,《罗氏门人》,北京:中华书局,1986年,第2601页。

② 原文曰:"李先生居处有常,不作费力事。所居狭隘,屋宇卑小。及子弟渐长,逐间接起,又接起厅屋。亦有小书室,然甚齐整潇洒,安物皆有常处。其制行不异于人。亦常为任希纯教授延入学作职事,居常无甚异同,颓如也。真得龟山法门。"黎靖德:《朱子语类》卷一〇三,《罗氏门人》,北京:中华书局,1986年,第2601页。

"此心光明，亦复何言"①？而对于大多数的儒者，"三不朽"②的追求成为多数儒者心中的憾事。对于青年朱熹而言，这"三不朽"的内在指望在其得到同安县主簿时基本上让朱熹感到目标难以达到的绝望。所以对于朱熹来言，"共商国是"恐怕还不是他青年阶段所能考虑的事，而醉心于山水，做一个陶渊明式的世外隐者，恐怕是他此时最直观的想法。

朱熹通过描述李侗的生活方式，从侧面透漏出自己理想生活的写照。我们不妨来看下面一段：

> 李先生喜欢看《论语》，只是自己明白就好。他说《孟子》将很多道理早就说得明白，所以十分让人喜欢。他住在山间，完全没有其他的书做辅助，他更喜欢看《春秋左氏传》。早年从学于罗从彦，只看经典的经书。③

从这段描述中，可以看出朱熹在中年之后为何对《论语》与《孟子》那么醉心的原因。这其中充斥着大量朱熹模仿李侗的印记。模仿是人学习常见的一种心理反应。少年与青年由于对未来的生活轨迹还处于迷茫期，对榜样的模仿往往是他们在处理世间琐事的一种捷径。少男模仿父亲吸烟的动作，少女模仿母亲的化妆，这都是人在成长过程中必然经历的人生过程。所以此时朱熹把李侗当成自己的榜样，对其行为举止进行模仿，以求达到心中"完美自我"，进而消除当下的人生困扰，也就是见怪不怪的事了。

当然，在朱熹进入到中年后，他对李侗的"崇拜"自然会回归到理性之中。他对李侗的评价也由"仰望"变得"平易"，但这已经是很晚的事情了。在青年朱熹看来，李侗为他树立一个儒者的标准，他在未进入到"已发"问题之前，他的内心是一直沿着李侗的"未发"取向做工夫的。这种"未发"所体现出来的"神秘感"，让朱熹在静坐的体验中收归了心性，从而将自己本以烦躁的心归于平静。

其实，朱熹从李侗处得到的工夫是逐渐发展的。他最初见李侗时，李侗

① 王阳明：《王阳明全集》，吴光、钱明、董平编校，上海：上海古籍出版社，1992年，第1324页。

② 《左传·襄公二十四年》谓："豹闻之，'太上有立德，其次有立功，其次有立言'，虽久不废，此之谓三不朽。"

③ 原文曰："李先生好看论语，自明而已。谓孟子早是说得好了，使人爱看了也。其居在山间，亦殊无文字看读辨正，更爱看春秋左氏。初学于仲素，只看经。"黎靖德：《朱子语类》卷一〇三，《罗氏门人》，北京：中华书局，1986年，第2601页。

对他说："看圣贤说过的话，只是匆匆看一眼就可以知道其中的道理，并能看到内容的真谛。相反，如果过分用心去看，反而会错过很多。"①这让他在未发的求静工夫中求得儒家的修身之法。于是朱熹早期与李侗相见，他对这套类似"静坐"的修行方法还是比较在意的。但是随着朱熹阅历的增长，他慢慢地体会到"静坐"法门带来的问题。朱熹曾与弟子有过这样一段对话：

弟子问："近日廖子晦说，今年见先生您时问起延平先生（李侗）的静坐之说，您颇不以为然，不知道是为什么？"

朱熹回答说："这事很难说。如果从静坐中体会天道人理，当然也没有什么不可以的。但只是想要一种静坐的方式，则万万不可。做工夫理会个清楚明白，自然是要静。今天的人都以讨问静坐的方式来省略做工夫，图省事则万万不可。……如果你的内心无法安宁，怎么能看得出什么道理出来。你只有内心静下来，才有可能看得出。所谓静坐的工夫法门，只是要让你的内心不含杂事，那道理自然就涌现出来。道理出来，则你的内心就会更加明亮静好啊。"②

朱熹与弟子的问答刚好记录了他对李侗静坐工夫的心路历程。可以说，李侗不仅开启了朱熹从佛到儒的历史契机，同时也在朱熹心里深深地根植了道南一派的理学本色。只不过这时候的朱熹，还不是一个纯粹的儒者，他的思想还徘徊在儒佛两教之间，在两种思想的角逐中谱写着他青年的时代乐章。用束景南的话来说："朱熹从游道谦禅师时得到极大的膨胀，到师事李侗才得到初步的扫荡。"③

用心理学的视角来思考朱熹与李侗这一段人生际遇，会发现这是朱熹内心从悲观到乐观，从忧伤到治愈的阶段。李侗相对于朱熹而言，与其说他打开了朱熹由佛到儒的转变契机，不如说李侗打开了困扰朱熹已久的心结，给予朱熹一种未来可期待的生活景象。事实上，李侗并没有在理论上对青

---

① 原文曰："看圣贤言语，但一踔看过，便见道理者，却是真意思。才着心去看，便蹉过了多。"黎靖德：《朱子语类》卷一〇三，《罗氏门人》，北京：中华书局，1986年，第2602页。

② 原文曰："或问：'近见廖子晦言，今年见先生，问延平先生静坐之说，先生颇不以为然，不知如何？'曰：'这事难说。静坐理会道理，自不妨。只是讨要静坐，则不可。理会得道理明透，自然是静。今人都是讨静坐以省事，则不可。……盖心下热闹，如何看道理出！须是静，方看得出。所谓静坐，只是打叠得心下无事，则道理始出；道理既出，则心下愈明静矣。'"黎靖德：《朱子语类》卷一〇三，《罗氏门人》，北京：中华书局，1986年，第2602页。

③ 束景南：《朱子大传："性"的救赎之路》，上海：复旦大学出版社，2016年，第60页。

年朱熹的思想构成什么实质性的帮助,甚至在面对儒佛关系时,李侗也未给青年朱熹有明确的解惑。但李侗本身展示出的生活样态,却让朱熹耳濡目染、直观感受到儒学修养工夫的魅力。这或许是李侗对青年朱熹最大的意义。

其实,每个人都一样,在面对生活的莫名压力与面对未来迷茫的时候,总是希望可以找到一个可以治愈自己的"心理医生"。而真正的能解决问题的"心理医生",不是聆听,不是教导,不是陪伴,而是真切的做给你看,让你看到可走之路的具体样态。尽管这种"可走之路"在当事人后来的回望时,可能会"不满意",但是那几乎是他们治愈所遇到心理问题的为数不多的"良药"。李侗的出现无疑就构成了治愈朱熹心理问题的那副良药。

对于有心理问题的人,要想解决自己的问题,可能除了"寻找"好的心理医生,还有一条路径就是"自己成为心理医生"。这就好像一个人总是晕车,吃什么药物都不起作用。那么,你让他学开车,可能就有治愈他的可能,也是这个道理。所以久病成良医并不一定单只指身体的病痛,精神上的治愈往往也遵循这个原则。

因此,朱熹的求道延平,与其说朱熹想在学问上更精进,不如说他是想在上任之前去找个"高人"来化解自己的心结。初见李侗虽然没有让他真有所获,但他开启了朱熹自我治愈的开端。也就是说,从朱熹初见李侗到李侗故去,两人的交往实际上一直都是李侗治愈朱熹内心之病的过程。他的"理一分殊"与其说是儒学的本体思维,不如说是让朱熹打开了一种多维存在的生活空间;他的"默坐澄心,体认天理"与其说是儒家的工夫法门,不如说是朱熹治愈自我的心理学方法。只有如此,才能明白为什么一直潜心于佛教的朱熹,怎么一下子就放弃了佛教世家,放弃了"昭昭灵灵的禅",是怎样的刺激让朱熹有如此大的转变。

如果说"进士"事件是朱熹陷入"心魔"的开始,那么"理一分殊"与"默坐澄心"便是化解这个心魔的两把钥匙。从此之后,朱熹放下自己的心理负担,从青年人酷爱的名利场中抽离出来,直面接下来的生活。

可以说,李侗是朱熹变得成熟路上的指引者。这也说明了李侗与朱熹所接触的时间比较短,为什么他就成了朱熹理学思想史上重要的里程碑式的人物。如果从史学的角度与伦理的角度,回答这个问题并不容易。但是从朱熹"进士"事件到同安主簿朱熹的心理动向则可以清晰地明白这一切。甚至可以说,李侗构成了中年朱熹的缩影,是朱熹内心中"印刻"着的影像。

朱熹对道南门人多不看好,唯独对李侗多有欣赏,也说明了这个问题。于是朱熹四见李侗,彻底打开了阻塞内心上的心结,束景南说:

> 绍兴二十三年(1153 年)五月,他在赴同安任以前写了一篇《牧斋记》,这是他对三年师事道谦和以儒佛老谦谦自牧的总结,在离开牧斋踏入仕途前夕表白他对儒佛老三家"为己"之学和谦谦自牧的心学修养工夫一如既往的信念,也隐隐流露了他要往见宗杲再续学佛修禅的"禅梦"的期盼。然而因为道谦去世,他从牧斋走向社会,延平李侗闯入了他牧斋焚修的"天国",这篇《牧斋记》却又预示了他的心学之路的末途,要同宗杲、道谦的灵禅告别了。①

这足以说明一切。李侗对于朱熹的意义,在心理层面要远大于学理层面。

---

① 束景南:《朱子大传:"性"的救赎之路》,上海:复旦大学出版社,2016 年,第 110 页。

第五章　儒佛相浸

如果认为朱熹求道李侗后,他就完成了由佛转儒的转变,那这种判定未免过于武断。朱熹的青年时代经历了浸佛、信佛、反佛、辟佛四个阶段。总体来说,青年朱熹在经历了漫长的儒佛相浸的过程后,才逐步走向"辟禅卫儒"的道路上。实际上,朱熹到人生的最后时刻也还是有杂糅佛老的印记。他对佛教的攻击方向主要集中于自己以往信奉的"禅宗"上面。对于朱熹来说,较为准确的一个说法是,他只是从李侗处开启了由佛入儒的开端。或者如束景南所说:

> 朱熹只要在这种自我反思还没有达到有足够的理性勇气弃佛崇儒以前,他还是沉迷在佛老天国自乐自慰,仿佛是一种回光返照,在他反思觉醒之前对佛老表现出特别的迷恋难舍,他的内心必得经历一番道谦禅教和李侗儒教长久的思想交战搏斗,才使他的儒家灵魂超越了佛老灵魂,留下一串逐渐微淡消逝的佛老足印,从道谦走向了李侗。[①]

但是这里可能产生的误解是:这里的"从道谦走向李侗"不是朱熹立刻就顿悟般的弃禅入儒,而是朱熹的思想逐渐放弃了道谦的禅学,而慢慢进入到李侗的儒学之中,是渐变而不是顿变。朱熹完全放弃禅学不应该发生在李侗在世时,而应该落在李侗仙逝后,他去湖湘完成求教的"己丑新说"之后的事情。只有这时,他才真正理解"已发未发"这个重要的儒学问题,反过来才能真正理解李侗的道南儒学。

不可否认的是,李侗的初教为朱熹的终身辟佛定下了基调和方向。[②] 他初到同安之时,经常与同僚相聚于同安附近的梵天寺,说明此时他依然对佛

---

① 束景南:《朱子大传:"性"的救赎之路》,上海:复旦大学出版社,2016年,第133页。
② 束景南:《朱子大传:"性"的救赎之路》,上海:复旦大学出版社,2016年,第115页。

教表现出一种友好的姿态。他在同安时所写的《作室为焚修之所拟步虚辞》和七首的《寄山中旧知》等接近佛教的诗,也说时了这个问题。先来看这八首诗:

作室为焚修之所拟步虚辞

归命仰璇极,寥阳太帝居。翛翛列羽幢,八景腾飞舆。

愿倾无极光,回驾俯尘区。受我焚香礼,同彼浮黎都。①

寄山中旧知七首

(一)

结茅云窭外,石涧流清泉。涧底采菖蒲,颜色永芳鲜。

超世慕肥遁,炼形学飞仙。未谐物外期,已绝区中缘。

(二)

客子归来晚,江湖欲授衣。路岐终寂寞,老大足伤悲。

慷慨平生志,冥茫造物机。清秋雕鹗上,万里看横飞。

(三)

晨兴香火罢,入室披仙经。玄默岂非尚,素餐空自惊。

起与尘事俱,是非忽我营。此道难坐进,要须悟无生。

(四)

故园今夜半,林影澹逾清。曳杖南溪路,君应独自行。

潺湲流水思,萧索早秋声。尽向琴中写,焉知离恨情!

(五)

采药侵晨入乱峰,宿云无处认行踪。

归来应念尘中客,寄与玄芝手自封。

(六)

凄凉梧叶变,芬馥桂花秋。日夕湖皋胜,哦诗忆旧游。

(七)

秋至池阁静,天高林薄疏。西园有佳处,那得与君俱?②

---

① 朱熹撰,朱杰人等主编:《朱子全书》第 20 册,上海:上海古籍出版社,合肥:安徽教育出版社,2002 年,第 239 页。

② 朱熹撰,朱杰人等主编:《朱子全书》第 20 册,上海:上海古籍出版社,合肥:安徽教育出版社,2002 年,第 243~244 页。

以上八首诗说明朱熹此时佛儒交缠的心依然很强烈。朱熹一家的佛教因缘与武夷三先生的儒佛相杂的影响,让青年朱熹不可能在初见李侗时就完成由佛到儒的彻底转向。但是可以说,李侗的出现是朱熹由佛到儒的转折点,之后,朱熹就在兴儒辟禅的道路上越走越远,以至完成了儒学集大成的转变。

第一节　浸　佛

一个人年少时的家庭背景是理解他成长历史之中最核心的因素之一,他成年后的成就或心理问题,均与年少的经历有关。因此,在一个充满佛教气氛的家庭中,如果说青少年的朱熹可以独善其身,这显然违背常理。事实上,朱松(朱熹父亲)表现出对佛教的暧昧,朱森(朱熹爷爷)和祝夫人(朱熹的母亲)又是虔诚的佛教徒,朱熹在这种家庭背景下不可能不有所沾染。可以说,朱熹自小就是在这种儒佛相浸的环境下长大的。

除了家庭的影响,社会的大环境同样也决定朱熹浸佛的心理走向。朱熹出生于南宋王朝建立的第四年,金军南下侵扰的现象还十分普遍。而且他出生的前一年南宋皇室宫廷还暴发了苗刘兵变①,这就导致了南宋君臣从上到下有更强的不安全感。这种不安全感的解决方式显然不是集中于外在的物质方面,而是侧重于南宋君臣心理的恐慌与迷茫。同时,南宋初期朝廷中反道学家的倾向,导致道南等儒家心性之法被限制在武夷山附近的几座少有影响的山野书院中。在这个背景下,佛教的安心之法自然成为人们的"得救良药"。可以说,朱熹的少年时代是完全浸泡在这种充斥佛教气氛的社会环境之中。

北宋佛教在南宋时期的兴起,是有其独特的历史根源。禅宗发展到唐代慧能那里,儒佛相浸的现实已经变得不可以避免。北宋的孤山智圆、明教契嵩、大慧宗杲等人在"援儒卫释"的活动中主张儒佛相浸,更是给了儒门中倾向禅学的一方以无限的发挥空间。儒佛相浸带来的一个后果是,如果想

---

① 苗刘兵变,又称刘苗之变、明受之变,是建炎三年(1129年)由苗傅和刘正彦发动的,诛杀宋高宗赵构宠幸的权臣及宦官以清君侧,并逼迫赵构将皇位禅让给两岁的皇太子赵旉的兵变。

要平等的讨论问题,就必须建立一座可以讨论的平台。无疑在这其中,性善论就是这些平台中最好的代表。方立天指出:"在慧能看来,众生先天具有性善的本性,人心本善是众生伦理自觉、道德修养的出发点,而佛教徒的修持就是在自心中明见善的本性,体认最高的伦理准则。佛教这种道德源于人的天赋本性的说法,与儒家代表人物孟子的'仁、义、理、智,非由外铄我也,我固有之也'(《孟子·告子上》)的道德规范源于本性说,是完全一致的。"①

到了北宋,这种情况越来越被当时的知识分子重视。于是我们在处理孟子思想与禅宗问题时,一个疑问便不可避免:到底是北宋时期《孟子》的思想影响了禅宗然后产生了"明心见性"的思想,还是禅宗影响了北宋学者然后产生了对《孟子》"尽心知性"思想的重视。这是两宋理学家与佛教纠缠不清的一个主要原因,也是朱熹受到佛教影响的主要原因。

正如前面所说,孟子之学在两汉和魏晋时期,均不是显学,它在唐末和两宋却具有重大的转变。这是因为在儒佛相浸的背景下,传统儒学必须发生相应的改变。徐洪兴指出:"肇端于中唐以后的儒学更新运动,实质上也就是理学的发生过程。这场运动主要是在内外两个层面上同时展开的。就内在而言,那就是抛弃传统儒学粗疏目的论的理论形态,否定汉唐儒学的章句训诂之学,从儒家原典中发掘新的思想材料,并以之为出发点,对佛道学说中有用的思想资料进行整合,把经学引向义理之学。进而逐步地建立起以社会伦理作为宇宙万物本原的本体论哲学。就外而言,那就是强烈要求恢复儒学原有的'独尊'位,对造成魏晋以降儒学中衰的外部因素——佛、道二教以及科举时文,进行大张旗鼓的挞伐,试图使儒学重新成为人们最终的精神归宿,进而能重新全面地指导人们的社会生活。由此,就引出了唐宋之际一系列的思想、学术乃至文化上的变迁。"②另外,两宋的内外交困也使两宋学者的著作完全不同于前人,"一空依傍、自成体系者甚少,而凭借经义传注来发挥自己学术思想的却比比皆是,甚至包括那些为数不少的'语录'和

① 方立天:《中国佛教哲学要义》下册,新北:佛光文化事业有限公司,2004 年,第 799 页。

② 徐洪兴:《思想的转型:理学发生过程研究》,上海:上海人民出版社,1996 年,第 71 页。

'笔记'之类,同样也不例外"①。武夷三君子的亲佛之举,实际上是两宋儒家
士大夫集团的一个简单缩影。亲佛的何止朱熹的老师,二程南传的诸多弟
子与再传弟子都有沾染佛教的倾向。于是如果认为朱熹在少年时代就能摆
脱这些来自各个方面的佛教影响,恐怕就有些强人所难。

社会与家庭的双面影响,促使了朱熹最初注定是以一个佛教世家的状
态出现在世人面前。对于此时朱熹的评价,就不能拿中年朱熹的眼界、思想
和意志来看待少年朱熹与青年朱熹,也不能拿已经在学界大放异彩时的中
年朱熹来分析郁郁寡欢的朱熹。朱熹对自己青少年时期的回顾多没有那么
乐观:

> 秋风萧爽天气凉,此日何日升斯堂?
>
> 堂中老人寿而康,红颜绿鬓双瞳方。
>
> 家贫儿痴但深藏,五年不出门庭荒。
>
> 灶陉十日九不炀,岂辨甘脆陈壶觞!
>
> 低头包羞汗如浆,老人此心久已忘。
>
> 一笑谓汝庸何伤,人间荣耀岂可常?
>
> 惟有道义思无疆,勉励汝节弥坚刚。
>
> 熹前再拜谢阿娘,自古作善天降祥。
>
> 但愿年年似今日,老莱母子俱徜徉。②

这是朱熹在《寿母生朝下六首》中描写他青年时清苦读书生活的画卷。
"家贫儿痴"与"出门庭荒"绝不是今天参观五夫里那座秀丽的紫阳楼,也不
是中年朱熹修建的考亭书院与武夷精舍。当以一个十多岁的孩子的视角来
看待这个充满变数,却背井离乡的无依无靠的现实生活时,他是无法将眼前
的一切与元明清之际学者们的赞美之词拉扯在一起。

对于这个时期的朱熹来说,能有一个安心的法门注定要比什么都没有
要好。况且,这时他对《孟子》《论语》《礼记》的掌握还远没有达到能为他解
惑的程度。此时他是迷茫的,但他不得不面对生活的现实。他在这种迷茫
和现实中能看到的为数不多的机会,就只有以"科举的成功"以振兴门楣。

---

① 徐洪兴:《思想的转型:理学发生过程研究》,上海:上海人民出版社,1996 年,第 72
页。

② 朱熹撰,朱杰人等主编:《朱子全书》第 20 册,上海:上海古籍出版社,合肥:安徽教育
出版社,2002 年,第 396~397 页。

所以他既要在现实生活中寻找求生之法，又要在内心之处寻找安己之道。他怎么可能逃脱掉佛道两教对他的诱惑呢？于是当从心理诉说的角度来看朱熹，他的青年时代并不是后人看到那个"意气风发"的中年。恰恰相反，他在某种程度上与青年的王阳明正好相反，是一个充满悲观色彩的浸佛之人。也正是因为这段痛苦的人生经历，成就了这位对后世颇具影响的宋明理学大家。

其实，人对宗教的沾染多少都含有一些悲苦论的成分。中国历史上宗教大兴的时期，多是伴随着战争与灾难。人们在动荡的时代需要安放那颗已经被惊扰的心。对于一般的人来说，生存与死亡构成了他得以存在的两个最为重要的主题，而宗教恰恰是能刚好满足人的这些心理预期。

朱松去世后，朱熹与其母亲祝夫人开始寄人篱下的生活，成婚后的他并没有摆脱依靠姻亲得以生活的窘境。他的进士及第又是个上不了台面的五甲第九十名，铨试后的结果也只是从九品的迪功郎与主簿，这都让那个当年在建州考试时意气风发的少年感受到上天的捉弄。这里即有内心的渴望与既定现实之间的对比产生的绝望，又有对自己前路茫茫无绝期的漠然，也有他在同安任上生活清苦的历历在目。或许朱熹的母亲祝夫人和妻子刘清四不会埋怨这个已经很努力的青年朱熹，但他毕竟没有给家里带来衣食无忧的生活，这让他多少有些悲伤。特别是朱塾（长子）和朱埜（次生）的相继出生，让这个只有二十四五的朱熹感受到上有老、下有小的人生压力。

这时，曾经能助自己一臂之力的岳父刘勉之已经去世多年，家中唯一的青壮年的三叔朱槔也还游方在外。可以说，在同安任上的朱熹，是一个人支撑起一个家庭。① 所以在这个家庭里，朱熹的青年承担一个中年人所要承担的一切。相比于后人比较关注朱熹在同安的政绩而言，此时的朱熹更加费心的却是他一家人的生计问题。后来朱熹在二十八岁的时候辞去同安县主

---

① 朱熹的祖父朱森，在朱熹出生前五年就去世了（1125年），朱熹对他几乎没有直观的印象。他所知道的就是祖父朱森儿时家境贫寒，经常身着单衣出入书馆，遨游书海。常常白天务农，夜间杜门绝学。曾开馆授学。父亲朱松在他的影响下中了进士，授迪功郎。传说他的奶奶程五娘曾是歙县华塘程宰相之女，知书达理，1095年17岁嫁与朱森，19岁生了朱熹的父亲朱松（长子）。朱熹5岁时（1134年），他的祖母程五娘去世。祖母给朱熹的印象是：性格严厉，后辈稍有违背家规，就训斥。这给朱熹留下了深刻的印象。他的三叔信佛，喜欢周游四海，朱熹在绍兴二十年（1150年）远游时无意在雪川偶遇三叔朱槔，这是朱熹家庭的基本情况。此时，朱熹的家庭中应该是朱母祝夫人、妻子刘清四，两个幼童朱塾和朱埜，加上朱熹共5个人。这些人的衣食住行都落在朱熹的身上。

簿的官职,估计和他此时生活的窘迫是有一定的关联的。

其实,这种清贫不是朱熹一家独有的情况,而是同安一地普通百姓共有的生活写照。朱熹曾写一首诗《督役城楼》以描写这个场景。

> 天高无游氛,林景澹余晖。
>
> 感此霜露节,但伤风土非。
>
> 季秋时序温,百卉不复腓。
>
> 祇役郊原上,暄风一吹衣。
>
> 仕身谅无补,课督惭饥羸。
>
> 还忆故园日,策杖田中归。①

束景南说:“他在同安只经历了五年宦海浮沉,便自甘退藏深山,奉祠不出,而骨子里却在清苦的授徒讲学中默默铸造自己庞大的理学体系。”②这种生活虽然清苦,但在其母祝夫人和妻子刘清四的共同努力下,朱熹一家的生活基本还算有保障。

但相对于朱熹事业,同安则成为他彻底绝望的地方。朱熹在这一时期写了一首名为《晚望》的诗,将他的这种情绪完整地表达出来:

> 禾黍弥平野,凄凉故国秋。
>
> 清霜凝碧树,落日翳层丘。
>
> 览物知时变,为农觉岁遒。
>
> 不堪从吏役,憔悴欲归休。③

凄凉、清霜、吏役最终都化作一句“憔悴”才得以收笔。在同安一任中,生活的疾苦和事业的不顺,让空有一身抱负的朱熹对此已经没有了什么依恋。清朝学者王懋竑在《朱子年谱》上一段简短的描述可直接地描述朱熹在同安任上的无奈与悲怆:“绍兴二十七年丁丑年(1157 年),这年朱熹二十八岁。春天的时候,他回到同安交接公务,久久没有等到来接任的人,于是‘罢归’。”④一句“罢归”,点明了朱熹内心中对同安一地的绝望。我们完全可以

---

① 朱熹撰,朱杰人等主编:《朱子全书》第 20 册,上海:上海古籍出版社,合肥:安徽教育出版社,2002 年,第 250 页。

② 束景南:《朱子大传:“性”的救赎之路》,上海:复旦大学出版社,2016 年,第 124 页。

③ 朱熹撰,朱杰人等主编:《朱子全书》第 20 册,上海:上海古籍出版社,合肥:安徽教育出版社,2002 年,第 251 页。

④ 原文曰:“二十七年丁丑(一一五七),二十八岁。春,还同安,候代不至,罢归。”王懋竑:《朱熹年谱》,北京:中华书局,1998 年,第 14 页。

想见同安给朱熹带来的那种感受。这里没有当世学者和导游们给出的"意气风发",也没有他积极的"革新吏治"。主簿和迪功郎的身份实际上让朱熹在同安什么也做不了,他的权力至多是在一些重要的问题上提出一些毫无改变现实的建议。他的同安一任所有想法都化作一个个建议等待着被上官采纳。他除了呼吁几个乡间野老(如柯翰、徐元聘)等人开门授徒、兴办教育外,他什么也做不了。因此,悲怆应该是他此时最具标志性的标签。

第二节　信　佛

如果说朱熹的家学背景和生活背景是让他浸入佛教的开始,那么同安一任则是他信佛的主要动因。[①] 人只有在绝望的时候才最想找到一块可以逃离的净土。他对自己未来的期望有多强,他在同安一任就有多绝望;他对同安一任有多绝望,他对佛教就有多真切的人生体悟。《尧山堂外记》曾记载这样一个故事:

　　朱熹在同安当主簿的时候,民间曾有一个地痞流氓强占别人的肥沃土地。朱熹无奈,于是在这块地上诅咒说:"这块地如果从此以后没有肥力,只是没有地的理;如果这块地还继续有肥力,那就是没有天理了。"结果后来得到这地块的人,没有一个昌盛的。[②]

束景南认为"用地理风水诅咒富家的强力夺田自然不免软弱可笑"[③],但从这个故事中能看到朱熹面对豪强和官场时的无奈。这种无奈是发自内心的,是朱熹在面对豪强肆无忌惮的绝望之举。朱熹并非是一个轻言鬼神之人,但什么样的场景能让朱熹不得不用风水鬼神之说来帮助农人保护那一

---

① 束景南认为,(朱熹)在同安,朱熹开始渐渐相信的不是佛学和老学,而是理学,才是拯救南宋衰世的精神力量和伦理支柱了。(束景南:《朱子大传:"性"的救赎之路》,上海:复旦大学出版社,2016 年,第 124 页。)笔者认为恰恰相反,朱熹任同安主簿时才是他投入佛教的最高峰。初见李侗并没有让朱真正进入到儒门,而同安任上与豪强滑吏的斗智斗勇反倒让朱熹身心疲惫,这个时期的人怎么可能放弃佛教?相反,他离开同安后,二见李侗时,他的那个佛心才有可能发生实质性的转变。

② 原文曰:"文公为同安主簿日,民有以力强得人善地者,索笔题曰:'此地不灵,是无地理;此地若灵,是无天理。'后得地之家不昌。"蒋一葵:《尧山堂外记》,吕景琳点校,北京:中华书局,2019 年,第 960 页。

③ 束景南:《朱子大传:"性"的救赎之路》,上海:复旦大学出版社,2016 年,第 123 页。

点点维持生计的土地,这对于身为从九品的他是何其难也。

信仰很多时候表现为一个人对真实生活寻找的一个形而下的替代品,而不是呈现出一种形而上的、意志的本体追溯。当我们开始思考古人的信仰时,要将他们的信仰与迷信分开。很多时候,人们认为的"迷信"实际上是一种逃避问题的偷换感念。比如说,一个老人很穷,她天天烧香拜佛祈求生活富足。如果将观看的视角集中于"烧香拜佛",那么给出的判断就会集中于"迷信行为"。而如果将观看视角集中于"生活富足",那么他的行为只是一种因贫苦无力感而产生的行为"不当",而不是"愚昧"。真实世界的问题没有被解决而妄图对他的行为做道德或价值评判,实际上就是一种"转移问题"的心理技巧。

朱熹信鬼神与信佛教本质上是一样的。他的"信"是不纯粹的。朱氏一门虽然浸佛亲道,但儒家的教育底蕴并没有使朱熹的父亲朱松和奶奶程五娘减少朱熹的儒家式的教育。在这杂糅佛老的家庭环境中,青年朱熹对鬼神之说始终保持着一种"近鬼神而远之"的姿态。对于朱熹而言,佛教与道教对他的吸引多在义理之道上。也就是说,对于那些复杂的宗教仪式与求神拜佛,并不能引起青年朱熹的注意力。人在未经人生起伏跌宕的命运轨迹时,宗教与迷信的威力是无法发挥出来的。所以从一定程度上说,宗教和迷信是治疗精神病痛的镇痛剂。

艾瑞克森曾说过:"任何历史时期总有一些青少年在悬宕时期中死亡,他们要不是寻求死亡或形体消失,就是性灵上的死亡。"[①]中国古人的思维中虽然达不到西方人在面对死亡时的那种坦然,但他们会寻找"性灵死亡"的替代品。朱熹在同安担任主簿期间,他看到了无数人经历人生的大起大落,感受到百姓在豪强滑吏的盘剥中呈现出绝望的病态(desperate patienthood),这让朱熹常常感到触目惊心。所以对于朱熹来说,眼中世界的"绝望"映射出他"自身的绝望",他人"形体的消失"折射出他"性灵的寂灭"。青年时期的朱熹此时还无法达到求学李侗后的那种坦然、释然,而是充满着对人生无望的焦虑。

他知道自己在同安一任注定是不可能有所作为的,他也无法预料在他仙逝之后门人对他在同安一任是如何评价的。但是有一点可以确定:他对

---

① 艾瑞克·艾瑞克森《青年路德:一个精神分析与历史的研究》,台北:心灵工坊文化,2017 年,第 193 页。

自己的同安一任的评价绝不可能有正面的描述。此时他对佛教的感受是"真心希望出现一个可救万民的西天佛祖",或是一个可拯救苦难的"观音菩萨"。他此时甚至会放弃对佛教所有的偏见,希望"迷信"的行为真正的能发挥作用。他在书写"此地不灵,是无地理;此地若灵,是无天理"时是道出多数信佛者的无奈与悲凉。

当代有学者评价中国古人信仰佛教时曾下过一种判定:中国古人的宗教观是实用主义的,是哪一种宗教这不重要,关键在于"灵不灵"。这种接近嘲讽的判定实际上从侧面道出中国古人"信佛"之"信",是一种自我精神与时代苦难的对抗。他们通过构建一种普遍可被接收的"宗教理念"在对抗着"命运的不公"。所以从这一点来看,朱熹的"信佛"在他同安一任上也确实得到了印证。

我们不能以中年朱熹的视角来分析青年朱熹所承受的一切。虽然知南康军与从政浙东时他也屡次遇到类似同安之事(如唐仲友事件),但因为有同安一任的经历,他的儒家思想在苦难中得到锻炼和升华,才会真正抵制住佛道的侵扰。但是此时,青年朱熹还处在一个几乎失去所有可靠之人的被动局面中,他在事业之难与生活之艰的双重裹挟中,不得不以"悲观"的面向示人。可以说,整个朱熹的青年时代,他都被笼罩在这种"悲观消极"的气氛之中。

一般看来,"悲观"常被认定为是一种"负面的",甚至是"坏的"的情绪,实际上"悲观"可被视为以情绪为表象的"观察视角"。悲观的观察可将复杂的世界进行"简易化处理",将多维时空简化为"二维时空"。可以说,在某种程度上,"悲观的适度"①接近于理性。它是人成熟过程中必要的助产工具。那么,如何来理解"悲观的适度"?这里有两个方面需要说明:一是悲观将世界本来的彩色变成灰色,多维的颜色时空变成黑白为主的二维时空。观测难度由处理复杂的多维的彩色素材变成简易的二维黑白材料。这时,观察者只需要将其中最突出的地方标记出来,事物的主要矛盾点就已经呈现出来。二是悲观的适度呈现出是中国古代朴素的阴阳观。从一定程度上来说,中国古人阴阳观的主坤轻乾,或者说,中国对厚德载物的"阴"要强于天势之"阳"。这种坤主乾辅的阴阳观实际上预示中国古人看世界的以"悲观"为主而"乐观"为辅的民族性格。

---

① 悲观的适度:不消极厌世,不乐观的忘情,表现为一种悲观式的冷静。

一个人真正成熟的标志也往往被定性为对"悲观"的释然态度或者是"乐观"的消逝程度,这构成了中国古人的一种心理预设。这种悲观的心理预设是无法抗拒佛教对心理的安抚。佛教介入的程度取决于悲观情绪的多寡。因此,在悲观之后进入"空门"在古代中国是一种常见的行为现象。可见在古代世人眼中,悲观、悲苦与佛教,是三位一体的关系。正是在这种社会意识的形态下,说朱熹在同安一任上真正的"信佛",是可以解释通的。因为验证主观的"信"不能依赖客观的"历史材料",而只能依靠心理学中主观式的推演(虽然这充满了巨大的风险)。于是朱熹从进士及第、婺源展墓到赴任同安,他的佛教思想是不断被加强,而不是被削弱。他第一次见李侗时用佛教的机锋来回答李侗的谈话,也是这种朱熹悲观色调的小插曲。可以说,同安一任让朱熹的人生悲苦论思想上升到一个极致:他从最初的只从心理上感受佛教,再到现实残酷洗礼中体会到佛教的安心之效,这很可能让朱熹对佛教的理解由好奇变成真信。

不过,这注定是朱熹在信佛之路上的回光返照。朱熹二十七岁(绍兴二十六年丙子,1156 年)同安卸任后,他将家人送回五夫里,他去意已决。朱熹二十八岁(绍兴二十七年丁丑,1157 年),他回同安办理交接事宜,但久久没有等到来接任的人,他便主动离开[①],于第二年(绍兴二十八年戊寅,1158年)春开始了二见延平。自此,朱熹由佛转儒的时机才真正开始。

第三节　反　佛

同安一任可能是朱熹信佛的最后高峰,是他的内心与佛教离得最近的一次。他在同安主簿秩满后,去泉州等待候批书时偶然再次读到《孟子》,一种难得的亲近感则油然而生。《孟子》与其他的儒书最大的不同是,它直接点明了心性之学在儒学发展中的重要性。而北宋儒佛两教都将注意力放在了孟子身上,最终促使了孟子在儒门中的升格运动,也在于孟子与禅宗的关系紧密性。

在儒佛相浸的历史背景下,对儒家经典加以重新整理与重新排序,将必

---

① 原文曰:"绍兴二十七年丁丑(一一五七),二十八岁。春,还同安,候代不至,罢归。"王懋竑:《朱熹年谱》,北京:中华书局,1998 年,第 14 页。

要的儒典做新的注疏和诠释,便成了两宋时期儒者的主要任务。《孟子》便是在这些经典中脱颖而出的:"在理学的发生时期,为学者们所普遍重视的儒家经典,无疑当推《周易》和《春秋》二经。"①北宋早期的理学家孙复曾说:"尽孔子之心者,大《易》;尽孔子之用者,《春秋》。是二大经,圣人之极笔也,治世之大法也。"②徐洪兴指出:"孙复拈出'心'、'用'这两点,以形容《周易》和《春秋》的重要性,可谓道出了当时学者的普遍看法。宋儒之所以会这么看得重《易经》和《春秋》,原因无非是他们要借《周易》来谈'天道'、'人道',探讨'穷理尽性',论述世界和人生的哲理;要借《春秋》来谈'纲常名分',辨析'王霸义利',倡导'大一统'及'尊王攘夷'。"③钱穆也指出:"论北宋诸儒之治经,如胡瑗之于《易》与《洪范》,孙复之于《春秋》,李觏之于《周官》,此等皆元气磅礴,务大体,发新义,不规规于训诂章句,不得复以经儒经生目之。孙复书名《春秋尊王发微》、李觏书名《周礼致太平论》。即观其书名,亦可想见其治经意向之所在。其他如欧阳修、刘敞、王安石、苏轼诸人,皆研穷经术,尚兼通,而亦皆喜辟新径,创新解,立新义,与汉儒治经风规大异,此亦北宋诸儒近似先秦气味之一征。"④这也就是说:"《四书》的重要性是逐渐地显现出来的,并不是一开始就已然如此了。……在早期理学阶段中,《四书》的地位并不高。尤其是其中的《孟子》一书,其由'子'入'经'的完成要到北宋末期,而在理学发生伊始,《孟子》连'经'的地位尚且没有,且不论还有不少学者对《孟子》一书颇多非议。"⑤

两宋儒家对儒家原典的重视,离不开《周易》《大学》《中庸》《论语》《孟子》这五部书。因为这五部书基本"涵盖了理学从宇宙论到心性论的整个理

① 徐洪兴指出:据《宋史·艺文志》著录来看,宋儒治经,以《春秋》为最,举凡著作 241 部,计 2799 卷,《周易》次之,举凡著作 230 部,计 1740 卷。宋人著述,固不能尽载于《宋史·艺文志》,但考之史传,证之典籍,谓宋儒《春秋》学及《易》学最为发达,绝非扩大无根之词。(徐洪兴:《思想的转型:理学发生过程研究》,上海:上海人民出版社,1996 年,第 73 页。)

② 石介:《徂徕石先生文集》卷十九,《泰山书院记》,北京:中华书局,1984 年,第 223 页。

③ 徐洪兴:《思想的转型:理学发生过程研究》,上海:上海人民出版社,1996 年,第 73 页。

④ 钱穆:《朱子新学案》,《钱宾四先生全集》第 11 册,台北:联经出版事业公司,1998 年,第 12 页。

⑤ 徐洪兴:《思想的转型:理学发生过程研究》,上海:上海人民出版社,1996 年,第 72 页。

论体系,并且也包含了理学工夫论"①。在理学发生和发展过程中,为后来理学家所特别重视的这五部著作内,唯有《孟子》一书的地位升格变化最大。朱熹在泉州客邸无聊时借《孟子》一书时,并不是他第一次读《孟子》。在他的青少年时期,无论是他的父亲朱松,还是他的恩师武夷三先生,都曾教授过他《孟子》中的义利思想。只不过,当时青年朱熹一直醉心于佛道,认为禅宗的义理思想可能更加透彻,对这种专攻形而上的大道理的《孟子》并没有真心的领悟。这一点,我们从朱熹频繁出入竹源庵和开善寺就可以看得出来。

《朱子年谱》记载说:

> 我当初在同安当主簿任满,就到泉州府去复职,在接待的馆驿里没有别的书,只借到了一本《孟子》来读。于是我将它打开仔细读,方才发现《孟子》书原本的意思。最早读《孟子》时看孟子这样问,又这样答,然后再问,再回答。其实前后文虽然不同,但是文章的主脉是前后贯通的,每个字都有语境和下文。②

在儒门之中,最接近佛教禅宗教义者,莫过于孟子之学。禅宗的"明心见性"和孟子之学中的"尽心知性"虽然表述不同,但在做修养工夫时实际上并无太大的区别。因此,这两种修行的法门宛如一对双胞胎兄弟,在短时间内根本无法分得清楚。朱熹在此时接触孟子之学,实际上是上天给他做了一次与佛相别的一次机会。

朱熹在同安任上达到了信奉佛教的高峰,这个判定是离不开《孟子》出现时带来的"禅学"的契机。按照佛教禅宗修行的说法,孟子学说构成了朱熹得道"顿悟"的机锋。朱熹曾说过,

> 我年少时曾来过同安,晚上听到钟鼓声,听其响了一声久久余间未消,而心已经飘散到不知何处。于是心中惊醒,才明白学习一定要专心致志。③

---

① 徐洪兴:《思想的转型:理学发生过程研究》,上海:上海人民出版社,1996年,第92页。

② 原文曰:"某向为同安簿满,到泉州候批书,在客邸只借得一册《孟子》,将来仔细读,方寻得本意见。看他初问如此问,又如此答;待再问,又如此答。其文虽若不同,自有意脉,都见贯穿,字字语意都有下落。"王懋竑:《朱熹年谱》,北京:中华书局,1998年,第14页。

③ 原文曰:"少年时,在同安,夜闻钟鼓声,听其一声未绝,而此心已自走作,因此警惧,乃知为学须是专心致志。"王懋竑:《朱熹年谱》,北京:中华书局,1998年,第14页。

所以,朱熹此时几乎是用佛教禅宗方式"开悟",并在开悟后对儒佛二教有了新的体认。不过,同安开悟产生的结果是令人吊诡的:他用佛教禅宗的方式开悟,但意识到的却是佛教禅宗之非。这可能是朱熹做梦都没有想过的结果,但是它却真实地出现了。

同安一任上他施政的失败,让他不断地思索安心救国之道。他自从遇到道谦法师以来所学的所有佛教理论,在解决现实的"衣食住行"面前显得如此苍白无力。这种感觉在他卸任前一年处理同安发生的那场农民暴动时尤为强烈。他虽然将暴动的民众劝了回去,但他知道引起同安暴动的问题没有得到实质的解决,暂时的安抚无疑是一种饮鸩止渴。朱熹曾如此的描写自己有同安任上的政绩:"我当初为同安主簿时,许多关于赋税的账簿,一般当天就立刻签押核对,以免有人从中舞弊。"[1]而血淋淋的现实是:

> 在同安,官员、富裕人家、给衙门办事的人和商人,要么将村民的田地典当,要么买了他们的田地,就是不肯救助他们。他们操控着地方的势力,坐等村民穷困潦倒、家破人亡后来卖田,这实在让人痛心。每次县衙中接到这种案件,基本上在一天之内结案,结果都是这样。村民常常缺衣少食,存在着被迫失去生计的风险。商人和富裕之家长期以此为业,已经成为本县的困局,连官府都无法解决,这是最大的弊端。[2]

理想与现实的剧烈冲突,成就感的迅速崩塌,豪强滑吏的气愤行径,朝廷的黑白不明,都让此时的朱熹不得不用道谦的佛教方式来审视这眼下的一切。如果说孟子是令他顿悟的机锋,那么同安一任他面临的种种问题,则是他开悟的基石。苦难形成的悲观,是最易让人觉醒的。

《孟子》一书中孟子与其他人之间的那些看似互相矛盾的对话,让青年朱熹悟出一个道理:"义失则利往,利往则国亡"。他在儿时或许不只一次听父亲朱松给他讲过北宋徽宗皇帝是如何与大臣求利、争利,使得一个象征着"攀比"的艮岳园林最终成为了北宋灭亡的导火索。他知道皇帝一旦因求利

---

① 原文曰:"某向为同安簿,许多赋税出入之簿,逐日点对签押,以免吏人作弊。"黎靖德:《朱子语类》卷一〇六,《外任》,北京:中华书局,1986 年,第 2639 页。

② 原文曰:"顷在同安,见官户、富家、吏人、市户典买田业,不肯受业,操有余之势力,以坐困破卖家计狼狈之人,殊使人扼腕。每县中有送来整理者,必了于一日之中,盖不如此,则村民有宿食废业之患,而市人、富家得以持久困之,使不敢伸理,此最弊之大者。"朱熹撰,朱杰人等主编:《朱子全书》第 22 册,上海:上海古籍出版社,合肥:安徽教育出版社,2002 年,第 1946~1947 页。

而失义，王朝一定会承受巨大的创伤。但是他明白在宋高宗主政、秦桧主相的那个时候，他是不能将这些心里话表达出来的。同时，他那时也没有一个合适的思想来表达他内心中的这种想法。直到他在泉州再次阅读《孟子》，发现自己的所思所想的这一切都源于孟子中的"义利之辨"。于是在三十三岁（绍兴三十二年，1162 年）八月的那个秋天，面对着两个月前发生的那场宋高宗内禅，宋孝宗即位这个既定事实，他决定将自己的内心体会以封事的形式表达出来，这就是著名的《壬午应诏封事》。从朱熹二十七岁接触孟子之学开悟到他三十三岁上书皇帝的封事，中间只有五年的时间。在这五年内，朱熹文风和表达发生了较大的转变，他开始用"积极的态度"一步步地取代他原有的"悲观的绝望"。而这一切转变，正式宣布着他与佛教诀别的开始。

可以说，朱熹在泉州等待同安卸任的批书时，才是他由佛入儒的真正转折点。他的这次转向与初见李侗时是完全不同的。他在初见李侗还是"沾染了一身佛气"，而当他经历了同安一任社会对他身心洗礼后，他则在内心中完成了由佛入儒的脱胎换骨。家庭的生活的艰苦，事业的举步维艰，朝廷的黑白不明，成就感的缺失，都成为朱熹身心锻炼的磨刀石。对于青年的朱熹来说，他只有体会到真正的绝望，才能发现真正的希望。

同安一任打开了朱熹由佛入儒的序幕，泉州等批书与《孟子》的再遇开始了朱熹思想的转变。但他竖起亲儒反佛的大旗，则与他在二十八岁到三十二岁这五年中三见李侗有关。可以说，三见李侗促使了朱熹掀起反佛的高潮。只是这一切思想的剧烈波动又在朱熹三十三岁的壬午封事后告一段落。至此，朱熹的反佛四步曲正式拉开，呈现在人们视野中的那个"积极向上"的大儒形象开始正式形成。

朱熹的反佛开始宣布着他与"旧我"的一个彻底的分离，在迎接"新我"时对"旧我"进行了批判与抛弃。因此，在表面上看到朱熹开始了对亲佛的张无垢等人进行无情的批评，实际上他是对"过去的朱熹"进行无情的批评。他反佛有多强烈，其实就预示着他对"旧我"的厌弃就有多强烈。

其实，人在面对一些人或事时，真正让自己在心理上感受到厌恶往往是与自我本身相关的事物。这其中就包括"过去的自我"。人对"不光彩的旧我"的厌弃是人一种特殊表现。在弗洛伊德的理论中，本我、自我和超我①这

① "本我"（完全潜意识）代表欲望，受意识遏抑；"自我"（大部分有意识）负责处理现实世界的事情；"超我"（部分有意识）是良知或内在的道德判断。

三个概念通常被看成是人存在的三种不同的状态,三者单一出现或者共存。实际上,若将这三个概念放在对立的维度中,就会发现这三者会发生强烈的排斥反应。自我构成对本我的排斥,超我构成对自我超越(或替代)。三个概念排斥效应也说明上面人对自我的厌恶是人的一种本质行为。这种厌恶的交叉点往往表现为人在原始本能驱使下将"过往的悲苦事实"变成今天现实中"窘态"的缘由,而今天的"窘态"看成是有碍未来达到完满超我形成的一个关键障碍。

以这个视角来看朱熹信佛前后的变化,可发现他青年时有多"信佛",他在拜李侗为师转入儒家后,就有多厌恶过去的自己。他甚至不明白当初的自己为何会如此的"愚蠢"误入道谦的彀中。从中年朱熹对青年时期信佛评价时用的那些激烈用词(如朱熹描写自己考进士时说用道谦那套去胡说,遂得中),以及他后来猛烈的攻击张九成[①],都可以看出他实际要攻击的人并不是那个当年在朝廷力挽狂澜与秦桧对峙的儒者,而是朱熹自己。他强烈反对的是有着儒者身份却执迷于佛教的另一个朱熹。只不过,这个"朱熹"现在以"张九成"的名字呈现出来。

第四节　辟　佛

隆兴二年甲申(1164年),朱熹此时正好三十五岁。这一年发生了三件大事:一是朱熹恩师李侗(李延平)去世,朱熹失去了精神上的引路人;二是他对儒学泰斗张九成的近佛行为展开了猛烈的攻击;三是朱熹主编了《困学恐闻》。这三件事看似各自独立,实则三者都有相当大的关联。束景南曾说过:

> 李侗和宗杲同在隆兴元年去世,对朱熹是一种不祥的巧合。在宗杲死后,伴随着席卷丛林朝野的规模盛大的祭奠宗杲而来的,是佛说在士大夫中的更大泛滥,以佛兼儒的宗杲和以儒兼佛的张九成,骤然成了士大夫们最倾心崇拜的两颗巨星,宗杲的《正法眼藏》、《大慧语录》、《宗门武库》同张九成杂糅佛老的经解之书一起风靡于世。[②]

---

① 张九成,字子韶,号无垢居士。也称张无垢,是宗杲的世俗弟子。
② 束景南:《朱子大传:"性"的救赎之路》,上海:复旦大学出版社,2016年,第198页。

在朱熹看来,昔日与秦桧抗争的南宋大儒、精神领袖现在成了佛教的门徒,这与他在二见李侗之前的自己如出一辙。朱熹从张九成身上看到了自己过去的影子。而这个影子在宗杲圆寂后正在一步步地扩大。束景南评价说:

> 这场佛学论战,是他对十余年出入老佛的自我批判,是对师事道谦的痛苦忏悔,也是对影响最大的宗杲新派禅宗的思想清算。这场佛学论战终于推动了他在中和说上的演变,超越了李侗,进而在逃禅归儒的道路上又完成了由主静到主敬的第二个理学飞跃。①

这里基本说明了朱熹由二见李侗后,他的反佛进一步发展到辟佛。朱熹这时的思想不仅仅是停留在放弃信佛这个简单的程度上,他将禅宗视为自我批判与社会救赎必要的工具。通过对禅宗的批判,达到对自己过往的批判。束景南更是直接判定朱熹把这股禅风视为洪水猛兽,一再惊惧万分。② 朱熹说:

> 近来听说洪适在会稽拿到了张子韶(张无垢)经文解释的雕版印行,这是一个不小的祸事,它的祸患不在洪水、外敌和猛兽的程度之下,让人有些寒心。③

> 近来听说越州的洪适准备刊刻张子韶的经文解释,常常为此感到担忧,久久不能释怀。④

> 等到见到婺源等地所刊刻的张无垢的《日新》这本书,里面竟是一些荒诞无稽之言,写得十分奇怪。但是这件事已经无法再说了,无力可救,但只能常常心怀警惕而已。⑤

朱熹此时已经放弃从旁观者的视角来看待这场儒佛之辩,而是直接化身为儒学斗士加入其中。他既要对以道谦为核心的张九成的禅学进行批

---

① 束景南:《朱子大传:"性"的救赎之路》,上海:复旦大学出版社,2016年,第198页。

② 束景南:《朱子大传:"性"的救赎之路》,上海:复旦大学出版社,2016年,第198页。

③ 原文曰:"闻洪适在会稽尽取张子韶经解板行,此祸甚酷,不在洪水夷狄猛兽之下,令人寒心。"朱熹撰,朱杰人等主编:《朱子全书》第22册,上海:上海古籍出版社,合肥:安徽教育出版社,2002年,第1914页。

④ 原文曰:"近闻越州洪适欲刊张子韶经解,为之忧叹,不能去怀。"朱熹撰,朱杰人等主编:《朱子全书》第22册,上海:上海古籍出版社,合肥:安徽教育出版社,2002年,第1748页。

⑤ 原文曰:"比见婺中所刻无垢《日新》之书,尤诞幻无根,甚可怪也!已事未明,无力可救,但窃恐惧而已。"朱熹撰,朱杰人等主编:《朱子全书》第21册,上海:上海古籍出版社,合肥:安徽教育出版社,2002年,第1424页。

判,也要对已往的朱熹进行批判。束景南总结说:

> 还在李侗生前,朱熹就发现张九成经解有禅家别立一心、以心识心之病,李侗称赞他说"公看得好"(《朱子语类》卷三十五)。到这股禅风煽炽到如洪水泛滥的时候,他更按捺不住要对这股禅风"公言低之"和"过之"了。他认为:"后世之解经者有三:(一)儒者之经;(一)文人之经,东坡、陈少南辈是也;(一)禅者之经,张子韶辈是也。"(《朱子语类》卷十一)张九成和道谦又都同出宗杲禅学一脉,朱熹自己也曾出入过他们的营垒,所以单从他自己逃禅归儒的思想演变需要总结当年误入歧途的教训来说,他的批判清算宗杲—无垢禅学也是势所必然的一环了。①

至此,朱熹由佛转儒达到了一个新的高潮。隆兴二年(1164 年)他与张九成之间的争辩,是朱熹由佛入儒的关键点。虽然这一时期他还未完全放弃佛教,但他基本上已经走在了放弃佛教的重要转折点上。在朱熹看来,儒释异同本应有两个原则:一是"儒学可以借佛说来说明儒学,但不等于儒佛同道",二是"佛说中有儒学可取的成分,但不等于儒佛相成"。② 这两个原则如果被混淆,则会导致儒家最终将全数被收入佛门。北宋的孤山智圆、明教契嵩和大慧宗杲所奉行的"援儒卫释"的做法就是为了达到这个目的。因此,朱熹如果要想挑起儒学大旗,他势必要对这个问题做出纠正。然而青年朱熹给出的两个"标靶"还是稍显青涩。束景南就评价他说:朱熹这里"暴露了他终身辟佛排老态度的内在软弱性,以致后来这两条恰成了他自己又或明或暗吸取老佛之说融入自己理学体系的正当理由"③。后世学人最终将朱熹看成了融合儒释道三者的典型,也有这方面的原因。其实,青年朱熹辟佛的一个重要的目的并不是一定要反对佛教,而是要给儒家正身、正名。所以他发力的主要目标集中于佛教中的禅宗,这种与中华文化紧密相连的"中国本土佛教"。他对佛教的其他教派多有包容。因此,他给后人呈现出来的样子是一面坚定的辟佛,一面又与佛教人士交互往来。这种矛盾性的现象一直困惑于后人。自此之后,他的儒家印记越来越清晰。到三十九岁时,他的佛学印记在这种批评与自我批评的交互过程中慢慢地消失在他的理论视野

---

① 束景南:《朱子大传:"性"的救赎之路》,上海:复旦大学出版社,2016 年,第 199 页。
② 束景南:《朱子大传:"性"的救赎之路》,上海:复旦大学出版社,2016 年,第 200 页。
③ 束景南:《朱子大传:"性"的救赎之路》,上海:复旦大学出版社,2016 年,第 200 页。

中。于是常见的那个儒家道德君子形象的中年朱熹慢慢显现在人们面前，而不再是当年那个虔诚的出入开元寺与竹源庵的青年朱熹。

朱熹在进行反对隆兴和议抗争的同时，也展开了一场口诛笔伐的佛学论战，实现着李侗在最后二次相见中面授的反和主战、反佛崇儒的遗训。如果说在李侗死后，反和成为朱熹政治上的主调，那么反佛就成了他思想上的强音，简直可以把隆兴二年称为他生平的儒佛论战之年。①

自此，朱熹在去佛入儒的道路上越走越远。到他求道湖湘完成己丑之悟时，他彻底参悟了儒家的微言大义，与佛教做了真正的诀别。虽然他在得道之后的日子里依然有宿住佛寺的行为，甚至在一些场合中也些许写了一些近似佛教的禅诗。但仔细研究会发现，中年后的他与佛教的关系已经渐行渐远，特别是他在中和新说完成后，与禅宗就基本再无瓜葛。

---

①　束景南：《朱子大传：“性”的救赎之路》，上海：复旦大学出版社，2016 年，第 198 页。

第六章　儒道中来

如果说朱熹浸佛是两宋王朝产生的必然,那么由佛转儒可能就是一种巨大的偶然。在朱熹的人生际遇中,虽然必然与偶然之间没有那么清晰的界限,但在人生的过程中,规律的必然性有时候往往会"失效"。其实,规律在人的现实世界中失效是常态,有效才是偶然。因此,如果当年朱熹南下同安的时候没有特意转到延平去见李侗,或者说他去的时候李侗刚好不在家,或者说他在李侗处听到的关于李侗的评价是负面的(如将冰壶秋月说成是不谙世事的伪君子,老古董),可能就没有朱熹后来的三见李侗。即使朱熹能见到李侗,但假如他在同安一任做得风生水起,他的正经界得到朝廷的大力支持,他看到的百姓生活如临安城内一样繁华富庶。那么,他也不会在同安任结束后,不管上官如何劝导,坚持选择罢官不做。以上的一切,都不能用必然性来解释,而是用一个个说不清、道不明的偶然来说明,这或许有一定的道理。

第一节　转　念

佛教构成了青年朱熹逃避苦难的镇痛剂,但是这种止痛的效果却不断让朱熹感受止痛后反噬的副作用。他不知道自己勤奋努力换来的进士第五甲第九十名,如何面对朝廷与地方集团的绞杀,更不知道家庭生活的清苦面对一个青年男人能有多么的绝望。从过去到现在,他看不到一丝的希望;从国到家,他感受不到自己能做事的一点可能性。佛教的避世换来了内心的空虚,他并不是一个只求个人心安的"晦庵",而是一个有着"为天地立心,为生民立命,为往圣继绝学,为万世开太平"的血气青年。他无法在自己只有二三十岁的年纪时,就像自己的家人一样,遁入空门以求心安。他学不到像的三叔朱槔去云游四海,他真心地想要做一些事情。

在朱熹的内心中,笼罩在家庭的原有佛教气氛反倒激发了他有更强的"反佛"动力。这种心理现象与中国多数穷困家庭中孩子对自己人生评价一样:我以后无论做成什么样的人,坚决不做成我父母那个样子的。这是很多贫苦的孩子在青少年时代几乎常见的一种心理状态。在青年朱熹看来,他儿时奶奶程五娘非常严厉,这让他幼小的心灵时常感受到:信佛也未必真的能让家人变得平和。他真切地感受到,家人不过是利用佛教逃避现实中不幸的生活。这种逃避有国破带来的时代悲歌,也有家人颠沛流离产生的内部矛盾。朱熹没有见过爷爷朱森,但他从父亲、奶奶的口中得知爷爷是一个十分要强的人。或者说,他在一定程度上是一个"成功的人"。相对比于父亲朱松仕途的不顺和整个家庭生活的颠沛,让他时常会以爷爷朱森作为自己的仿效的榜样。以先祖为榜样是贫苦之家常有的精神支柱,这是中国农村常有的一种社会现象。

朱熹于十四岁丧父,他的人生经历与其祖父朱森多有相似之处。青年困苦,但不至于贫困潦倒;努力上进,娶了一个好的姻亲。他的奶奶程五娘传说是宰相之女,妻子刘清四则为刘勉之之女,刘勉之是五夫里白水(今属上梅乡)的大户。《宋史》记载:刘勉之丝毫不妄求取。妻子连氏的娘家富有,没有子嗣,谋划把资产全部归于女儿,刘勉之不接受,把这些资产赠给同族的贤能之人,命他们祭祀。[①] 作为年青的朱熹而言,他在家族中选择自己的人生"导师"、建立自己的"人生榜样"时,父亲朱松与三叔朱槔,自然比不上自己的祖父朱森。朱森与朱熹的人生履历有几分相似,由于朱熹与祖父没有见过面,这就在心理上增加了对朱森的神秘感。这种神秘感造就了朱熹在内心上会以朱森的人生为目标。于是中年时的朱熹对三个儿子的培养,基本上也是祖父朱森和奶奶程五娘对父亲朱松的培养方式。隔代之间的人生,有时真的会出现惊人的雷同经历。

隔代之间命运相似性在概率上有心理印证的可能性。人们习惯以祖父辈为锚点,以此来论证后辈(一般为孙辈)与其生活的相似性。这种心理往往会弱化二者的不同,强化二者的相似。于是对于本人或者旁观者看来,

---

① 原文曰:"勉之一介不妄取。妇家富,无子,谋尽以赀归于女,勉之不受,以畀族之贤者,命之奉祀。"脱脱:《宋史》,北京:中华书局,1977 年,第 13463 页。

"很像爷爷"成为很多直观的判定。虽然目前无法为这种心理现象给出准确的描述，但这种心理现象所产生的心理预期则在无形中推动"相似者"沿着祖辈的生活印记来规划自己人生。很显然，朱熹也没有脱离这种心理现象的干扰。

朱熹的祖父朱森在青少年时家境贫寒，他经常身着单衣出入书馆学习，可见当时生活之艰辛。但是贫困的生活却锻炼了他坚强的意志，对学习的热情也超乎他人。对于穷苦的孩子来说，学习（或科举）是唯一可能改变人生命运的捷径。因此，困苦非但没有让朱森自我放弃，反倒白天务农，夜间学习，遨游书海。但是朱森和所有贫苦的孩子一样，虽然学习热情和学习意志都超越常人，但社会的现实性并不会因为个人的努力而发生偏袒，朱森并没有什么让人显见的成就和官职。以今天的视角来说，朱森很像那些刚刚从农村里走出来的"城市一代"，他们努力、坚韧、有意志力，但他的生活因为没有前辈的铺垫，往往不会过得多好。朱森相比于父辈来说，他的成就可能也只在开馆授学这一方面。

我们不得而知朱森是否有过功名，但从朱森自己的描述"吾家业儒，积德累世矣，后必有贤者，当勉励谨饬，以无坠先生之业"①来看，朱森的父亲应该也是一个读书人。但是从朱森少年时"因家庭变故，朱氏家族开始败落，他的父亲朱绚没有出仕，只在乡间务农，家中生活比较贫寒。朱森不得不停学，白天务农，夜间杜门独学"②。以此推断，朱森的祖上多是读书人，但到他父亲这一辈时已经家道中落。今天去江西婺源看朱熹的家谱，朱森的父亲朱绚（字义之），以读书教子为乐，不仕。朱森的爷爷朱振（字文举），隐居不仕。基本可以推断出朱森面临的家族背景对他的学业来说可能帮助不大。

朱森虽未能登科入仕，但朱森的妻子程五娘则是程宰相③之女，这对朱森的家庭影响很大。程五娘知书达理，但性格严厉，后辈稍有违背家规就会受到她的训斥。在这种家风的背景下，朱熹的父亲朱松中了进士，得授迪功郎。虽然官职不大，但相比于朱熹的曾祖朱森，高祖朱振，已经算是很大的进步了。朱熹生活在这种家庭背景中，无论是中进士，还是当同安县主簿，

---

① 大意为："我家世代都是儒者，数世累计德行，后世中一定会出一个贤能之人。因此应该勤勉谨慎，不要坏了祖先的基业。"

② 杨世玮：《走近朱森》，《朱子文化》2022年第3期，第40页。

③ 因北宋宰相名录中未见程姓宰相，南宋宰相程元凤虽是徽州歙县人，却是朱熹去世前一年生人，与朱熹的祖母程五娘关联不大。故此处的"程宰相"的记载存疑问。

对于他来说都是"难有兴奋"之举。父亲是科级干部，儿子也考上了科级公务员，儿子的成就感就差得多。父亲朱松是一个从九品县官，儿子朱熹也是一个从九品的县官，是同样的道理。所以对于朱熹来说，父亲朱松绝不是他的心中榜样，而只有那一直在奋斗中的爷爷朱森才很可能成为他的心中偶像。

从隔代的心理预期与朱熹未见祖父的神秘性，也会导致了朱森成了少年朱熹的精神偶像和精神动力。特别在朱熹十四岁后，家庭的贫苦让他对祖父朱森的人生境遇有了切身的感受，也就更能把他当成自己的精神偶像。

从史料中我们无法知道朱森是何时从儒转佛，或许这一切与靖康之难有关。北宋帝国大厦的崩塌，使得这块屈辱的王朝不可能再有安定的局面。朱森与朱松携家南渡时抛弃祖业，举目无亲地来到福建尤溪郑氏宗祠落脚。这是他们的临时住所。在朱熹出生之前，朱森还有两个儿子。但命运多舛，朱熹的两个哥哥没有活多久就双双离世。朱熹两个哥哥的突然离世对朱熹一家的冲击很大，这或许与朱熹一家最终浸佛有一定的关联。关于朱熹两个哥哥的史料记载很少，因此也只能以揣测的心态来分析朱熹早年的家庭结构。

佛教的底色是时代加给朱熹一家的时代烙印。但是人在内心中表现出来的对时代的抗争，会反映出一种"反抗"的样态。特别是后辈面对父辈被时代摧残又无能为力的时候，这种反抗的意念就越加强烈。因此常见的现象是，贫苦家庭中儿子往往会以"反父亲"的样态来构建自己的人生轨迹。这种"反父亲"是以这些儿子"父亲"作为参照物而进行"反时代"的存在方式。因此，贫苦的家庭中父亲与儿子常常会处于对立的两极而无法兼容，表现出来的就是叛逆期的心理学现象。这种"叛逆"表现为"儿女"对"父母给出的社会建议"的反对，他们不是真的对父母有什么不满的情感，而是不认同"由父母传递的社会信息"。我们不妨就将其命名为"家庭的反时代现象"。

这种"家庭的反时代现象"在贫苦家庭与富裕家庭中呈现的方式是不一样的。一般来说，贫苦的家庭呈现得更加明显，而富裕的家庭将相对较弱（但不是不存在）。一般来看，心理学家和社会学家通过后天的干预想消除这种家庭现象基本上是不可能的，他们能做的只能是将这种"家庭反时代现象"的破坏程度协调到最低限度。

我们常见的"以父为傲"的心理状态往往存在于儿童时期（一般十四岁

以下）。超过这段时期，人对社会认知程度的增加往往会形成他对"服从社会规则的父亲"的反感。这一时期人的"代价补偿"意识还没有形成，对自我能力的预估往往偏大。这样的心态面对着肩负时代重压的中年父亲，他们往往无法从内心中产生崇敬感。相反，祖父辈的生活由于与自我的生存年代过远，为尊者讳的传统思想让其他孙辈面前往往是"英雄层面"多于"庶人层面"，遂以祖父为崇敬对象是很多男孩子在青年时代的普遍心理特征。

朱熹一家人信奉佛教后，朱熹幼小的心灵中已经开始"反感"那些"过于繁琐"①的佛教仪式。因此说朱熹自少年起就有"反佛"的意识，这也是人之常情。但是他当时不可能呈现出反佛之举，因为少年懂事的他不得不顾虑两个因素：一是家庭成员的信仰。他要是不想与家人出现过多的裂痕，他就不能明确地表现出反佛的意图与行为；二是恩师武夷三先生都与佛教有着千丝万缕的联系，而此时他刚好丧父寄人篱下，更不能表示出对佛教的反对姿态。除此之外，道谦等人的禅宗理论有一定的说理性，少年朱熹一时也找不到一个有力的反驳依据。况且佛教的义理说教曾帮助过他获取得"进士出身"，这使他对佛教的不满程度逐渐降低。可以说，如果不是后来遇到李侗，他也很可能成为一个虔诚的佛教徒。

对于朱熹借用佛教的理论达成科举的目的，后世颇有争论，这在朱熹内心之中也是一个矛盾，但是这个矛盾符合人的常识心理。面对朝廷的亲佛倾向和反道学人士对二程道学思想的打压，朱熹如果还坚持用"二程的道学"来应对科举，只能说朱熹对朝局缺少清晰的判断。因此，用自己不太反对的理论来换取进士出身，既是无奈之举，也是朱熹思想发展史上的必然。同时，朱熹反复出入佛教道场，还有一个心理，那就是此时他已经接受了佛教的思想，只是他一直怀疑：自己的信佛不诚心，才导致自己的佛教理论不够精准。然而这一切都在他二见李侗后看到了答案：朱熹的问题不是他佛教理论学得不熟，而是走错了道路，也错了方向。不然，很难解释为什么朱熹一见李侗后，就马上由佛转到了儒。其实，这哪里是"转"，分明是"回"。回到了朱熹本有的儒家思想之中。所以从儒道中来，只是说朱熹恢复了最初的儒学思想。

---

① 这时的繁琐并不一定是真正的繁琐，而是青少年面对成人那些无法知晓的仪式的一种本能的心理判定。

第二节 转 道

在朱熹一生中的少年丧父、师从武夷、入都科考、婺源省墓、求教延平和南下同安,这一切看似命运有意的安排,构成了朱熹从少年到青年成长中所经历的必修课。这其中的每一步,基本上都伴随着他从佛到儒的蜕变。当然,这其中道家的思想对他逃禅归儒也起了很大的作用。总的来说,儒家的礼仪文化和道教中的务实特性慢慢地指引他走出佛教。张荣明认为:"如果要寻根问源,朱熹对古代风水术的痴迷信奉,恐怕不仅仅受蔡元定的影响,在某种程度上,他的风水思想的萌芽最初或许发端于家教,因为朱熹的父亲就是一位酷信地理风水的人物。"[①]他找到一则材料:

> 朱韦斋,晦庵父也。酷信地理,尝召山人择地,问富贵何如,山人久之答曰:"富也只如此,贵也只如此,生个小孩儿,便是孔夫子。"后生晦庵,果为大儒。[②]

意思是说:朱熹的父亲朱韦斋,特别笃信地理风水,也常与一些方外之士请教风水,问这个风水能产生的富贵如何。那个方外之人说:"你的富也就是这样了,贵也就是这样了,不过你生的儿子,可能会成为像孔夫子一样的人。"后来朱熹出生,果然成了大儒。这种近似风水道教的思想其实在朱熹的家庭中也占有非常重要的地位。因此,对于朱熹由佛转儒,这种道教里的风水学,也是有一定的作用的。除此之外,林振礼认为:

> 800 年前(南宋中前期),由于科技思想与工具水平以及交通条件的限制,诸如对于海拔、地形、地势、土壤、水质、风力、风向的测定,缺乏科技手段。因此,朱子对于人居环境(阳宅)的选择,更多的是自身的生命体验和经验判断(吸取风水术的合理内核)与美学追求。综观其人居环境理论,其审美以屈曲生动、均衡界空、视听无邪作为抉择标准,以天、地、人协和为依归,是天人合一的整体论。然而从朱松、朱熹父子迁徙与择居(包括书院选址)活动中,我们发现其美学追求是一个复杂过程,不仅有自然环境的原因,而且有人文社会的原因,同时又是在理性与情

---

① 张荣明:《方术与中国传统文化》,上海:学林出版社,2000 年,第 252 页。
② 丁传靖:《宋人轶事汇编》下卷,北京,中华书局,1981 年,第 939 页。

感的矛盾中互动中进行的。[1]

在宋代的那个特殊时代,风水学蕴含了朴素的科学观念,修正了儒家的过度集中于形而上的弊端的义理之学,使儒家义理观有转变为形下研究的可能性。朱熹后来重视《参同契》等道书,估计也是有这方面的考量。中年以后的他开始重视天文考古学,进行"立表测影"等形下的天文考古学实验,与这样朴素的科学观是密不可分的。

在宋代很多人眼中,朱熹对道教与道学的态度是没有区分的。《宋人轶事汇编》里记载:

> 剽张载、程颐之余论,寓以吃菜事魔之妖术。……熹信妖人蔡元定之说,谓建阳县学风水有侯王之地,欲得之。[2]

意思是说,朱熹的思想是剽窃张载和程伊川的余论,加上一些摩尼教法之类的妖术。他说朱熹笃信妖人蔡元定(朱熹的徒弟)的易学风水之说,认为建阳县是会出侯爵和大王等大官的地方,所以一直想得到它。这也就是说,在反道学一派的眼中,朱熹是儒道不分的,而且还掺杂了迷信蛊术的成分。这成为他们攻击朱熹理学的一个重要证据。这种反道学的评论实际上在无形中也影响到道学的卫道士陆九渊。他在与朱熹谈论"无极太极之辩"时,也认为朱熹有近道之嫌疑。其实,道家本来的神秘性加之宋人眼中的对科学知识的缺乏,他们自然忘了朱熹谈到的"近鬼神而远之"的儒学本色和朱熹对鬼神的评定:

> 神,伸也;鬼,屈也。如风雨雷电初发时,神也;及至风止雨过,雷住电息,则鬼也。

> 鬼神不过阴阳消长而已。亭毒化育,风雨晦冥,皆是。在人则精是魄,魄者鬼之盛也;气是魂,魂者神之盛也。精气聚而为物,何物而无鬼神!"游魂为变",魂游则魄之降可知。(升卿)

> 鬼神只是气。屈伸往来者,气也。天地间无非气,人之气与天地之气常相接,无间断,人自不见。人心才动,必达于气,便与这屈伸往来者

---

① 林振礼:《朱子新探:朱子学与泉州文化研究》,北京:商务印书馆,2018 年,第 178 页。

② 丁传靖:《宋人轶事汇编》下卷,北京:中华书局,1981 年,第 942 页。

相感通。如卜筮之类，皆是心自有此物，只说你心上事，才动必应也。①

其实，反道学之人未尝不信道，只是他们将道教思想杂糅到佛教行为之中来呈现。在两宋的民间，这是十分平常的事情。现在很多农村看到那些建于宋代的寺庙，常常会看到将佛教的诸佛与道教的三清一起供奉的奇怪道场模式，均源于这种朴素的民间信仰。其实，从百姓务实②的角度来看，佛道相杂反倒是更符合日常生活的逻辑。相反，那种追求将二者特意地分开，追求纯粹式的佛道关系，往往不符合日常百姓的生活习惯。或者说，中国古人朴素的信仰观念决定了这种杂糅在一起的民间宗教观。在这种观念下，虔诚的信徒因为失去了"务实"的本色，往往成了少数或异类。我们现在看到的很多大型的寺庙与道观偏重于豪华的装修，鲜有虔诚的信徒，也是符合这一特点。当然，它们最终多变成旅游的景点，成为一种商业的牟利方式。与此不同的是一些杂糅佛道，甚至和尚、尼姑、居士同住的小庙③，往往会真正的成为人们解惑的精神归处。

宗教的本旨在于精神的皈依，而现代寺庙的商业化最终导致了宗教成为敛财的工具，自然是离其创立的本旨越来越远。因此，在南宋这个特殊的时代中基本上也存在这样的问题。在临安（今杭州）城中的大型寺庙，它们香火旺盛，人们络绎不绝，但多是持有商业性信仰的民众常顾的场所。这些人希望通过给寺庙供奉香火，以换取自己更大的生意兴隆，官职上升。他们把寺庙当成一种"投资"。他们希望通过最小的代价换取佛祖最大的回报，

---

① 黎靖德：《朱子语类》卷三，《鬼神》，北京：中华书局，1986 年，第 34 页。大意略为：神，伸张的意思；鬼，收缩的意思。比如说，风雨雷电开始发生时，就像"神"的样子，等到风雨停了，雷电消失了，则呈现出"鬼"的样子。鬼神不过是阴阳此消彼长的状态而已。生长教育，风雨明安，都是这个样子。对于人来说，精是魄，魄是鬼呈现最完整的样子；气是魂，魂是神呈现最完整的样子。当精气聚合在一起时则成为万物，所以说哪个物会没有鬼神呢！所谓"游魂为变"，意思是说魂游走了，那么魄自然就显现出来了。鬼和神只是气中的两种形态。能伸张能收缩，这是气典型的样子。天地之间无非都是气。人之气与天地之气是经常连接在一起的，没有间断过，只是人自己看不见。人心开始发动，必然用影响到气，因为这将与屈伸往来的气相感通。比如卜筮之类的，都是心里本来就有这个物象，只有当你说出心里的事情，才能达到相应的效果。

② 解决因战祸而产生的生理问题，佛道在他们的内心中并无区别。所以有学者称：中国古人的信仰是使用实主义的。中国古人关注的宗教往往不是形而上的性命归属，而在于**"灵不灵"的现实体验**。

③ 如湖南湘潭市湘潭大学附近的妙音寺，庙很小，人员很杂，但成了很多学者与居士谈经论道的地方。

本质上他们把寺庙供奉当成一种生意。相比之下，那些远离豪华都市而主修山林禅的寺庙，则慢慢地成为人们精神的真正归宿。五夫里宗元的竹源庵和道谦的开善寺，便是这后一种宗教场所。这种山林禅发挥了佛教本有的启迪智慧、答疑解惑的原始功能。当然，它们因为远离都市，往往名不鲜见，不为多数人所知。

我们可以试想一下，如果在五夫里没有朱熹的出现，像道谦这样的大和尚很难被历史记录而频繁出现在后世文人视野之中。实际上，佛教立教的本意也不是为了"流芳百世"，而侧重于用小乘和大乘的教法度已度人。它是一种偏向形而上的精神追求。相比之下，道教的存在本身则偏向于一种"实用"形而下的物质追求。道教的实用性取向虽未必基于一种科学思维，但是它们的发展过程往往促进了科学思想的产生。中国古代的炼金术所导致火药与指南针的发明，也是这一种思想的体现。

因此，在那个科学还不发达的时代，朱熹对道教的关注加上反道学人士对道教的误解①，自然促使他们对卜筮易术的理解就变成了"妖术"。这种评价与古人无法理解风雨雷电的社会心理一样，将"非理解之事"认为是"妖神"作怪，是同一种社会心理。这实际上是对朱熹"亲道"思想的误解。从朱熹进行观象授时的举动来看，就明白他对道教的关注绝不在鬼神之说。朱熹曾说："关于天象的测量方法，古代的人已经知道了，但是没有留下如何运转的记载。今天应该参照古代的形制做一个小的模型测试一下就最好了。但是能做这种模型的工匠比较难找。"②又说："做一枚竹尺，用来在夏至日仿照古代的'立表测影'之法来测量太阳。通过竹尺影子的长度与刻度详细的呈现历法。"③朱熹这种观测天象和用竹尺做"立表测影"④工具的做法，显然

———————

① 认为道教只是驱鬼取仙之术。

② 原文曰："浑象之说，古人已虑及此，但不说如何运转。今当作一小者粗见其形制，但难得车匠耳。"朱熹撰，朱杰人等主编：《朱子全书》第25册，上海：上海古籍出版社，合肥：安徽教育出版社，2002年，第4713页。

③ 原文曰："竹尺一枚，烦以夏至日依古法立表以测其日中之影，细度其长短示及。"朱熹撰，朱杰人等主编：《朱子全书》第22册，上海：上海古籍出版社，合肥：安徽教育出版社，2002年，第1968页。

④ 古人使用圭表立表测影，圭表由两部分组成，垂直立于平地上的标杆称为表，水平放置的测影尺称为圭，两者以直角相接。室外立表，可得日影，日影的长度，可通过圭上的刻度读出。圭表的最早实物出土于山西襄汾陶寺夏代或先夏时代的遗存，至迟到西汉时候，一种建置于露天的常设圭表开始出现。这类仪具以青铜制成，表高八尺，圭长一丈三尺。

是一种科学式的方法论窥探。

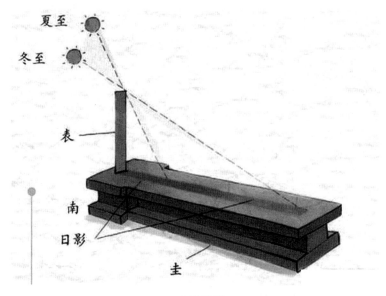

立表测影

朱熹早期的道教思想对他由佛转儒起到非常重要的作用。但是相比于中年之后遇到蔡元定后,系统地接受了道家思想的渲染来说,他在这一时期受到道教影响还处于萌芽时期。值得一提的是,朱熹父亲朱松常年对风水学的关注,和民间流传的陈抟道教思想,及他在主政同安期间接触过苏颂天文学知识,这些都注定了他无法忽略道教的影响,并用道教中本有"实验"来进行儒家的实践研究。

朱熹在同安一任虽仕途坎坷,但是命运在无形中送给他一个礼物,那就是苏颂①的被发现。苏颂博学多才,于经史子集、百家之说,及算法、地志、山

———————

① 苏颂(1020 年 12 月 10 日—1101 年 6 月 18 日),字子容,原籍福建路泉州同安县(今属厦门市同安区),后徙居润州丹阳县。中国北宋中期官员,杰出的天文学家、天文机械制造家、药物学家。他出身闽南望族,于宋仁宗庆历二年(1042 年)登进士第,授宿州观察推官。此后长期在馆阁供职,广涉古籍,留心医学。嘉祐六年(1061 年)后多次出知地方,治绩斐然,并两次出使辽朝、三任馆伴使。宋神宗时曾参与元丰改制。宋哲宗即位之初,历任刑部尚书、吏部尚书、尚书右丞,元祐七年(1092 年)拜相。他执政时量能授任,务使百官守法遵职。同时不立党援、以礼自持,故能于哲宗亲政后以太子少师致仕。宋徽宗时进拜太子太保,封赵郡公。建中靖国元年(1101 年),苏颂逝世,终年八十二岁,获赠司空。后追封魏国公,宋理宗时追谥"正简"。

经、本草、训诂、律吕等学无所不通。他领导制造了世界上最古老的天文钟"水运仪象台",开启近代钟表的先河。他在科学技术,特别是医药学和天文学方面有突出的贡献。① 朱熹同安任上推举苏颂有两个目的,一是同安作为偏远之地,能出现一个宋朝宰相,这实属不易,能在乡间起到道德和礼仪的引领作用。朱熹曾在《代同安县学职事乞立苏丞相祠堂状》中说:

> 右某等伏睹故观文殿大学士、太子太保致仕、赠司空赵郡苏公,道德博闻,号称贤相,立朝一节,终始不亏。自其高曾,世居此县。比因游宦,始寓丹阳。今忠义、荥阳二坊故宅基地宛然尚在,而后生晚学不复讲闻前贤风节、学问源流,是致士风日就凋弊。某等今欲乞改荥、义坊为丞相坊,仍于县学空闲地架造祠堂一所。不惟增修故事,永前烈之风声,庶以激厉将来,俾后生之竦饬。谨具状申主簿学士,伏乞备申县衙,照会施行。②

这篇堂状将朱熹弘扬苏颂的目的直接写了出来。他之所以选择以苏颂为榜样,除了上面的原因外,还有一个就是"朱熹年少的时候和长者一起来到同安,听说过老相爷苏颂的为人。大家称他博古通今,了解很多典故,显然是一个伟岸的长者君子模样。"③其实苏颂并不是中国古代道德人物中的典型,但他的天文历法知识却在中国历史上占有重要的地位。他领导制造的天文钟"水运仪象台"是中国古代少有天文仪器。目前福建省泉州市的闽台缘博物馆保留着"水运仪象台"的现代仿制品,从今人的视角来看,我们依然可以感受到这台仪器给人带来的震撼。当朱熹在同安任时看到这台仪器

---

① 刘旭:《略论宋哲宗对苏颂的庇护》,《佳木斯职业学院学报》2017 年第 11 期,第 1、72~73 页。

② 朱熹撰,朱杰人等主编:《朱子全书》第 21 册,上海:上海古籍出版社,合肥:安徽教育出版社,2002 年,第 896 页。大意是:苏颂丞相是文殿大学生、太子太保,赠司空赵郡,道德文章很好,被称为贤相。他在朝一任,终始不曾出过任何纰漏。从他的高祖与曾祖开始,就世代居住在同安县内。在他当外任官时,开始住在丹阳。今天他的忠义、荥阳二坊的故宅基地还在,但是他的后生和晚学都已经不太传颂他的贤德风节、学问源流,以导致这个地方的风气日趋凋敝。我们今天准备将忠义、荥阳二坊改名为丞相坊,并在县学的空闲地方修建一座纪念的祠堂。不仅只是增加修补过去的故事,保存前烈的风节,更为以此来激励后来人,使后人尊敬向学。下官我以主簿学士之名呈上状,并在县衙报备,将以此施行。

③ 原文曰:"熹少从先生长者游,闻其道故相苏公之为人,以为博洽古今,通知典故,伟然君子长者也。"朱熹撰,朱杰人等主编:《朱子全书》第 24 册,上海:上海古籍出版社,合肥:安徽教育出版社,2002 年,第 3694 页。

的时候,他的内心一定是感叹苏颂的伟大科技思想。

对于青年朱熹来说,新奇的科学思想对他是有浓重的吸引力的。在这种思想的引导下,中年后的他被道教中的"各种实验"吸引。庐山道士虚谷子刘烈的《易》学和金液还丹修炼之法,一度成为他的兴趣。在细读了虚谷子的《还丹百篇》,及考释了一些后道书,他作了《参同契考异》和《阴符经考异》,并署名空同道士邹䜣,探讨道教的内丹修炼之说,肯定道教的宇宙生成论。

在"修道"过程中,他感受到道教中那些宋代"先进技术"。其实,道教中除了神仙体系的面向之外,外丹派及奇门遁甲等利用外物的修行方式,在一定程度上可以看成是"宋代版的科学研究"。道教的外丹派虽然是为了求长生的目的才研习火药,但他们的行为本质上促进了人类生产力的发展。这一点,颇类似西方的文艺复兴。他们以论证宗教的目的却达成了科学的产生,最终形成了拒斥宗教的目的。在道教中,奇门遁甲①之术等也可以看成"古代的平面地理学研究",但由于民众的文化水平较低,能看懂这本书内容的人很少,它的内容一时难以被当时人们所理解。正因为如此,民众被这种类似迷宫式的地理构图产生了"奇异的幻想",将其神化。至今,民间依然有传说有人因修炼了奇门遁甲之术而能穿越房屋,飞檐走壁。这只是多数人不理解其中的科学道理如何所致。

在科技思想不发达的古代,加之民众的识字率不高,形成对错误现象的认知是非常易见的事情。在北方一些农村,至今还有一些人通过观察人无论怎样用力地洗澡,在几天后依然可以在身上发现泥垢的现象,来判断说"人都是泥做的";在杂技艺人做"硬气功"表演时,民众往往不会观察空手断砖时"砖的材质(一般为红砖)及砖与下面硬的承托物的空间比例",在没有理解杠杆原理的思想下看到空手"劈开"一块完整的砖自然感到惊奇。至于"飞檐走壁",也是因为古人经过长期训练增强了腿部力量与高空行走的平衡感,而在建筑物间行走自如(类似现在的"跑酷")。古代房屋多矮小,房子后沿的离地间隙约一米五左右,且房顶由瓦片组成,就大大增加了一个人

---

①　关于奇门遁甲是否属于道教,学界是存在着分歧。一种认为奇门遁甲产生于先秦,而道教兴起于东汉,所以奇门遁甲不属于道教,但属于道家;另一种认为我们现在看到的奇门遁甲基本上是由道教人士传承的,因此它应该属于道教。关于奇门遁甲是否属于道教,与《易经》是否属于道教的争议是相同的。在很多人看来,《易经》不仅是道家的经典,也是儒学的经典。所以《易经》的归属,在学界和民间总是有不同的声音,这也值得我们注意。

"行走"在房顶的可能性。古代多没有电灯等良好的照明设备,对这些特殊训练者的了解不多,自然就会认为人可以在墙头与房顶上"飞檐走壁"。而这些,现在一个身体强壮的普通人经过专门的训练基本上也可达到。但是当以后所有的因素移植到南宋这个特殊的历史背景下,就呈现出所谓"神秘性",这是可以理解的。

第三节 转 化

朱熹的幸运之处就在于他青少年时期接触过大量的书籍。这些书籍不仅包括《论语》《孟子》这些儒家典籍,也一定包含佛、道的大量闲书。朱熹自己曾说:"我以前什么都学一点,禅学、道学、写作、楚辞、诗、兵法,每件事都要学一些,来来回回不知道自己读了多少文字,常常出门时也以两册书随身。"①通过朱熹自己的描述,我们很难想到那些"似奇似幻"的道教方术不会让朱熹产生吸引力。朱熹中年后对礼仪十分关注,他也像其父朱松一样开始对风水学十分感兴趣,基本上也证明了道教的一些做法对朱熹来说是有一定的借鉴之功。

因为所读书目较多,他对道教的认识往往不会只停留到日常百姓的神鬼幻想这一简单的层面。他对平常百姓认为的"奇幻之术"是有自己的一种"偏于科学理性的解读"。比如说朱熹对鬼神之说的看法:

> 鬼神只是气。屈伸往来者,气也。天地间无非气。人之气与天地之气常相接,无间断,人自不见。人心才动,必达于气,便与这屈伸往来者相感通。如卜筮之类,皆是心自有此物,只说你心上事,才动必应也。②

朱熹的这种解读基本上是一种"宋代版的、朴素的、自然科学的解释"。通过这段描述我们可以看到的是,朱熹的内心中时刻有一个纠结的存在:"信风水的效用"与"反鬼神的神秘性"。这种"纠结"如果用现代的地理学知

① 原文曰:"某旧时亦要无所不学,禅、道、文章、楚辞、诗、兵法,事事要学,出入时无数文字,事事有两册。"黎靖德:《朱子语类》卷一○四,《自论为学工夫》,北京:中华书局,1986年,第2620页。
② 黎靖德:《朱子语类》卷三,《鬼神》,北京:中华书局,1986年,第34页。

识来解释,是很容易被化解的。① 但在科技水平还不发达的南宋,这种"纠结"是很难被解释的,因此"不纠结"反倒是一件不正常的事。

这种近似"科学"的思想最终导致朱熹对佛教的依赖越来越远,但直接促进朱熹思想转变的事件,则是在同安一任上的豪强滑吏的"横行乡里"却没有得到任何的惩罚。禅宗的避世内驱力导致这种"类似阿Q"的理论在现实问题上往往无能为力。一个有意思的现象是,佛教是因为它的"实用主义"被古代中国人广泛接受,同时也会因为他的"没有效果"而遭到古代中国人的抛弃。这基本构成了中国民间式佛教基本的命运走向。对于朱熹来讲,同安一任让他看到佛教在惩恶扬善方面的失效,也让他看到解救万民于水火的方法不在彼岸世界的天外,而在于真实存在的人间世。这个人间世的实际主宰和控制者才是解决一切问题的良药。

当明白他的这个心理的转变过程,就不难理解他为什么要给新皇帝宋孝宗写那篇"劝其做圣人君子"的《封事》,也能明白在朝廷没有做出任何回应时,他为何会表现出绝望与彷徨。当朱熹同安一任满时,我们似乎看到他在泉州府衙的走廊下等待述职升迁,也在苦苦思索着自己何去何从。他明白同安一地由于地处偏僻,他很可能再被留下继续主持教育与科考。但是在同安任满前发生的赋税与民变的事件,绝望让他深深地厌倦了那种继续留下来也无力回天的无奈。在这一点,他与南宋最后那个抱着皇帝跳崖的陆秀夫其实是有着同样的心理。只不过,时代的不同也决定了青年的他不可能做出那种舍身取义的"壮举"。对于青年朱熹来说,当面对前程无望时,逃避往往成为他最为直接也最为有效的行为方式。当朱熹还没有二见李侗之前,他的内心的绝望其实已经达到极点。他的绝望既有对南宋官场的绝望,也有对自己人生的绝望。二相比较,后者的绝望更加促使他迫切寻找解脱之道。

青年时代的人在遇到挫折时,除了向外找原因外,向内找原因往往是他们最直接的表现。这也是现代常见"抑郁症"的一个主要原因。对于青年朱熹来说,他是否患有"抑郁症"这不得而知,但从他频繁出入寺庙的举动我们

---

① 如地球存在磁极,对人体有一定的作用。不同的土层含有的物质不同,对人体的作用好坏也不同。土壤构成不同,导致在丧葬时不同的选址,决定了尸体保存的时间不同。中国古代汉民族多以尸体保存长久为好事,故对丧葬的选择有独特的要求。这一切在当代地理知识中都可以得到明确的解答。但南宋对以上的概念还未可知,只能将熟知这一类知识的人(俗称阴阳先生)神秘化,认为他们掌握了一套神秘的技能,并被广为流传。

有理由怀疑他对佛教的纠葛还没有完成摆脱：不信佛教的救世与自我解脱，又找不到其他办法。他对佛教未能给自己解惑的唯一解释是自己的佛学理论还存在着提升的空间。这大约就是朱熹离开同安任时最贴近他心理的一种情景。然而这对朱熹而言，毕竟是镜花水月，最终还是会被他抛弃的。

实际上，由佛入儒是南宋那个时代朱熹所能做的唯一选择。为什么朱熹没有沉浸于道教，这恐怕是道教那套神仙体系和离群索居的方式是朱熹不能接受的。对于两宋青年士大夫来说，由王安石开启的"共商国是"一直是所有青年学子的迷梦。北宋徽宗荒唐的亡国之举虽被朱熹等人所痛恨，但社会意识的局限性也只能让朱熹等人产生"皇帝身边有坏人"的意识反映。于是这种道德式的判断丝毫不影响"共商国是"的心理依然在南宋的士大夫心中发酵，他们希望通过纠正"皇帝和共商国是者"的心性来达成良好的社会治理的目的。这种与皇帝"共商国是"的思想一直在朱熹等道学家的心中作祟，这种迷梦促使他们作了一些在后世看来不可理解的行为举动。如朱熹为什么要写那些看似道德文章的《封事》就可以理解了。或者他不愿出仕但他为什么要当帝师，也基本上是源于以上这个原因。朱熹的行为常常充满着前后矛盾，而这些矛盾又反映了这种心理。

对于青年朱熹来说，由于缺乏社会经验，他在开始做事时往往会遇到诸多挫折。朱熹的性格和生活背景，决定了他常常会做出不同于他人的选择。对于青年朱熹来说，他迫切需要一种成就感。无论是在临安的进士考试，还是在同安任主簿，他都为实现自己的人生价值寄予了厚望。但很显然，两种努力最终都以失败而告终。让朱熹感到无奈的是，失败后的他还没有发泄的借口：因为他毕竟考上了进士，因为毕竟当了一任从九品的地方官。如果朱熹对友人哭诉自己的苦处，自然会被别人看成是"矫情"。这就让朱熹不得不把所有的委屈都压制在内心之中。他能发泄的方式只能是进士及第后的疯狂学习[①]和同安一任后不管别人怎么劝也要回五夫里待命。[②] 可以说，他入仕中的两件事都成了他人生中不可抹去的污点。

有学者认为南宋虽然录取进士的名额增多，但是能考中进士也是很困

①　朱熹说："某登科后，要读书，被人横截直截，某只是不管，一面自读。"王懋竑：《朱熹年谱》，北京：中华书局，1998 年，第 6 页。

②　《朱子年谱》记载说："二十八岁。春，还同安，候代不至，罢归。"王懋竑：《朱熹年谱》，北京：中华书局，1998 年，第 6 页。这里"罢归"用得好，能体现出朱熹当时的心情与内心感受。

难。朱熹不应该不悦而是应该欢喜,他们的证据就是用南宋中进士的人数除以南宋的总人口,得出的百分比特别低。这种论证是存在着一定的问题的。南宋初年王朝战乱频繁,文化兴盛的北地多沦陷于辽国、金国之手,而偏安南地的读书人本就不多,不可以拿总人数来对比,而应该以中进士之人与读书人的总数来对比。但这又是一个难题,在那个多战乱的时代,多数读书人逃隐深山,统计工作并不易做。不过,从同安一任"候代不至"的情形来看,中进士的人数和南宋所需要的官员人数的供求之间是存在着一定的差距的,并且朱熹回到五夫里后屡次收到朝廷征召,也推测是南宋初年的官员缺口是有一定的比例。试想,如果南宋初年官员的数量足够,不至于让朝廷对于一个偏远山区的朱熹下如此大的力气。

朱熹的"不悦"是相对于姻亲刘氏家族而言,他的"五甲第九十名"与"从九品的主簿与迪功郎",无法成为他光宗耀祖的资本。刘氏家族无论是先辈还是同辈,登朝拜相之人十分常见,这足以反映出朱熹进士及第后的落寞。朱熹的仕途甚至不如他后来求见的张栻,张栻在朝廷的仕途上混得风生水起,在这一切对比下,都让早期朱熹的这种履历更没有什么显眼的地方。

后世学人对朱熹的理解往往是加持了他中年后的成就,集中于张栻与吕祖谦死后的朱熹"集大成"的样子。相对于风光无限的中年朱熹,青年朱熹此时正在度劫。他不知道自己将以什么样的心态来面对这些突如其来的苦难,也不明白自己如何面对事业与家庭带来的种种困扰。他与母亲相依为命,由此上要侍奉母亲祝氏,中要照应妻子刘清四,下要看管两个嗷嗷待哺的孩童。此时的他,一直处在一种内外交困的巨大压力之中。

不过,正如凤凰涅槃需要将自己焚烧殆尽一样,朱熹即将迎来他人生的转折与高峰。二见李侗后,他踏上了一条儒家的康庄大道,逐渐去除深藏于内的心魔。只不过,此时佛教的羁绊还没有完全褪去,他还需要远赴他乡才能彻底洗涤自己的混浊心灵。不过,同安一任的凤凰涅槃,让人们慢慢看到了历史中常见的那个朱熹的雏形,注定他将以不平凡的方式来度过余下的人生时光。

第七章　共商国是

共商国是是南宋初年很多儒家士大夫的迷梦,他们对王安石的"共商国是"依然保持着眷恋。儒家士大夫虽然面对着国破家亡的历史背景,但这种心理的期盼却依然存在。虽然他们依然坚守着儒家的道德本心,但"为天地立心,为生民立命,为往圣继绝学,为万世开太平"的事功需求并没有减少。这是宋代一种有趣的政治现象。

第一节　失　望

从南剑州(福建)到潭州(湖南)有千里之遥,朱熹初次去潭州,可说他即有散心之意,又有求道之嫌。无论如何,此次朱熹离开了南剑,是带来愁容和不甘起程的。在向李侗求道后,他虽然在儒佛之道上基本上明晰了自己的未来人生取向,坚守了道学的儒家本心,但是让他困惑的是,他所学的一些儒法是否有"经世致用"的可能性。因为李侗的默坐澄心虽然在个人心性培养上有其独到之功,但在治国平天下方面却难有实际的功效。

虽然此时未见他如陈亮一般有事功之意,但对于青年朱熹来说,为国的事功之心此时应该还是十分旺盛。特别是在宋高宗禅位后,这使他再次燃起为国效力的雄心。因为宋高宗没有子嗣,他便从宋太祖赵匡胤的后代中选出一个贤能的小孩作为自己的皇位继承人,这便是宋孝宗。因为宋高宗赵构是宋太宗赵匡义(改名光义)的后代,这就导致宋高宗与宋孝宗之间相隔了较远的血亲关系。① 因此,宋孝宗以"孝"作为他治国的理念,势必让那些以儒家为本的士大夫心生幻想。在这种背景下,远离朝堂的朱熹也开始受到影响,他怀着"共商国是"的幻想提交了那篇著名的《封事》。

于是同安一任的人生经历,让他彻底看清了自下而上的变革已经失去了可能性。现实生活中官宦的弊病与地方豪强等问题的解决,必须依靠皇权"自上而下"的变革才有办法。因此,他就把变革之道的希望落到了朝廷的皇帝身上,认为只有皇帝"正心诚意",王朝才有被挽救的可能。于是他选择的唯一方法就是利用道德文章,通过《封事》来表达他对治世的诉求。用余英时的话来说:

> 王安石变法是一次彻底失败的政治实验——这是南宋士大夫的共识。但这场实验的效应包括正面的和负面的,都继续在南宋的政治文化中占据着中心的地位。王安石的幽灵也依然附在许多士大夫的身上作祟。最明显的,理学家中有极端反对他的,如张栻;有推崇其人而排斥其学的,如朱熹;也有基本上同情他的,如他的同乡陆九渊。无论是反对还是同情,总之,王安石留下的巨大身影是挥之不去的。所以我们有充足的理由说:朱熹的时代也就是"后王安石的时代"。②

王安石与宋神宗的"共商国是"几乎成了所有儒家士大夫的理想标杆。对于青年朱熹来说,虽然他内心中不赞同王安石变法的部分内容,但是不可能不受其影响。而这一切,在宋孝宗广传贤德外表下让朱熹看到了为国献策的希望。青年朱熹的希望显然也是不现实的。

然而,宋孝宗赵昚并不是一个言如其人的皇帝。他不纯正的传位身份和离奇的人生经历也注定了他的皇帝之路是无法呈现出皇帝应有的杀伐果决。因为宋孝宗不是宋高宗的亲儿子,是被宋高宗"选择"出来的后继人,因此要承受多方来自非血亲的压力才能在历史舞台上站稳脚跟。他在执政方面经常要附和宋高宗的执政观念,宋高宗禅位后又直接成为太上皇,这也给

---

① 赵匡胤与赵匡义是亲兄弟。于是,当赵匡义取得王位后,他自然将王权传给自己的儿子和后代,而赵匡胤的儿子及后代则变成"八王"。宋高宗是赵匡义的唯存的血脉,其他的王亲均在靖康之难时被掳到北国。他又在苗刘病变时丧失了生育能力,故只能从另一个皇亲中寻找继承人。宋孝宗就是"八王"系统中选继承人,历史在南、北宋不同的时空中完成了一个有趣的逆转。

② 余英时:《朱熹的历史世界:宋代士大夫政治文化的研究》,北京:生活·读书·新知三联书店,2004年,序第8~9页。

他这个接任皇帝带来不少的困扰。时事的发展让朱熹看到同安悲剧的王朝式上演。束景南说：

> 绍兴三十二年(1152年)八月，就在朱熹上封事后没有多久，起居舍人洪迈、知阁门事张抡使金因贪生怕死，大辱国命而归。参知政事史浩极力撺掇赵眘尽弃陕西之地，川陕宣谕使虞允文连上十五疏力陈不可，反以显谟阁直学士罢知夔州，但不久赵眘却又命他赴阙奏事。①

宋孝宗的反复无常，使朱熹明白同安之事的根源并不仅仅是同安一地的问题，这让他对自己的从政之路再次感到失望。朱熹说："皇帝停止对北上的讨伐，我开始就知道这个结果。只是不知道到'阙'中相见时，又会有什么样的变故。这件事的变动很大，已经不是人力可以左右的了。"②在朱熹对时事的评论来看，他知道不管虞允文到"阙"后做了什么，可能一切都是未知之数了。这里表明他对宋孝宗的施政再难抱有什么希望，失望的心情再次唤起了他同安一任的官宦生涯的回忆。

如果说宋孝宗表现出的举棋不定和左右逢源让朱熹看不到从事政事的希望，那么他与汪应辰等人的交往则让他对政事彻底失望。在朱熹为数不多的官宦生涯中，汪应辰无疑给他带来了巨大的希望，也是朱熹在同安一任后看到的为数不多的曙光。束景南更是称："朱熹这时对政事也表现出前所未有的关心。"③朱熹与汪应辰的渊源有三个方面：一是他与汪应辰有一定的亲戚关系，汪应辰是他的远房表叔；二是汪应辰那时刚好来知福州，与朱熹生活的武夷山较为接近；三是汪应辰到福州时间很短，不熟悉福建本土的情况，需要在一些事情上垂询朱熹。汪应辰的知福州，对朱熹来说无疑是一场千载难逢的好机会。因此，汪应辰也成为他对王朝政事抱有希望的最后一根稻草。

然而有趣的是，历史中的墨菲定律在哪一个朝代也不会过时，汪应辰并没有让朱熹的官宦自信心再次拾起。相反，他的与民争利的做法让朱熹从他身上再次"看"到了同安一任中豪强滑吏的样子。朱熹还没到福州见汪应

---

①　束景南：《朱子大传："性"的救赎之路》，上海：复旦大学出版社，2016年，第172页。

②　原文曰："上以其留行讨贼，始甚知之，不知到阙相见，又如何也。此事系消长，非人力所及。"朱熹撰，朱杰人等主编：《朱子全书》第25册，上海：上海古籍出版社，合肥：安徽教育出版社，2002年，第4837页。

③　束景南：《朱子大传："性"的救赎之路》，上海：复旦大学出版社，2016年，第172页。

臣时,他"积极赞助他实施更革,替他具体谋划,废除扰民苛政"。[1] 而二人真正见面后,汪应辰却对朱熹的建议置若罔闻,并不理睬。特别对于朱熹一直心系的与民争利的问题上,汪应辰并没有采纳他的建议。[2] 这让朱熹陷入深深的绝望。这对朱熹的伤害很大,因为与汪应辰真正相见之前,他一直是朱熹比较欣赏的官员。对于偶像的绝望,让朱熹很难再从官宦失望的深渊里再次爬出来。

当然,从现代政治学的角度来分析,青年朱熹的行政之法确实过于青涩,或者他的实政方式过于理想。但是朱熹是真正在同安一任上感受过"与民争利"带来的惨状。他是真实的感受过民众由于豪强滑吏的压榨被迫起义造反,再被自己和同僚们镇压下去,他的"青涩"和"理想"并不是没有源头。这深深的内在矛盾势必让他对汪应辰的选择感到绝望。而这种绝望也决定了他以后无论何人再有对他为官的举荐,他都选择罢官归隐。

第二节 绝 望

人在青年时代遭受的人生机遇,确实可以影响人的一生。在人生早期的关键节点上没有得到相应的心理预期,决定了他以后即使有再多的回报,也无法弥补原来的遗憾。对于朱熹而言,同安一任给他带来最大的心结莫过于"与民争利"。因此,他与汪应辰接洽的目的也在于希望借助汪应辰施政之功来化解他心中的症结。然而与朱熹的预期不同的是,汪应辰眼中的"与民争利"却只是从政的方式。这位久经官宦生涯的政界前辈认为,简单放弃"与民争利"是一种政治"不成熟"的表现。朱熹与汪应辰对"与民争利"的态度不同,也就决定了二者的"蜜月期"在福州见面后就划上了句号。因此,以后无论汪应辰

---

[1] 束景南:《朱子大传:"性"的救赎之路》,上海:复旦大学出版社,2016 年,第 172 页。

[2] 朱熹与汪应辰的分歧主要体现在盐法的问题上。朱熹认为要变革盐法,使之不与民争利。他认为海仓和下四州诸县的买纳是病"民"的两大弊害。因此,他在给陈季若的信中就对盐法的利弊做了详细的说明。但是汪应辰却不赞同朱熹的做法,他在给宰相陈康伯的信中就表达了这种想法。原文曰:"惟是卖盐一事,顷岁承乏,见帅司财用窘迫殊甚,尝谋与郑少嘉、朱元晦、陈季若,惟元晦以谓宁可作穷知州,不可与民争利,而少嘉、季若则以为可。故于三人中从二人之言。"这段引文基本上就否定了朱熹"与民和解"的意图,也彻底断了朱熹的为官之念。

如何提拔朱熹出仕为官,也无法再激起朱熹对官场的任何希望。他在得知汪应辰否定了自己的举荐时产生了深深的绝望。朱熹对这位有着亲戚关系的朝中重臣的评论是:"诸公只好闲处说葛藤,缓急实难仗也。"①于是从此以后,无论汪应辰如何举荐,朱熹再也不肯轻易应召入朝。②

在王朝危难与豪强滑吏的双重冲击下,足以让朱熹对南宋一朝的政事逐渐失去了信心。从此以后,他除了宋宁宗执政后偶然成为帝师让他看到从政的一点希望外,他的一生中对王朝政事多充满着悲观之态。这种悲观即使在后来他去江西知南康军,基本上也是没有改变。于是宋宁宗的召见不过是他悲观从政之路上的回光返照,是他对朝廷绝望前的最后一次挣扎。宋宁宗的虚假之请最终在不足百天的"求教"过程中完全暴露无遗。朱熹在南宋一朝实现"共商国是"的内在期盼无疑又在朱熹的一生中变成了一次笑话。

对于此时的青年朱熹来说,北宋君臣相敬的从政之事虽还未在内心中消失,但现实的种种让他明白一切努力都是徒劳的。这种来自身心内外的煎熬,或许是最折磨人的。一切的一切,都要求朱熹从另一个角度来化解他在从政时获得的衰败感。而这一切随着道南心性之学的再度被拾起,给正在迷茫中的朱熹带来一些安慰。在自己的人生十字路口上的青年朱熹,道南之学在他茫然不知所措的时候提供了一种启迪和安慰。

李侗的道南诣决虽然在儒佛论证中发挥了重要的历史地位,但由于他们的工夫目的主要在于内在的心性修炼上,这对于治国的外王之道显然是不适合的。这一点在朱熹初见李侗时就应该有所感受。同时,同安一任对他的打击,也让他知道以主导"未发"③修养工夫的道南学派只是构成治国之策的理论根基,却无法提供实际的可操作性。这就是说,朱熹在李侗那里学到的道南之学,似乎构成了他治世之路上的"小学",是"齐家治国"的前期必要准备。但这种偏重于"形而上"痕迹的"小学"理论显然是无法与时代相契合的,这也决定他在使用《中庸》的思想来理解两宋王朝政事时,往往无法看到这种"未发"工夫的现实功效。而且这种方法与道教的修养方式又过于相

---

① 朱熹撰,朱杰人等主编:《朱子全书》第25册,上海:上海古籍出版社,合肥:安徽教育出版社,2002年,第4837页。

② 束景南:《朱子大传:"性"的救赎之路》,上海:复旦大学出版社,2016年,第173页。

③ "未发":发展内向的直觉体验,把主静之功作为主体修养的手段,以为穷理致知奠定基础。(陈来:《朱子哲学研究》,北京:生活·读书·新知三联书店,2012年,第14页。)

像,在齐家治世效果上与道教难有实质的区别,这就导致宋孝宗对这些来自武夷山的"山林儒们"采取一种漠视的态度。同时囿于这种思想的影响,朱熹从青年到中年的参政方略基本上就陷入这个奇怪魔咒的怪圈里而无法自拔。因此,无论是他的早期《封事》,还是他在成为帝师时的君前奏对,依然还是采取以抽象的形而上的"圣人"未发工夫作为他参政的主要路径。

这套参政方法在明朝和清朝的鼎盛时期或许还有它一定的功效,但问题是朱熹所处的时代是分崩离析的南宋王朝,这种过于集中在形而上的道德之教自然无法发挥它的作用。当中兴四将(岳飞、韩世忠、张浚和刘光世)除了张浚还苟延残喘地活着,其他三人要么被杀,要么就以各种奇怪的方式退出历史的舞台。即使张浚后来被重用,也出现了"廉颇老矣,尚能饭否"的时代困局。从宋孝宗时张浚起兵后的频繁失利,就可以看出这个看似富裕强大的南宋实际上一直处于"内无法安其民,外无法祛其兵"的历史窘境中。因此,当朱熹在短时间以"圣人之道"来为皇帝出谋划策时,他不足百天就被赶走也是成了无法避免的结局了。可见道南一脉对朱熹的影响不可谓不深。这种影响虽然帮助朱熹逐渐解开了自己的心结(从进士及第到同安一任的各种心理困惑),但面对南宋王朝的劫难却显得惨淡乏力。

作为一代文人,朱熹身知自己能做的不是效力疆场,铁马冰河,而是以文人特有的方式,用儒家的理念将南宋国民的破碎身心集中在一处。在他看来,选择了儒家的圣人之道是这种团结民心的有效方式。正因为如此,青年朱熹在看到了凝聚国民团结的方法后,明确了自己今生奋斗的目标。于是接下来他要做的就是如何将这些"目的"一步步地实现。

同安一任的种种负面经历让朱熹明白,他要帮助这个偏安一隅的王朝凝聚人心,他首先要解决的就是朝廷"与民争利"的这个问题。北宋徽宗之所以由一个盛世王朝变成一个被灭亡的王朝,就源于宋徽宗后期施政的错误。特别是因他个人的喜好(修建艮岳),耗费大量的人力物力,最终导致的与民争利的事实。之后,以宋江、方腊等起义军四起,王朝开始民不聊生,这才给金朝入侵北宋以至被灭国带来机会。可以说,朱熹中年后一直主张士大夫与皇帝要"存天理,灭人欲",从某种程度上来讲是对宋徽宗一种无形的批判。朱熹认为如果没有他对人欲的放纵,就不会导致朝廷中出现蔡京的荒淫,米芾的浪荡。最后导致朝廷内君不君,臣不臣,礼崩乐坏,国破家亡。

因此,青年朱熹明白:他要想扭转这个四面楚歌的王朝,他一定要在根源上解决"皇帝和士大夫"的放纵人欲问题。清晰了这一点,我们就会明白朱熹为什么要写那篇看似政治不成熟的《封事》。以道德的方法来约束南宋君臣以防止他们重走北宋灭国的老路,是朱熹为这个积贫积弱的王朝开出的一剂药。但是朱熹开出的这剂注定是苦药,是无法让南宋的君臣下咽的。因此,他的《封事》最终石沉大海,也就是见怪不怪的事了。当然,南宋初期的皇帝也并非昏庸之辈,他们能看到朱熹方法或许可行,但是他们明白他的方法很可能是南宋版的"王安石变法",这是他们需要警惕的。因此,在汪应辰等人再次保举朱熹出世为官时,在朝堂上实际也没有太多的阻碍。只是朱熹明白:自己即使出仕,也无法改变这个朝局,所以选择了屡次辞官。但是他的辞官之举让朝廷感到不满,为后来的庆元党禁埋下了隐患。

第三节　希　望

相比于朱熹被皇帝冷落,张栻在仕途上则混得风生水起。无论是早期的家庭教育,还是张栻自己的天赋,张栻都是过早地熟悉朝中的政事。他清楚在治国之道上,道南学派的儒家方法可能无法适应这个风雨飘零的王朝。他最后选择是积极向皇权靠拢,取得皇帝的赏识,进而开始自己的施政方略。他不再是以道德文章作为自己的立世之基,这与朱熹有很大的不同。因此,张栻虽然在乾道三年(1167年)就已经完成了《孟子讲义》《论语说》的部分草稿,及《诸葛忠武侯传》《经世纪年》,但他最终还是选择了更切合实际的为官之路。

当然,青年朱熹并不是固守经典的"老夫子",他也试图以仕宦之路达到治国宏愿。但是个人的经历让朱熹的世界总是以一种悲观的际遇呈现出来,除进士及第未达预期与同安一任的草草收场外,朱熹辞官回五夫里后他的所见所闻,也让朱熹对这个朝廷失望至极。到来湖南见张栻前,朱熹所生活的崇安地区暴发大水,造成田地房屋基本全被摧毁,众多百姓流离失所,无家可归。由于灾情严重,朱熹被当地的州官传檄参加这次赈灾抚恤事宜。然而让朱熹万万没有想到的是,这次赈灾活动真正让朱熹对官场的所作所为感到震惊:"朝廷派遣的赈使到处张榜扬言要施米十日,但赈米的轺车匆匆从道途开过,抢到救济米的只是一帮市井无赖,深山饥民颗粒未得。朱熹在荒山穷谷辛苦奔走了十天,他从寺溪经杉木,入长涧出杨村,只看到房舍、阡陌全浸泡在洪水之中,沙石覆盖川原,尸骨震野。"①这种赈灾过程呈现出来的"形式主义"与"无能",让朱熹痛心疾首。这一切都被朱熹记录在《杉木长涧四首》诗中:

(一)

我行杉木道,弛辔长涧东。伤哉半菽子,复此巨浸攻。

沙石半川原,阡陌无遗踪。室庐或仅存,釜甑久已空。

压溺余鳏孤,悲号走哀恫。赙恤岂不勤,丧养何能供?

我非肉食徒,自闭一亩宫。箪瓢正可乐,禹稷安能同?

竭来一经行,歔欷涕无从。所惭越尊俎,岂惮劳吾躬。

攀跻倦冢顶,永歔回凄风。眷焉抚四海,失志嗟何穷!

(二)

朝发长涧头,夕宿长涧尾。伤哉长涧人,祸变乃如此!

(三)

县官发廪存鳏孤,民气未觉回昭苏。

老农向我更挥涕,陂坏渠绝田苗枯!

(四)

阡陌纵横不可寻,死伤狼藉正悲吟。

若知赤子元无罪,合有人间父母心。②

这种人生际遇让他对同安一任的回忆再度被唤起。他知道,如果皇帝与士大夫官员无法"正心、诚意",那么无论他们如何努力,普通民众在外有强敌、内有灾祸的背景下,是无法继续保卫着这个风雨飘摇的王朝。事实证明也是如此。在南宋与金的多次会战中,一些南宋的百姓竟然为金军引路导致宋军大败而归。甚至南宋后期,蒙古水师中由于有大量南宋民众的加入,使这个本来只适应草原的部族拥有了强大的水师,最终灭亡了整个南宋。这些都与地方豪强滑吏的反向促动是离不开的。同安一任宦海生涯及朝廷之远的悲苦景象,让青年朱熹已经看到南宋那深入骨髓的存在危机。但是他的眼界及他的过往人生是无法帮他找到救国救民的答案。在这一点上,他和张栻有最大的不同。

---

① 束景南:《朱子大传:"性"的救赎之路》,上海:复旦大学出版社,2016年,第215页。

② 朱熹撰,朱杰人等主编:《朱子全书》第20册,上海:上海古籍出版社,合肥:安徽教育出版社,2002年,第549~550页。

在一定程度上,张栻的仕途"成功"铸造了朱熹施展人生抱负的一线希望。朱熹来湖南见张栻,除了有散心的原因外,同他交流治世之惑应也是他本次的一个主要内容。为了说清楚这件事,首先还是要先介绍一下张栻。

张栻①是典型的官宦子弟,他的父亲张浚对南宋前期的政权稳固功不可没。南宋高宗绍兴三年(1133 年),张栻出生于四川阆中,这刚好是其父张浚率吴玠、吴璘大败金军于和尚原之后的第三年。四年后的绍兴七年(1137年),张浚落职,张栻随父至永州(今湖南连州市)居住,从小在家庭受到张浚亲自教授孔子儒家忠孝仁义的教育。张栻十四岁(绍兴十六年,1146 年)随父张浚谪居连州(今广东连县),从王大宝游学。此时,张浚又亲自教授张栻《周易》及儒家仁义之道,开始受二程理学思想的影响。张栻二十九岁(绍兴三十一年,1161 年)前往衡山拜见胡宏(胡五峰)为师,问道河南程氏学,开始接收胡宏的孔子仁义之旨和二程的理学思想。师徒相见甚喜。② 但是张栻拜胡宏为师时间比较短,胡宏在接纳张栻为弟子的当年即去世。胡宏去世后,张栻随父居潭州城南之妙高峰,筑城南书院,继续秉持胡宏的湖湘之脉,开始以教书立说。

朱熹与张栻在南宋孝宗隆兴元年(1163 年)首次相见。隆兴二年(1164年),张栻父亲张浚逝世时,张栻护丧归潭州,乘舟行至豫章(今江西南昌),朱熹登船拜祭张浚,这是他们的第二次会面。这次朱熹与张栻交流时间比较长,他从豫章上船,送至丰城下船,与张栻进行了三天三夜的交谈。这次会见,张栻给朱熹留下了深刻的印象。以后两人不断书信往来,交流学术。乾道三年(1167 年),张栻三十五岁,开始主讲岳麓、城南两书院,他的仕途之路也慢慢开始。

此时,朱熹正在被政事的烦心和道南学派的局限而无法自拔。因此,借此张栻开讲的机会出走湖南散心,也是他顺理成章的事情了。这次朱熹出行并不是一个人出发,而是带着弟子范念德、林用中等人一行人从福建崇安

---

① 张栻,字敬夫,后避讳改字钦夫,又字乐斋,号南轩,学者称南轩先生。我们在《朱子文集》中常见的"敬夫"、"钦夫",指的就是张栻。

② 胡宏在《与孙正孺》的信中说:"敬夫特访陋居,一见真如故。交言气契,合天下之英也。见其胸中甚正,且大日进不息,不可以浅局量也。河南之门,有人继起,幸甚幸甚。"(胡宏:《五峰集》卷二,钦定四库全书·集部,第 86 页。)大意为:"敬夫(张栻)特意来访,(我们)一见面就好像旧交相见,说话语气契合,真是天下的英才啊。(我)看到他心中有正气,日进不息,而且不可以用浅气量的。(我们)学派之门,后继有人,真是幸事啊。"

(武夷山)启程前往长沙。这促成了两人的第三次会面。此次会面,青年朱熹在与张栻的交流中逐渐理清了思路,完成了从佛到儒的最后演变。他的理学系统也在这样的背景下逐渐建立起来。

朱熹到长沙之前可能也未曾想过要讨论一些什么问题,散心的成分可能更多。对于湖湘学派,他所知道的可能就是《论语》与《孟子》的研究较为精深。因此他此次来湖南,求道之心与排忧之心共存。但是他没有想到的是,他与张栻在讨论《中庸》的已发、未发、察识、涵养、太极、仁等理学问题时,出现了激烈的争论。这是朱熹没有想到的。在这次激烈的讨论中,朱熹和张栻都发现了道南学派与湖湘学派在历史的发展过程中竟然出现了如此巨大的差别。其实,胡安国与胡五峰本来就是武夷山人,与道南学派是同宗同源。但是历经时间的发展,胡氏父子在湖湘的儒学发展过程中,逐渐发展出一条与道南截然不同的儒家修身路径。

而这一方面,正是李侗等道南一派在发展过程中被弱化或舍弃的。张栻的"主敬"思想相对于李侗的"主静",无论是在现实应用,还是理论论证上,明显都更有说服力。这里除了李侗最早告诉朱熹的"理一分殊"外,其他的方面都让朱熹感受到湖湘学派可能更有发展的前景,所以最初朱熹是接收了张栻的观点。但是张栻的观点并没有让朱熹完全感到满意,导致二人关于上述议题又讨论多次。思想的机锋有时并不简单是学术真理性的交流,而是交流双方两种认知的不断升级。朱熹未曾想到的是,这次他与张栻的交锋却意外打开了自己曾有的心结。他的悲观情绪在这种类似"宣泄"的讲学中,开始慢慢消淡。此次会讲盛况空前,对朱熹自己的自信心的塑造起到了至关重要的作用。他在这种争论中逐渐找到了自己的人生之路,自己的学术体系也慢慢地形成。

乾道四年(1168年),朱熹对张栻在《艮斋铭》中提出的先察识后存养,即先在自己的思想中寻找和发现善的苗头,然后对此良心发现处加以培养扩充,体认性之大本的修养方法做了肯定。但不久朱熹又认为张栻先察识、后存养的方法不妥,其过失在于超越次第,流于虚谈。此后,朱熹与张栻围绕着致察、操存之序,未发、已发等中和之义,通过书信往返展开了讨论。乾道五年(1169年),朱熹继续就未发、已发和省察、涵养之序的问题再次与张栻展开讨论,最终他感悟到儒家思想的精髓。

第八章　求道湖湘

　　青年时代的朱熹离开福建的机会不多,除福建本土外,他去过的地方一是进士及第的浙江临安,一是婺源展墓的江西。湖湘(湖南代称)之地,是朱熹从未踏足过的。他之所以选择去湖南,应该与他的老师胡宪与湖湘学派的创世人胡安国是本家有一定的关系。否则,朱熹不会去那个对他十分陌生的地方。朱熹自己也没有想到,此次赴湖南会对他的人生产生如此巨大的影响。可以说,此次湖南之行帮助朱熹真正完成从青涩变成成熟,从忧伤寡欢的青年变成不谙世事的大儒。人世间就是这样,一种不经意的举动,就改变了人的一生,这其中充满了很多耐人寻味的存在。

第一节　问　道

一、求道延平与儒心唤醒

　　青年朱熹早期的倾佛思想并不妨碍他心中本有的儒家根脉。他的整个家族和师承对禅学的偏爱,并没有阻碍朱熹士大夫的孔孟本心。无怪乎很多学者都认为宋朝的士大夫都是杂糅儒释道三家的。陈来认为:"如果以为朱熹当时已背弃孔孟,完全沉溺佛老之中,也是片面的,至少无法解释这一事实:何以朱熹拜见李侗后,虽言语未契,却能依李之说将禅学搁置一边,转而专意圣贤之书。"①实际上,朱熹早年就有倾佛的想法,多有"兴趣使然"的成分居多。他后来总结自己早年求学时说:"某旧时亦要无所不学,禅、道、

---

① 陈来:《朱子哲学研究》,北京:生活·读书·新知三联书店,2012 年,第 37 页。

文章、《楚辞》、诗、兵法,事事要学,出入时无数文字,事事有两册。一日忽思之曰:且慢,我只一个浑身,如何兼得许多?"①意思是说,我青年的时候什么都要学一些,什么禅学、道术、文章、《楚辞》《诗经》、兵法,什么都要学,无论在家里还是外出,基本上都有两册书伴随左右。可见禅学并非其主要的用心所向。因此"在这一时期,朱熹也没有从根本上放弃儒者之学"②。但朱熹的向儒思想并非说明他对之前的两宋儒学思想抱有完全的肯定态度,相反,在遇李侗之前,他的父亲朱松、老师三君子对朱熹的儒学教导从未让朱熹对"道南儒学"感到满意。朱熹的这种怀疑虽未见文字方式呈现给世人,但从他与道谦和尚二人邂逅的经历来看,禅宗思想对他早期思想的影响还是占有相当大的比例。特别是他用了道谦的禅学方法取得了"进士"的功名后,他对儒家的怀疑应该是持上升趋势的。这可以从他早期的一些诗歌中可以见到这种迹象。如《久雨斋居诵经》:

> 端居独无事,聊披释氏书。
>
> 暂释尘累牵,超然与道俱。
>
> 门掩竹林幽,禽鸣山雨余。
>
> 了此无为法,身心同晏如。③

但此时他的内心虽然有向佛之念头,但"参究二氏(佛、道思想)的结果并没有使他感到真有所得"④。在佛门里的苦求并没有得到朱熹想要的答案,于是才会有朱熹得见李侗后,能唤起他如此强烈的思想转变。他曾说:"对于禅学我曾经反复研究,总是觉得它的理论无法让我信服。后来听到了李侗先生的儒家见解,开始还有些怀疑……后来时间长了,才发现他说的高妙之处。"⑤可以说,李侗重新点燃了朱熹的从儒之道。

---

① 黎靖德:《朱子语类》卷一〇四,《自论为学工夫》,北京:中华书局,1986年,第2620页。

② 陈来:《朱子哲学研究》,北京:生活·读书·新知三联书店,2012年,第40页。

③ 朱熹撰,朱杰人等主编:《朱子全书》第20册,上海:上海古籍出版社,合肥:安徽教育出版社,2002年,第232页。

④ 陈来:《朱子哲学研究》,北京:生活·读书·新知三联书店,2012年,第41页。

⑤ 原文曰:"旧尝参究后,颇疑其不是。及见李先生之言,初亦信未及……后年岁间渐见其非。"黎靖德:《朱子语类》卷一二六,《释氏》,北京:中华书局,1986年,第3040页。

但是李侗是典型的道南学派①,他这一脉儒家与佛家在修养方法上十分相似。朱熹求教李侗之后就发现了这个问题,他说:"原来自己学习的方法与禅学是十分相似的,所不同只是一些细节。然而这些细节并没有什么太大的区别。"②显然,他认为以李侗为主的道南学派的修养工夫论与他早年在道谦禅师处学的工夫论极为相近。③ 这种情况产生了两种后果:一是朱熹能如何之快的接受李侗的思想,与道南学派的这个特点是离不开的。正因为道南学派近似禅宗的特征,才使朱熹对道南学派理论的接收过程中,不会出现明显的"排异反应"④。二是这也为青年朱熹后来对道南之学不满,去湖南求道埋下了伏笔。

道南学派的诸先师与主张"山林儒"三君子的近佛思想比较相似,但也有所不同。这种不同让青年朱熹感到好奇,导致了李侗引领朱熹"重归儒门"的最终结果。

理学家因出入禅宗,也注意到这一心理体验,然而与禅宗不同,他们企图把这种内心体验作为提高人的品格境界和心性修养的手段。这是由于内心体验的结果很大程度上与主体的潜意识有关,即体验者为这种体验规定的目的:是追求宗教心理境界还是追求道德心理境界。⑤

也就是说,李侗的道南工夫与三君的"昭昭灵灵的禅"及"不远复"儒禅工夫相比,在儒家方面显得更加纯粹。这种"纯粹的体验"终于将朱熹拉回儒门。

---

① 陈来指出:"朱熹早年最重要的老师是李侗(延平),李侗学出罗从彦(豫章),罗从彦受业于二程高弟杨时(龟山)。龟山—豫章—延平—考亭这一传承系统一般称之为道南学派。然而如果仅仅从师承着眼,不能理解道南的特点及道南发展到朱熹出现的重大变化,就不能认识理学由北宋到南宋的发展,也就不能认识朱熹出现的意义以及朱熹早期思想演变的基本线索。"陈来:《朱子哲学研究》,北京:生活·读书·新知三联书店,2012 年,第 183 页。

② 原文是:"元来此事与禅学十分相似,所争毫末耳。然此毫末却甚占地位,今学者既不知禅,而禅者又不知学,互相排击,都不劄着痛处,亦可笑耳。"朱熹撰,朱杰人等主编:《朱子全书》第 25 册,上海:上海古籍出版社,合肥:安徽教育出版社,2002 年,第 4748 页。

③ 陈来指出,朱熹早年曾从开善、道谦禅师(大慧弟子)下功夫,对禅宗"里面体认"非常熟悉(见延平与罗博文书)。参见陈来:《朱子哲学研究》,北京:生活·读书·新知三联书店,2012 年,第 185 页。

④ 排异反应(transplant rejection),医学术学,本指生物体对抗外来异体组织所产生排斥现象与免疫反应。这里指朱熹对李延平理论的顺利接受。

⑤ 陈来:《朱子哲学研究》,北京:生活·读书·新知三联书店,2012 年,第 185 页。

二、道南指诀与丙戌之悟

李侗的"未发"思想应被认为是朱熹回归儒门标志性的一步。那么,这个"未发"是什么意思呢?主要是指对内心的"起心动念"的一种控制。也就是说,从人的内心处不让生出贪嗔痴的念头。这与禅宗某些宗派的修行法门差不多,只不过李侗这里强调是"这种工夫源于儒家而不源于佛教",也就是禅宗是佛教"偷了"儒家的工夫,而不是儒家学了佛教。这种次序的颠倒也预示着儒家向着纯粹之学的回归。[①]

"未发"思想可追溯到《中庸》中的"喜怒哀乐之未发,谓之中;发而皆中节,谓之和。"[②]《中庸》里的这个"已发未发问题"又被后世学者称为中和问题。青年朱熹在受学李侗时对中和问题的处理,对他当时理学思想的形成造成了极大的困难。但是这一时期,李侗又过早地去世,让这问题一直困扰着青年朱熹。"未发"问题也预示朱熹的儒门回归过程并不是进行得一帆风顺。但是有时候一个久久无法解决的问题,可能就构成了人生发生质变的催化剂。朱熹关于"已发、未发"两个问题的深入思考,最终造就了中年朱熹儒家思想成熟的结果。所以后世学者将两次中和之说称为朱熹思想发展中重要里程碑。[③]陈来说:

> 朱熹早年的中和思想曾经有过两次重要演变,第一次即序中所谓"一日喟然叹曰"的见解,学者一般称为"中和旧说"(王白田《年谱》以中和旧说悟于乾道丙戌,故亦称丙戌之悟);第二次即序中所说"己丑之春"的"冻解冰释",一般称为己丑之悟。[④]

这里需要说明的是,朱熹的"未发"思想也就是后世所称的"中和旧说",

[①]　关于这个问题的争论还有"尽心知性"和"明心见性"问题之争,反映的"到底是佛教学儒家,还是儒家学佛教"。

[②]　朱熹:《四书章句集注》,曹美秀校对,台北:台大出版中心,2016 年,第 22 页。大意为:"喜怒哀乐的情感,在心中没有发动前,叫作中;发动以后而都合乎节度,叫作和。"

[③]　陈来指出:"关于中和说的两次变化历来被认为是朱熹思想发展的重要里程碑,有必要将这一过程加以考察分析,特别是由此研究朱熹心性论的形成演变,并确定两次中和之悟在朱熹心性学说形成过程的地位和影响。"陈来:《朱子哲学研究》,北京:生活·读书·新知三联书店,2012 年,第 188 页。

[④]　陈来:《朱子哲学研究》,北京:生活·读书·新知三联书店,2012 年,第 188 页。

一般这种思潮被认为只源于李侗的道南指诀①。道南学派这种将"未发"思想定位于"儒门"之上,表面看来无可置疑,但仔细分析却发现问题重重。道南学派在对儒家的理解上确实与佛教有染,因此这里有必要介绍一下北宋儒佛相浸的历史背景。

两宋以来,禅宗势力衰微的现实导致佛教内部出现"援儒卫释"②的入世倾向。钱穆在整理两宋思想史时就指出一例:

　　契嵩以一僧人,极重儒道,盛推《中庸》,而曰《中庸》主要在学礼乐。其言礼乐,所指不在佛门,而更要在俗世所谓之王道。其重学、重礼乐、重王道,皆于程朱为近,与陆王为远。③

在道南一脉中,受这种思想影响的人不在少数。从中年朱熹对程门后学的批判中就看出这个端倪。他说:"二程的高足,比如谢上蔡、游定夫、杨龟山(杨时)这些人,后来都堕落到禅学中去了。"④对于道南之祖的杨龟山,他更加点明:"杨时取悦佛教的态度,就像李邺取悦金国人的态度一样。"⑤对杨时的后学,他又指出他们几乎近于禅学。有一次,他在与董铢的对话中,将这一现象披露殆尽:

　　问:"杨时说:'道如果没有礼的加持,则荡然无存;礼没有道的指引,则礼只会变成器皿和制度相杂的仪式。'但是道乃是一个虚无缥缈而以没有具体准则的东西,何故要说一个'道'字呢?"

　　说:"不知道。他这类说的话很多。"再问:"这样说来,很像禅学。"

　　又说:"他常如此。他的门徒如萧子庄、李西山、陈默堂都说禅。杨

　　① 陈来指出,"李侗从学罗从彦,罗从彦引导李侗'于静中看喜怒哀乐未发时作何气象',这是继承了程门杨时一派'体验于未发之前'的修养宗旨,意思是说要努力体验喜怒哀乐没有发作时的内心状态。理学认为真正体验到这种状态,加以保持,并在感情发作时使之中节,人就可以达到一个道德的境界。故朱熹曾指出'此乃龟山门下相传指诀'。"陈来:《朱子哲学研究》,北京:生活·读书·新知三联书店,2012年,第188～189页。
　　② 钱穆:《钱宾四先生全集》第20册,《读契嵩镡津集》,台北:联经出版事业公司,1998年,第116页。
　　③ 钱穆:《钱宾四先生全集》第20册,《读契嵩镡津集》,台北:联经出版事业公司,1998年,第131页。
　　④ 原文曰:"程门高弟如谢上蔡、游定夫、杨龟山辈,下梢皆入禅学去。"黎靖德:《朱子语类》卷一〇一,《程子门人》,北京:中华书局,1986年,第2556页。
　　⑤ 原文曰:"龟山张皇佛氏之势,亦如李邺张皇金虏也。"黎靖德:《朱子语类》卷一〇一,《程子门人》,北京:中华书局,1986年,第2574页。

时去世以后,李西山竟然常常推荐佛经。他的弟子中唯有罗从彦用心求道。我以前见李侗先生时,说了很多这类的道理,也是因为学过禅。李侗先生说:'你说的这些只能领会一些悬空的道理,却对面前事不加用心。道并不玄妙,只是需要你在日常琐事上做工夫,慢慢就会悟得到。'后来才明白他的道理。因此直到今天,也不再理会禅学了。①

从朱熹与董铢的对话中,可以看出道南一脉受禅学影响是非常深的。

禅宗思想对道南儒者的影响,是以当时禅学高僧明教契嵩一脉主张佛学入世思想为背景的。于是契嵩一派主导的用佛教理念来揭示儒家《中庸》思想,也在无形之中影响着道学一派对《中庸》的理解。这也就说明了为什么青年朱熹一遇到李侗,就那么容易和他产生一定的共鸣。

实际上,不仅是明教契嵩,他的大弟子大慧宗杲推行的"儒佛相浸"的思想,也在两宋交际的乱世中,影响巨大。这些北宋的大德高僧与道南一脉的交集紧密,加之两宋都城寺庙林立,统治者、士大夫多有近佛思想,使这种儒佛相浸的势头更加巩固。

禅宗主张佛教对《中庸》的关注,对道南一脉的影响应该是有据可查的。至少在大慧宗杲的弟子道谦法师与三君子的交往中,即可为一旁证。在这种背景下,陈来指出"从杨时到李侗,道南一派极力推崇《中庸》的伦理哲学,尤其注重其中的未发、已发说"②,这种事实就很容易理解了。

《中庸》最初并没有以单行本发行,它是取自《礼记》中的一篇,在汉唐两代都没有受到士大夫们的过多重视。唐末的时候,灭佛思想开始兴起,导致

---

①　原文曰:"问:'龟山言:"道非礼,则荡而无止;礼非道,则梏于器数仪章之末"。则道乃是一虚无恍惚无所准则之物,何故如此说'道'字?'曰:'不可晓。此类甚多。'因问:'如此说,则似禅矣。'曰:'固是。其徒如萧子庄、李西山、陈默堂皆说禅。龟山没,西山尝有佛经疏追荐之。唯罗先生却是着实子细去理会。某旧见李先生时,说得无限道理,也曾去学禅。李先生云:"汝恁地悬空理会得许多,而面前事却又理会不得!道亦无玄妙,只是日用间着实做工夫处理会,便自见得。"后来方晓得他说,故今日不至无理会耳。'"黎靖德:《朱子语类》卷一〇一,《程子门人》,北京:中华书局,1986年,第2568页。

②　陈来指出:"朱熹早年最重要的老师是李侗(延平),李侗学出罗从彦(豫章),罗从彦受业于二程高弟杨时(龟山)。龟山—豫章—延平—考亭这一传承系统一般称之为道南学派。然而,如果仅仅从师承着眼,不能理解道南的特点及道南发展到朱熹出现的重大变化,就不能认识理学由北宋到南宋的发展,也就不能认识朱熹出现的意义以及朱熹早期思想演变的基本线索。"陈来:《朱子哲学研究》,北京:生活·读书·新知三联书店,2012年,第183页。

了禅宗内部对反佛运动的本能反抗。这其中为了挽救禅宗衣钵失传的风险，高僧孤山智圆等一众佛徒开始走上了"儒佛会通"的抗争之路。在这种背景下，《中庸》为禅宗的佛教徒重视。钱穆曾说："盖自唐李翱以来，宋人尊《中庸》，似无先于智圆者。"①这里暂不管钱穆的评价是否为真，但他至少说明在北宋时代，禅宗对《中庸》的关注确实多于儒家。高僧明教契嵩竟然提出"然佛吾道也，儒亦窃尝闻之"②的思想。而北宋儒家的没落，也确实容易给人产生这种的感觉。比如北宋的胡瑗和陈襄等人对这种"儒引佛论"的挑战并没有给出实质性的反击，导致明教契嵩"对《中庸》的阐述可谓冠乎当时的群儒"③。

洪淑芬指出：明教契嵩"论《中庸》的'诚明'则与周敦颐遥相呼应，他是宋朝论述《中庸》的最重要大家"④。这就导致近人学者余英时都认为《中庸》在北宋时期是从释家回流入儒门的。⑤ 因此，虽然道南一派的《中庸》思想源于程明道，但禅宗的诠释显然也被道南一派吸收。在这样的背景下，朱熹判定杨时的近禅，自己对这套道南理论系统的不满，也就是人之常情了。

以上的背景说明了两个问题：一是朱熹的"由佛至儒"的思想转变是一个渐进的过程，他之所以会先接受李侗的"未发"思想，这其中有一个思想发展的过程；二是说明道南一脉传至李侗时，本身的禅宗印记依然明显。这也造成了朱熹在四见李侗后，仍无法领悟其"未发"思想要决，无奈之下，只能想从"求道湖湘"的过程找到解惑之法。

三、求道湖湘与己丑之悟

关于朱熹的"未发"思想所遭遇的主要难题。陈来指出：

> 由于未能在体验上把握未发，必须在理论上加以追溯，而理学前驱

---

① 钱穆：《钱宾四先生全集》第20册，《读智圆闲居篇》，台北：联经出版事业公司，1998年，第107页。

② 契嵩：《镡津集》，四库全书珍本第10集，台北：台湾商务印书馆，1981年，第13页。意思是说：佛，是我们的道。儒家那样人经常偷去自用。

③ 洪淑芬：《儒佛交涉与宋代儒学复兴：以智圆、契嵩、宗杲为例》，台北：大安出版社，2008年，第372页。

④ 洪淑芬：《儒佛交涉与宋代儒学复兴：以智圆、契嵩、宗杲为例》，台北：大安出版社，2008年，第372页。

⑤ 余英时：《朱熹的历史世界——宋代士大夫政治文化的研究》，台北：生活读书新知三联书店，2004年，第139页。

中关于未发、已发的学说纷纭各异,特别是二程和他们的弟子之间(包括程颐本人前后之间)在已发、未发学说上的观点互相矛盾,难以统一。如龟山一系强调"体认未发气象",注重未发时的工夫,这与程颐所谓"善观者却于已发之际观之"强调已发工夫的说法就不一致。又如湖南主先察识,察识已属已发,而这与程颐强调"存养于未发之前"的说法无法协调。此外,龟山说"当于喜怒哀乐未发之际以心体之,则中之义自见",这种把未发的工夫归结为某种"体认"的思想与程颐所说"未发更怎生求,只平日涵养便是"也有抵触。就是程颐自己,既说"存养于未发之前"又讲"善观者却于已发之际观之",两者的矛盾也很明显。他甚至说过"凡言心者皆指已发而言",照这样看,既然心任何时候都是已发,又如何去存养于未发呢? 加之程颐又说:"喜怒哀乐之未发,中也,寂然不动者也,故曰天下之大本。发而中节谓之和,和也,言感而遂通者也,故曰天下之达道。"这样,所谓未发者应当是"寂然不动"的,到哪里去找这个寂然不动者呢?[①]

这里并未将朱熹的困惑之处框定在儒门内的思想不统一,这是事实,但不完备。为了将这个问题厘清,还是需要回到"道南指诀"中来看:

> 先生(李侗)既从之(从彦)学,讲诵之余,终日危坐,以验夫喜怒哀乐未发之前气象如何,而求所谓中者,若是者盖久之,而知天下之大本真有在乎是也。"李侗向朱熹传授的仍是这一点,朱熹曾指出:"李先生教人,大抵令于静中体认大本未发时气象分明,即处事应物自然中节,此乃龟山门下相传指诀。"可见,"静中体验未发"确实是道南龟山一派的真传宗旨。[②]

从这里可以看出,实际上让朱熹困惑的是"未发"工夫与禅宗的禅定工夫的区隔在哪里? 这才是让他困惑的直接原因。青年朱熹求道李侗后的困惑还来自道南一脉与二程学说出现了不一致的现象。比如杨时提出的"体认未发气象"与程颐提出的"善观者却于已发之际观之"说法就不一致;湖湘一派主先察识(察识已属已发)与程颐强调"存养于未发之前"的说法也无法协调,杨时的"当于喜怒哀乐未发之际以心体之,则中之义自见"与程颐所说

---

① 陈来:《朱子哲学研究》,北京:生活·读书·新知三联书店,2012 年,第 189～190 页。

② 陈来:《朱子哲学研究》,北京:生活·读书·新知三联书店,2012 年,第 184 页。

"未发更怎生求,只平日涵养便是"也有抵触等。

这也就是说,朱熹从李侗处学来的"静中体验未发"的真传工夫,并没有处理好理、气、心、性、情五者的关系。朱熹也就一味批评程门后学的儒学不纯粹,有"近禅"的嫌疑。朱熹之所以被李侗的儒学所吸引,也是源于这种纯粹的儒学。这种心理上的矛盾一旦产生,就像梦魇一样在朱熹心中久久不能释怀。

实际上,朱熹的"矛盾"并不是空穴来风。道南一脉发展出这套儒学体系确实有混杂禅宗的心学体系。

> 所谓体验未发,是要求体验者超越一切思维和情感,以达到一种特别的心理体验。其基本方法是最大限度地平静思想和情绪,使个体的意识活动转而为一种心理的直觉状态,在这种高度沉静的修养中,把注意力完全集中到内心,成功的体验者常常会突发地获得一种与外部世界融为一体的浑然感受。因而道南宗旨在本质上看是直觉主义的,从理学家常常谈到这种体验来看,这种体验在个体表现上虽有种种差别,其实在性则不必怀疑。①

这种模糊不清的状态确实难以回答朱熹丙戌之悟后产生的困惑。当然,这个问题一直困扰到他与吕子约、石子重的论辩时才得到了解决。

> 心之起灭与心体常寂的区分是禅宗特别是禅宗的基本立场,禅宗所推崇的理想境界并不是取消一切意识活动,禅宗追求的"静"、"定"、"寂"并不是指对境心不起,而是指心境在任何意识状态下都能保持安宁与平和。②

> 朱熹这种以"心"为意识的立场,与心学要求设定纯粹主体、设定意识现象之后的心之本体的立场是不同的。在朱熹哲学中,体用的分析用之于心性系统,表现为"心之体为性,心之用为情"、"性发为情"、"情根于性"的界定,而拒绝把"心"分为本体的心与发用的心,像禅宗或心学所作的那样。朱熹的这种立场很大程度上是为了警惕禅宗的影响。③

实际上,这时他的"心学"架构已基本确立,但这已经是朱熹中年时期的事情了。这一时代,他的理学架构开始形成,"理一分殊"思想已经被他重新

① 陈来:《朱子哲学研究》,北京:生活·读书·新知三联书店,2012年,第184页。
② 陈来:《朱子哲学研究》,北京:生活·读书·新知三联书店,2012年,第288页。
③ 陈来:《朱子哲学研究》,北京:生活·读书·新知三联书店,2012年,第291页。

认识,他的心、性、理的架构已经完全可以处理这些问题。因此,虽然"理一分殊延平(李侗)用来分别儒学与异端的判准"①,然这并不为当时的青年朱熹所理解。

朱熹对已发、未发问题的深入思考,反映出朱熹从"求道延平"到"己丑之悟"这一段时间思考的成果。在这一段痛苦的心理纠结中,朱熹儒学思想的逐渐发展成熟,他禅学印记慢慢地从他身上消逝,他的儒学思想逐渐开始回归。

但是朱熹理学体系的建构依然离不开禅宗的影响,他的心性论与禅宗的心法还是存在着千丝万缕的联系。因此,只有处理好儒佛二者的关系,将两者之间进行清晰的化界,才能有效地"帮助"朱熹复兴儒学。

第二节　得　道

一、察识涵养与湖湘之行

朱熹对于"未发"问题的再次升级应在于朱熹求道湖南(求道湖湘)后产生的思想困惑:"张栻向朱熹介绍的湖湘之学主要是察识端倪的内容。"②这也就是说,张栻最初并没有帮助朱熹解决困惑。朱熹后来说:"张栻做工夫的地方常在思想发动处,关于警益的做法很多。这样看来,衡山之学(湖湘学派)也只是在日常的活动中来思辨和做工夫,内外一致,很容易看到效果。我是最近才理解到这个层面的,不是当时就已经轻易获得。"③这就是说:"朱熹自延平逝去,苦心考究中和之说,至丙戌有所省悟,这个过程一直是与张栻通书讲论联系在一起的,且中和旧说最后一书作于丁亥春,故湖南之行必然要讨论中和之说。"④其实,"察识涵养"是张栻给朱熹的一种解决"未发之心"的一种方法,但是从效果来看,这种方法显然没有让朱熹解惑。因此,朱

---

① 刘述先:《朱子哲学思想的发展与完成》,台北:学生书局,1982 年,第 33 页。

② 陈来:《朱子哲学研究》,北京:生活・读书・新知三联书店,2012 年,第 199 页。

③ 原文曰:"钦夫(张南轩)尝收安问,警益甚多。大抵衡山之学,只就日用处操存辨察,本末一致,尤易见功。某近觉知如此,非面未易究也。"朱熹撰,朱杰人等主编:《朱子全书》第 25 册,上海:上海古籍出版社,合肥:安徽教育出版社,2002 年,第 4747 页。

④ 陈来:《朱子哲学研究》,北京:生活・读书・新知三联书店,2012 年,第 199 页。

熹必须重新思考"未发"问题的其他解决方式,对"未发"问题进行重新推衍。陈来指出:

> 朱熹从学李侗时,李侗曾努力引导他向体验未发上发展……不管朱熹根深蒂固的章句之好是否或多大程度上妨碍他尽心于未发体验,一个明显的事实是,朱熹始终不曾找到那种体验,尽管在延平生前死后他都作了很大努力。①

"未发"问题作为一种修养的方法,在修养本心方面并没有让朱熹寻找到达德之道,更无法实现他心中内圣外王之道上的"冻解冰释"。他无法通过李侗的"未发"体验使自己通达天道,与心中理学进行良好的融通。而且这一点上,对于他用儒家的方法论来化解心中已有的"禅宗"心性论,显然说服力不足。

"未发"问题最终帮助朱熹衍化出"性"概念,因为只有到了"性"这个层面,才能让《中庸》中"喜怒哀乐之未发,谓之中;发而皆中节,谓之和"的结论有化解的可能。

在朱熹看来,将"未发"界定为"性",将"已发"界定为"情",是解决未发问题最好的答案了。于是张载的"心统性情"开始被朱熹再次重视,成为他后来伦理学体系的重要架构。在这里,张栻给出的解决方法明显不同于张横渠用"情"的界定来解决更加让朱熹信服,他主要是将"已发"之情界定为"四端之情"(即《孟子·公孙丑上》孟子所说的恻隐之心、羞恶之心、辞让之心、是非之心)。到这里,朱熹的困惑点就已经暴露出来:朱熹关于"已发、未发"问题的困扰,实际上是"援儒卫释"的佛式《中庸》与北宋不断升格的《孟子》之间的矛盾与冲突,或者说是佛式《中庸》的诠释与儒门《孟子》的诠释之间的矛盾冲突。

如果说朱熹与李侗之前的答问意味着朱熹儒学思想回归的开端,那么湖湘之行中接触到张栻的"察识涵养"则意味着朱熹对儒学思想思考的再升级,而"己丑之悟"中的"复取程氏书",则是朱熹儒学困惑彻底的化解。

---

① 陈来:《朱子哲学研究》,北京:生活·读书·新知三联书店,2012 年,第 186~187 页。

二、中和旧说与未发之路

朱子与张栻见面三次①，其中也有书信往来，他的目的就在于通过与张栻论道来化解心中之惑。刘述先认为："延平之后，烦扰朱子的为未发之问题。"②比如朱熹的这首诗：

> 昔我抱冰炭，从君识乾坤。始知太极蕴，要眇难名论。
> 谓有宁有迹，谓无复何存。惟应酬酢处，特达见本根。
> 万化自此流，千圣同兹源。旷然远莫御，惕若初不烦。
> 云何学力微，未胜物欲昏。涓涓始欲达，已被黄流吞。
> 岂知一寸胶，救此千丈浑。勉哉共无斁，此语期共敦。③

可见他去见张栻时的心中焦虑之深。刘述先认为："南轩（张栻）继承湖湘一派先察识后存养的看法，朱子则心中盘旋着延平默坐澄心之遗教，那么范念德所报导的，两先生论《中庸》之义三日夜而不能合，未必不是事实。他（朱熹）自己的体验与延平（李侗）的体验本不相类，乃造成一些矛盾，难以委决。他本人的体验以心为已发实近于南轩，但又感觉到延平之重涵养不为无理，于是提出与南轩切磋，则彼此观念先不可能完全一致，岂不是一件很自然的事。"④这是刘述先把朱熹与张栻之间的"不能契合"看成是李侗的道南系统与胡五峰、张栻的湖湘系统不兼容的结果。这当然是朱子在中和旧说中无法"达道"的一大原因。除此之外，另一个原因也不应该被忽视：那就是他心中的禅宗影响还没有被彻底根除。他无法达到李侗的"默坐澄心"的状态，但已发现儒佛杂糅的困扰。这里可从朱熹、张栻通信的大致内容中窥见一斑。朱熹在给张栻的书信里说：

> 以心来检验心，这里的麻烦很多，而且又看不到做工夫的关键之处，这也是我无法消除疑惑的一个主要原因。儒者要做的学问，大致是以穷理为先。也就是说，一物有一物的理，必须先明白这一点，然后心才能对它有所感发。至于感发时的轻重长短，那各有各的准则。《书

① 根据刘述先的记载，两次见面匆匆，一次共登衡岳。参见刘述先：《朱子哲学思想的发展与完成》，台北：学生书局，1982年，第79～80页。
② 刘述先：《朱子哲学思想的发展与完成》，台北：学生书局，1982年，第89页。
③ 朱熹撰，朱杰人等主编：《朱子全书》第20册，上海：上海古籍出版社，合肥：安徽教育出版社，2002年，第387页。
④ 刘述先：《朱子哲学思想的发展与完成》，台北：学生书局，1982年，第81页。

经》中所谓"天叙"、"天命"、"天讨"这些概念,《孟子》里谈的"物皆然,心为甚",都是这个道理。如果不在此处先让其明白,看到它这个样子就以为心就该如何反映,或者认为心中所想就是如此,这样想来毫无准则可依,这样所得出的感受与判断,哪里会符合天理的要求呢? 再比如佛教中的"擎拳竖拂"、"运水搬柴"之说,哪里看得到这个心? 哪里识得这个心? 这个绝不可与尧舜之道相提并论,正是因为它不见天理,而只认为心是主宰,故而不免于被个人的私念所蒙蔽。有前辈说过,圣人本天,佛教本心。大概就是这个意思吧。①

可见在求道湖湘的这一时期,朱熹的思想是混乱的。他的思想中杂糅着佛法、道南之说及湖湘心法。这种混乱状态,导致他离别张栻后看似有所得,实则更加重了他的困惑:"朱子此时从南轩处较进一步学到湖湘一派的心法,得益匪浅。其实他仍未必真正就把握到五峰一系的思想形态,而是在表面上,这一派入手的方法与他素常体验的彼此相合而已。'惟应酬酢处,特达见本根',这绝不是默坐澄心的先培养隔离的智慧方法。朱子的'万化自此流,千圣同兹源',与南轩的'超然会太极,眼底无全牛',显然有一契合。由此可见,两人论学始违而终合。"②刘述先认为:"经过这番讲论之后,朱子忽有所悟,乃有致南轩之几通书信论及中和,即所谓中和旧说者。"③不过,这种"忽有所悟"只是朱熹思想中的禅宗、道南之说和湖湘之说三者达到了一个暂时的平衡而已。这种平衡注定是短暂的,三者之间毕竟存在着巨大的差别,无法被朱熹有效的融通。儒佛本质的区别,道南学派与湖湘学派修养论的差距,都必然导致朱熹对"未发"进行重新理解,对它们进行重新地定位与排序,才能使青年朱熹在三者的夹击中寻找"解脱"之道。而这就要理解中和新说和定位"已发"。

---

① 原文曰:"以心察心,烦扰益甚,且又不见事物未至时用力之要,此熹所以不能亡疑也。儒者之学,大要以穷理为先。盖凡一物有一理,须先明此,然后心之所发,轻重长短,各有准则。《书》所谓'天叙'、'天命'、'天讨',《孟子》所谓'物皆然,心为甚',皆谓此也。若不于此先致其知,但见其所以为心者如此,识其所以为心者如此,泛然而无所准则,则其所存所发,亦何自而中于理乎? 且如释氏擎拳竖拂,运水般(搬)柴之说,岂不见此心? 岂不识此心? 而卒不可与入尧舜之道者,正为不见天理,而专认此心以为主宰,故不免流于自私耳。前辈有言,圣人本天,释氏本心,盖谓此也。"朱熹撰,朱杰人等主编:《朱子全书》第21册,上海:上海古籍出版社,合肥:安徽教育出版社,2002年,第1313~1314页。
② 刘述先:《朱子哲学思想的发展与完成》,台北:学生书局,1982年,第81页。
③ 刘述先:《朱子哲学思想的发展与完成》,台北:学生书局,1982年,第81页。

三、中和新说与发端完成

朱熹的中和新说之悟源于己丑年(1169年),与蔡季通讨论"未发之旨,忽然自疑。遂急转直下,而有新说之发端与完成"①,这才终于转到中和新说的道路。己丑之前,青年朱熹依然努力谋求李侗的道南之说与张栻的湖湘心法的融合,这使他"总感觉到自己常常有急迫浮露之病,无复雍容深厚之风"②;己丑之后,他才"找到毛病的症结乃在'阙却平日涵养一段工夫'"③。于是他转而采用程伊川的"涵养在用敬,进学在致知"的理论,并用此来调和道南之传与湖南心法之间的隔阂④。这段心履历程,朱熹在答程允夫的书信中介绍得十分详细:

> 去年冬天去湖南,讲论之中受益不少。然而这些"受益"均来自日常行住坐卧诸事之间做工夫时方能有感处。然后在此处继续用心琢磨,以思考到极处,方能明白其中之理。张栻的见地,是超诣卓然的,不是我一时所能达到的。近日读的文字比较多,也未来得及抄录,只是在上面做一标记,这个远胜于其他的文章。⑤

如何理解中和新说的已发、未发?可能需要从哲学的三个视角来诠释:一是可以从"主敬以立其本,穷理以进其知"方面去理解。朱熹说:"先

---

① 刘述先:《朱子哲学思想的发展与完成》,台北:学生书局,1982年,第96页。刘述先这段评述出自朱熹的《中和旧说序》。朱熹说:"余蚤从延平先生学,受《中庸》之书,求喜怒哀乐未发之旨,未达而先生没。余窃自悼其不敏,若穷人之无归。闻张钦夫得衡山胡氏学,则往从而问焉。钦夫告余以所闻,余亦未之省也,退而沉思,殆忘寝食。一日,喟然叹曰:'人自婴儿以至老死,虽语默动静之不同,然其大体莫非已发,特其未发者为未尝发尔。'自此不复有疑,以为《中庸》之旨果不外乎此矣。后得胡氏书,有与曾吉父论未发之旨者,其论又适与余意合,用是益自信。虽程子之言有不合者,亦直以为少作失传而不之信也。然间以语人,则未见有能深领会者。乾道己丑之春,为友人蔡季通言之,问辨之际,予忽自疑,斯理也,虽吾之所默识,然亦未有不可以告人者。今析之如此,其纷纠而难明也;听之如此,其冥迷而难喻也。意者乾坤易简之理,人心所同然者,殆不如是。"朱熹撰,朱杰人等主编:《朱子全书》第24册,上海:上海古籍出版社,合肥:安徽教育出版社,2002年,第3634~3635页。
② 刘述先:《朱子哲学思想的发展与完成》,台北:学生书局,1982年,第90页。
③ 刘述先:《朱子哲学思想的发展与完成》,台北:学生书局,1982年,第90页。
④ 刘述先:《朱子哲学思想的发展与完成》,台北:学生书局,1982年,第90页。
⑤ 原文曰:"去冬走湖湘,讲论之益不少。然此事须是自做工夫于日用间行住坐卧处,方自有见处。然后从此操存,以至于极,方为己物尔。敬夫所见,超诣卓然,非所可及。近文甚多,未暇录,且令写此一铭去,此尤胜他文也。"朱熹撰,朱杰人等主编:《朱子全书》第22册,上海:上海古籍出版社,合肥:安徽教育出版社,2002年,第1871页。

生(程伊川)之学,其大要则可知已。读是书者诚能主敬以立其本,穷理以进其知,使本立而知益明,知精而本益固,则日用之间,且将有以得乎先生之心,而于疑信之传可坐判矣。"①这里"所谓'主敬以立其本,穷理以进其知',实际上就是程颐'涵养须用敬,进学则在致知'的翻本"②。实际上,这就是对《中庸》未发、已发之义的再诠释。朱熹说:"关于《中庸》的未发和已发的含义,我前面以为看到了他们的本质。但又看到程先生谈到'凡言心者,皆指已发'的话,所以又改为在'心'上做工夫是已发,在'性'上做工夫是未发之中,自以为这样就可以让自己心安了。后来比较了程先生的文集、遗书这两本书的内容,发现这种想法与两书中多处无法相容,因而又再三思考了一下,才知道前些天的说法虽然在'心性之实未开始'处没有差别,但是未发、已发在此处命名却多有不当,缺乏在日用之间长期需要做的工夫。因此这里落掉的部分就不只是文义之间的辨别关系。因这种判断往往需要再次说明我的意思,告于朋友,愿与他们共同讨论。如果没有这么做,也应当有所纠正。"③

二是可以从心性情的角度来分析。"己丑之悟所谓未发、已发包含两个方面的意义,一是指心的未发、已发,一是指性情的未发已发。这两方面并不是一回事。有不少学者以为朱熹哲学中心之未发便是性,心之已发便是情。严格地说,是绝对不可以的。心之未发指思虑未萌时心,心之已发指思虑已萌时心。思虑未萌时的心与性之间,思虑已萌时的心与情之间是不能划等号的。虽然一方面未发时心与性,已发之心与情在时间上平行,即性未发为情时心亦未发,性已发为情时心亦已发。而另一方面,性未发时不可谓

① 朱熹撰,朱杰人等主编:《朱子全书》第24册,上海:上海古籍出版社,合肥:安徽教育出版社,2002年,第3625页。意思是说:程伊川之学,他的主要脉络在于知己。读书的目的在于真诚以"敬畏"的心来立自己的根本,穷尽道理而得到知识,使自己的根本越来越明朗,感知到自己的精华并将其巩固。于是有日用之间的所有事情,大致都可以用先生教授的这种方法,而将对事情的怀疑或信任马上就判断出来。

② 陈来:《朱子哲学研究》,北京:生活·读书·新知三联书店,2012年,第211页。

③ 原文曰:"《中庸》未发、已发之义,前此认得此心流行之体,又因程子'凡言心者,皆指已发'之云,遂目心为已发,而以性为未发之中,自以为安矣。比观程子《文集》《遗书》,见其所论多不符合,因再思之,乃知前日之说虽于心性之实未始有差,而未发、已发命名未当,且于日用之际久缺本领一段工夫。盖所失者,不但文义之间而已。因条其语,而附以己见,告于朋友,愿相与讲焉。恐或未然,当有以正之。"朱熹撰,朱杰人等主编:《朱子全书》第23册,上海:上海古籍出版社,合肥:安徽教育出版社,2002年,第3266页。

无心,性仍具在心中,所以未发时心不等于性;已发时心可以宰制情感,所以并不等同于情。如果说思虑情感未发生时只是性,没有心,或思虑情感已发时只是情,更无心,那么心贯未发、已发就无法成立了。"[①]这几乎接近了现代心理学方式的解读。不可否认的是,"新说(中和新说)所开实为一新义理结构。"[②]

三是可以从已发、未发的发展史角度来分析。朱熹的"已发、未发"思想由道南学说向程伊川思想的回归,这看似是他学术思想的一重大改变,实际上他完成了对早年禅宗思想的一次大清理。无论是道南一脉的修行方式,还是湖湘学派的察识心法,都是以一种"近禅"的方式与朱熹早年的"修禅"经历发生迎合。实际上,他虽真心从学道南一脉,但李侗的"默坐澄心"的传道法门,终无法让青年朱熹领悟儒门的真谛。朱熹与陈淳谈未发时说:

> 有人问:"李侗先生为什么会在喜怒哀乐没有发出来而求那个'中'呢?"
>
> 朱熹说:"他只是要看那气象(呈现出来的样子)。"
>
> 陈淳接着说:"如果我坚持用这种方法做工夫,也可以觉察到这种未发的气象。"
>
> 朱熹说:"李侗先生就是这个意思。但如果一直这样做,那和佛教又有什么差别呢?"[③]

他求道湖湘时,张栻的"察识涵养",使其摇摆于"已发、未发"之中,如禅宗摇摆于顿悟与非顿悟之间。直到其回到程伊川的思想中,将修养的工夫轮回到主敬本身,才使朱熹"冻解冰释"。有一点需要指出的是,程伊川的辟佛心理是十分坚决的。他曾说:

> 佛教的学问,根本就不值得和儒家圣人的学问来比较,如果比较会看到明显的不同,可使知道其如何去做。今天审视佛教的学说,未必有什么新知识,如果一定要探索,那也只能是自己成为佛教中人。今天以看到的迹象来说,佛祖逃离父亲的基业而出家,便灭绝了人伦,只是为他自己能在山林中独处,人世间怎么能容得下这般物件?大抵上追随

---

①　陈来:《朱子哲学研究》,北京:生活・读书・新知三联书店,2012年,第209页。

②　刘述先:《朱子哲学思想的发展与完成》,台北:学生书局,1982年,第90页。

③　原文曰:"或问:'延平先生何故验于喜怒哀乐未发之前而求所谓中?'曰:'只是要见气象。'陈后之曰:'持守良久,亦可见未发气象。'曰:'延平即是此意。若一向这里,又差从释氏去。'"黎靖德:《朱子语类》卷一〇三,《胡氏门人》,北京:中华书局,1986年,第2604页。

他的人,既不是圣人本心所要求的,也不是什么君子所为。佛家自己不从事君臣、父子、夫妇之道,而说他人做得不好却不谈自己做得如何,总要做高于别人一等的人。如果以这种方式来教化人,人类非灭绝不可。至于他们谈的理性,也只是谈死生之事。对于主张的情是"怖死爱生",也是其获利的一种方式。①

因此,他主张的"主敬"工夫实际上是对禅宗禅学工夫的一种否定。朱熹此时对程伊川的"主敬"工夫感兴趣,实际上是他正在做清除理学中的最后一丝禅宗思想残余的工作,真正回到儒门中来。朱熹指出:"二程先生讨论'敬'字,需要贯穿动静两个方面才会有所得。即使在无事时依然能够恪守本心,是敬;在接人待物井然有序而不乱,也是敬。所以说'毋不敬,俨若思',又曰'事思敬,执事敬'。这哪里是所谓专门坐禅的工夫体现出来的那种'敬'呢?"②程伊川对禅宗批评得彻底,从他"主敬"工夫正直指禅学的"明心见性"工夫就已经看得出来。

朱熹回归程伊川,看似是对道南之学和湖湘之学的调和,实为朱熹内心之中对禅宗思想的进一步清理。承袭伊川的"主敬"工夫,是对禅宗"明心见性"禅学彻底的否定。从此之后,他的理学体系和心性学体系才能与周濂溪、张横渠及孟子的思想相融合,最终上达孔子与圣人向往的理想时代。

① 原文曰:"释氏之学,更不消对圣人之学比较,要之必不同,便可置之。今穷其说,未必能穷得他,比至穷得,自家已化而为释氏矣。今且以迹上观之,佛逃父出家,便绝人伦,只为自家独处于山林,人乡里岂容有此物? 大率以所贱所轻施于人,此不惟非圣人之心,亦不可为君子之心。释氏自己不为君臣、父子、夫妇之道,而谓他人不能如是,容人为之而己不为,别做一等人,若以此率人,是绝类也。至如言理性,亦只是为死生,其情本怖死爱生,是利也。"程颢、程颐:《二程集》,北京:中华书局,1981年,第149页。

② 原文曰:"二先生所论'敬'字,须该贯动静看方得。夫方其无事而存主不懈者,固敬也。及其应物而酬酢不乱者,亦敬也。故曰'毋不敬,俨若思',又曰'事思敬,执事敬',岂必以摄心坐禅而谓之敬哉?"朱熹撰,朱杰人等主编:《朱子全书》第23册,上海:上海古籍出版社,合肥:安徽教育出版社,2002年,第2078页。

第三节　忧　患

一、主敬诚明与儒家本心

朱熹在求学道南和求教湖湘时无法"修成正果"的一个重要原因,就在于他内心中无法找到儒门和禅宗的清晰界限。朱熹最终参透这一切是在他最终理解了儒家思想的"真谛"之后的事。这个"真谛"就是儒门特有的"忧患意识"。徐复观说:"在以信仰为中心的宗教气氛之下,人感到由信仰而得救。把一切问题的责任交给于神,此时不会发生忧患意识,而此时的信心,乃是对神的信心。只有自己担当起问题的责任时,才有忧患意识。这种忧患意识,实际上蕴蓄着一种坚强的意志和奋发的精神。"[①]人只有存有"忧患意识",才能真心面向自我,面对人生世界。进而将人对本心实现,落实到现实世界的努力之中。可以说,这是儒家不同于禅宗修行法门的真谛。

为什么"忧患意识"是儒家的真谛呢?徐复观说:"在忧患意识跃动之下,人的信心根据渐由神而转移向自己本身行为的谨慎与努力。这种谨慎与努力,在周初是表现在'敬'、'敬德'、'明德'等观念里面。尤其是一个敬字,贯穿于周初人的一切生活之中,这是直承忧患意识的警惕而来的精神信仰、集中,及对事的谨慎、认真的心理状态。"[②]这里,儒门和禅宗的界限已经清楚的显现出来了,"周初所强调敬的观念,与宗教的虔敬,近似而实不同。宗教的虔敬是人把自己的主体性消解掉,将自己投掷于神的面前而彻底皈归于神的心理状态。周初所强调的敬,是人的精神,由散漫而集中,并消解自己的官能欲望于自己所负的责任之前,凸显出自己主体的积极性与理性作用。"[③]朱熹的己丑之悟,承接伊川,大致是"悟"到了这一层。他也只有悟到这一层面,才能很好地处理道南之学、湖湘之学与二程思想的关联,特别是对程伊川"涵养在用敬,进学在致知"理论的把握。

程伊川的主敬思想并非只在己丑之年才被朱熹所知,但其迟迟未让其

---

①　徐复观:《中国人性论史·先秦篇》,台北:台湾商务印书馆,1969 年,第 21～22 页。

②　徐复观:《中国人性论史·先秦篇》,台北:台湾商务印书馆,1969 年,第 22 页。

③　徐复观:《中国人性论史·先秦篇》,台北:台湾商务印书馆,1969 年,第 22 页。

参悟,大概是一直被"敬"的原意所误导:"敬字的原来意义,只是对于外来侵害的警戒,这是被动的直接反应的心理状态。周初所提出的敬观念,则是主动的,反省的,因而是内发的心理状态。"①这也就是说,只有将敬放置儒门推崇的周代,这个"敬"字才能焕发它应有的伦理价值。在与蔡季通讨论之前,他虽然深知"敬"意,却一直被它的"被动的直接反应的心理状态"所困惑。而这种困惑,使他在面临道南之学和湖湘之学挑战中,无法自圆其说,更无法应对内心中的禅宗思想。显然,只有将"敬"字还原至周代,发掘出其"主动、反省、内发的心理状态",才能有效地解决这一心理难题。

朱熹的"已发、未发"之难题,源于《中庸》上篇。对于"已发、未发"与敬的关系,徐复观说:

> 程明道之于中和,恐怕只是泛泛地说。他真正由存养所把握的心,只是"满腔子是恻隐之心","浑然与物同体"之心。此时之心,岂宜称为未发、已发? 杨龟山(杨时)曾说:"……惟道心之微,而验之于喜怒哀乐未发之际,则其义自见,非言论所及也。"这实与二程已有出入,在他的学生中的罗从彦,更是要人"静中看喜怒哀乐未发之谓中,未发时作何气象"。这便为他的学生李侗所继承。所以黄梨洲(黄宗羲)说:"按豫章(罗从彦)静坐看未发气象,此是明道以来,下及延平(李侗)一条血路也。"梨洲说法,实嫌胧侗;明道的气象宽和,或有得力于中和之教。然其工夫学问的重心,如上所述,并不在此。但自龟山—豫章—延平一脉,则静坐看未发气象的意义,却一代加重一代,则是事实。如延平谓:"圣门之传《中庸》,其所以开悟后学,无余策矣。然所谓喜怒哀乐未发之谓中者,又一篇之指要也。"这恐怕与二程对于未发的看法,在分量上大有不同了。朱元晦(朱熹)直承延平。延平答朱元晦书谓"某曩时从罗先生学问,终日相对静坐……今静坐中看喜怒哀乐未发之谓中,未发时作何气象"。又谓"学问之道,不在多言。但默坐澄心,体认天理"。这与二程之由"思"入者,实大异其趣;其受禅之影响亦愈深。李延平由禅转出的路,是通过"理一分殊"的观念;朱元晦也正在此处得力于延平。而上接伊川"居敬'"穷理"之传。②

虽然徐复观对朱熹的主敬工夫并不看好,也不认为朱熹找到一条正确

---

① 徐复观:《中国人性论史·先秦篇》,台北:台湾商务印书馆,1969年,第22页。
② 徐复观:《中国人性论史·先秦篇》,台北:台湾商务印书馆,1969年,第135页。

理解《中庸》之路,甚至认为朱熹曲解了《中庸》上篇里的"喜怒哀乐之未发,谓之中;发而皆中节,谓之和"的原意。但上述就道南一脉对朱熹影响的评价中,却也有几分道理。

二、明心见性与道心回归

朱熹的"已发、未发"问题,实际上是他在与禅宗思想交融难清时的一种外部表现。也就是说,朱熹在己丑之悟前,他一直受到禅宗的"明心见性"的工夫论困扰。这种困扰,使他在对比道南一派的"默坐澄心"和湖南一派的"察识涵养"方面,都感觉不如禅宗的"明心见性"思想更具说服力。但伊川的儒门之念又让其无法接受"明心见性"的方便法门,这与他后来一直反对的近禅陆九渊的思想基本吻合。朱熹在一次与邵浩[①]的谈话中指出:

> 因为大家谈到"敬",朱熹说:"圣人的话,当初并没有太多人用心关注。如圣人所说的'出门如见大宾,使民如承大祭'等类,都是敬的一部分。到二程时,他开始关注'敬',并用他来教人做工夫。然而'敬'是什么?好像与'畏'字的含义相似。不是坐在那不动,耳朵不听,眼睛不看,全然不管世间琐事。而是要收敛身心,整齐纯一,不胡乱放纵自己的行为,这就是敬。"[②]

这里的"块然兀坐,耳无闻,目无见,全不省事之谓"应指禅宗无疑。这也就是说,朱熹的己丑之悟表面看来是无法调和道南学派和湖南学派的修养工夫,实际上是这两种工夫都无法对抗心中的"明心见性"的禅宗法门。关于禅门的"明心见性"与儒家的区别,罗整庵(罗钦顺)指出:

> 释氏之明心见性,与吾儒之"尽心知性",相似而实不同。盖虚灵知觉,心之妙也。精微纯一,性之真也。释氏之学,大抵有见于心,无见于性。故其为教,始则欲人尽离诸相,而求其所谓空,空即虚也。既则欲其即相、即空,而契其所谓觉,即知觉也。觉性既得,则空相洞彻,神用无方,神即灵也。凡释氏之言性,穷其本末,要不出此三者。然此三者

---

① 邵浩,字叔义,婺州金华人。宋孝宗隆兴元年(1163年)进士,著有《坡门酬唱集》传世。

② 原文曰:"因说敬,曰:'圣人言语,当初未曾关聚。如说"出门如见大宾,使民如承大祭"等类,皆是敬之目。到程子始关聚说出一个"敬"来教人。然敬有甚物,只如"畏"字相似。不是块然兀坐,耳无闻,目无见,全不省事之谓。只收敛身心,整齐纯一,不惩地放纵,便是敬。'"黎靖德:《朱子语类》卷十二,《持守》,北京:中华书局,1986年,第208页。

皆心之妙,而岂性之谓哉!使其据所见之及,复能向上寻之,"帝降之衷"亦庶乎其可识矣。顾自以为无上妙道,曾不知其终身尚有寻不到处,乃敢遂驾其说,以误天下后世之人,至于废弃人伦,灭绝天理,其贻祸之酷可胜道哉!夫攻异端,辟邪说,孔氏之家法也。或乃阳离阴合,貌诋心从,以荧惑多士,号为孔氏之徒,谁则信之![1]

从罗整庵的解读,基本可以清晰禅儒之间的界限,但此时的朱熹不一定能想到这一点。青年朱熹的禅学渊源十分漫长,那时他受禅宗的影响很深。

朱熹"至见延平后一二年间悟禅学之非,已二十五六岁"[2],到他己丑之悟(四十岁)之间相隔十五年。如果说一个人的禅宗思想能在十五年之内完全消失,这种结论恐怕太过低估禅宗"明心见性"的作用。禅宗自六祖慧能之后大发溢彩,到马祖道一时已经几乎垄断了佛教世界。对于朱熹生活的南宋时期一直到明末,其"明心见性"的修身法门依然不减,即使到明代中晚期,这种影响依然存在。浙中王门里的王龙溪就受此影响很大,黄宗羲在《明儒学案》引王龙溪一段话,描写道:

> 先生曰:"性体自然之觉,不离伦物感应,而机常生生。性定,则息自定,所谓尽性以至于命也。虚寂原是性体,归是归藏之义,而以为有所归,与生生之机微若有待,故疑其入于禅定。佛家亦是二乘证果之学,非即以虚寂为禅定也。佛学养觉而啬于用,时儒用觉而失所养,末流之异则然,恐亦非所以别儒学之宗也。"[3]

此段虽未能证明王龙溪有禅学倾向,但至少证明明朝禅学的方法依然大兴,这是不可否定的事实。这也就是说,朱熹的禅学影响,决不是四见延平后就可以完全转化过来的,必然存在禅学转儒学的开端、发展和完结。而己丑之悟后,朱熹更加坚定了程伊川的主敬思想。正如他自己所说:

> 与朋友讲论学问,深深感受到近世学者的问题,都是在"持敬"工夫上有所欠缺,所以事事都不成。那些谈论敬的人,又只是说能内存于心,外合于理,至于个人的穿着用语,往往都不加以注意。我们假设说他们的内心中真的存在着敬,那么这种敬与佛教、道教的外在表现有什

① 罗钦顺:《困知记》,北京:中华书局,1990年,第2页。

② 陈来:《朱子哲学研究》,北京:生活·读书·新知三联书店,2012年,第37页。

③ 黄宗羲原著,全祖望补修:《明儒学案》,陈金生、梁连华点校,北京:中华书局,2008年,第270页。

么不一样呢?[①]

这段话出于辛卯年(1171年),朱熹时年四十二岁,为己丑(朱熹四十岁)过后第二年。蒙培元指出:"禅宗之所以不同于其他佛教宗派,在于它充分地肯定了知觉作用之心,甚至以作用为本体。这就意味着对现实人生的肯定,对人的感性存在的肯定。这一点甚至引起了某些理学家如朱熹等人的批评,认为禅宗破坏了佛教的庄严性和纯洁性。"[②]以此观之,朱熹彻底划清了儒佛的界限,也找到了不同于禅宗的修行法门,完成了儒学的转变。

三、理学建构与儒门挑战

朱熹"冻解冰释"后的儒门回归,并不代表他的"主敬"方法论就被同时代的理学家认可。实际上,他的思想也受到张钦夫(张栻)、林择之、林谦之等人的怀疑。针对这些怀疑,朱熹和他们进行了反复的讨论。王懋竑在《朱熹年谱》中引出以下三处,在此简而述之。

1.与张栻的书信

中庸未发、已发之义,前此认得此心流行之体,又因程子凡言心者皆指已发而言,遂目心为已发,性为未发。然观程子之书,多所不合,因复思之,乃知前日之说,非惟心、性之名命之不当,而日用工夫全无本领。盖所失者,不但文义之间而已。按文集、遗书诸说,似皆以思虑未萌、事物未至之时,为喜、怒、哀、乐之未发。当此之时,即是此心寂然不动之体,而天命之性,全体具焉。以其无过不及,不偏不倚,故谓之"中"。及其感而遂通天下之故,则喜、怒、哀、乐之情发焉,而心之用可见,以其无不中节,无所乖戾,故谓之"和"。此则人心之正,而情性之德然也。然未发之前,不可寻觅;已发之后,不容安排。但平日庄敬涵养之功至,而无人欲之私以乱之,则其未发也,镜明水止,而其发也,无不中节矣。此是日用本领工夫。至于随事省察,即物推明,亦必以是为本。而于已发之际观之,则其具于未发之前者,固可默识。[③]

---

① 原文是说:"比因朋友讲论,深究近世学者之病,只是合下欠却持敬工夫,所以事事灭裂。其言敬者,又只说能存此心,自然中理,至于容貌词气,往往全不加工。设使真能如此存得,亦与释、老何异?"王懋竑:《朱熹年谱》,北京:中华书局,1998年,第50页。

② 蒙培元:《中国心性论》,台北:学生书局,1990年,第284页。

③ 王懋竑:《朱熹年谱》,北京:中华书局,1998年,第41~42页。

2.与林择之书信两篇①

中庸彻头彻尾说个谨独工夫,即所谓敬而无失平日涵养之意。《乐记》却直到好恶无节处,方说不能反躬,天理灭矣。殊不知未感物时,若无主宰,则亦不能安其静,只此便自昏了天性,不待交物之引然后差也。盖"中和"二字,皆道之体用,以人言之,则未发、已发之谓。但不能慎独,则虽事物未至,固已纷纶胶扰,无复未发之时,既无以致夫所谓"中",而其发必乖,又无以致夫所谓"和"。惟其戒谨恐惧,不敢须臾离,然后"中和"可致,而大本达道,乃在我矣。二先生盖屡言之。而龟山所谓未发之际,能体所谓"中",已发之际,能得所谓"和",此语为近之,然未免有病。②

又如:

数日来,玩味此意,日用间极觉得力,乃知日前所以若有若亡,不能得纯熟,而气象浮浅,易得动摇,其病皆在此。湖南诸友,其病亦似是如此。近看南轩文字,大抵都无前面一截工夫也。大抵心体通有无,该动静,故工夫亦通有无,该动静,方无渗漏。若必待其发而后察,察而后存,则工夫之的所不至多矣。惟涵养于未发之前,则其发处自然中节者多,不中节者少。体察之际,亦甚明审,易为着力,与异时无本可据之说,大不同矣。③

3.与林谦之书信

自昔圣贤教人之法,莫不使之以孝、弟、忠、信、庄敬、持养为下学之本,而后博观众理,近思密察,因践履之实,以致其知。其发端启要,又皆简易明白,初若无难解者,而及其至也,则有学者终身思勉而不能至严焉。盖非思虑揣度之难,而躬行默契之不易,故曰:"夫子之文章,可得而闻也;夫子之言性与天道,不可得而闻也。"夫圣门之争,所以从容积累,涵养成就,随其浅深,无非实学者,其以此欤。今之学者则不然,盖未明一理,而已傲然自处以上智生知之流,视圣贤平日指示学者入德之门至亲切处,例以为钝要小子之学,无足留意。其平居道说,无非子贡所谓"不可得而闻"者,往往务为险怪悬绝之言以相高,甚者至于周行

---

① 王懋竑引3处,这里取2处。
② 王懋竑:《朱熹年谱》,北京:中华书局,1998年,第45页。
③ 王懋竑:《朱熹年谱》,北京:中华书局,1998年,第45~46页。

却立,瞬目扬眉,内以自欺,外以惑众。此风肆行,日以益甚,使圣贤至诚善诱之教,反为荒幻险薄之资,仁义充塞,甚可惧也。[①]

以上三则为朱熹在己丑之悟之后,给当时理学内部不同声音的回应。虽然无法看到他人给朱熹的来信,但也可从以上对南宋学者的回应中,了解当时存在的不同思想。至此,朱熹通过与张栻等人的争论,再次夯实了自己的"儒学"观点。徐复观指出:"《中庸》上篇之所以出现,主要是解决孔子的实践性地论常之教,和性与天道的关系。"[②]朱熹通过与禅宗思想的杂糅,最终在己丑之悟厘清了自己儒家的本心。从己丑之悟到四书架构的形成,最终让朱熹以儒学家、理学家的位置,定位在中国思想的发展史中。

钱穆指出:"凡宋代理学家辨认心体,不得不谓乃是受了唐代禅宗之影响。伊川'《中庸》为孔门传授心法'之语,亦可谓是从禅宗转来。"[③]己丑以后,朱熹的心性学说思想架构已基本确立。这种架构的确立标志朱熹的思想发展至"更成熟的阶段"。陈来也指出:"心说之辩中表现的朱熹心性学说,至少对于他自己的思想发展来说,标志着进入了一个更成熟的阶段。盖自乾道己丑(1169年)以后,经历已发、未发之辩与仁说之辩,朱熹心性学说的基本构架已基本确立,心说之辩则给他提供了一个对待"心之本体"的明确立场,并由此发展了他关于道心人心的看法。心说之辩的第二年鹅湖之会揭开了南宋学术史新的一页,了解了朱熹心说之辩稳定确立的关于'心'的立场,可以知道,他自鹅湖起对'心即理'说的反对,并不是鹅湖不欢而散的结果,恰恰是他自乾道己丑以来已形成的思想体系使然。"[④]一般看来,己丑之悟被认定为朱熹理学架构的建立和心性学说的成熟。在这里要强调的是,己丑之悟也标志朱熹由佛到儒思想转变的完成。

在此之后,朱熹对儒佛之间的界分已经十分清楚。朱熹说:

> 儒家与佛教的不同,正在于我们是心和理为一,而他们是心与理为二。然而近年来有一种学问,虽然也说心与理为一,但从不关心人的气

---

①　王懋竑:《朱熹年谱》,北京:中华书局,1998年,第46~47页。

②　徐复观:《中国人性论史·先秦篇》,台北:台湾商务印馆,1969年,第110页。

③　钱穆:《朱子新学案》第1册,北京:九州出版社,2011年,第123页。

④　陈来:《朱子哲学研究》,北京:生活·读书·新知三联书店,2012年,第291页。

禀物欲之私，因为这种说法也不合理，与佛教同一种病，不可不觉察。①

儒佛之间的心学之辨表现为"儒者所讲的心不是空无所有，其中包含众理，而佛家之心只是个知觉"②。按照朱熹后来的想法，禀于人物之身的理才能叫性，强调这一点为反对禅宗的有独立存在的性的说法。③ 关于性的部分，"朱熹更反对以心为性"④；关于道心人心的部分，"朱熹……防止混同禅宗观心说而强调只有一心"⑤。至此之后，朱熹的理、心、性体与禅宗区别完成。心说之辨可以说是朱熹已发、未发思想的完结，这种完结同时也标志着朱熹从佛到儒的转变全部完成。但这已经是中年朱熹理学体系完成建构之后的结果了。

从道南学派到湖湘求道，朱熹的心理与人生际遇都发生了重大的变化。在这种转变中，朱熹内心完成了彻底的蜕化，他不仅从一个虔诚的佛教徒变成了儒门的斗士，而且他的心智已经发展成熟。他不再是那个为了事功和名利烦神的青年才俊，而完全成为坦然面对一切的一代大儒。至此，人们在史书上常见的朱熹形象就开始慢慢地呈现出来。世人见到的那个意气风发，挥斥方遒的朱熹正式走到了历史的前台。朱熹至此从青年进入到中年。

---

① 原文是："儒、释之异，正为吾以心与理为一，而彼以心与理为二耳，然近世一种学问，虽说心与理一，而不察乎气禀物欲之私，故其发亦不合理，却与释氏同病，又不可不察。"朱熹撰，朱杰人等主编：《朱子全书》第 23 册，上海：上海古籍出版社，合肥：安徽教育出版社，2002年，第 2689 页。

② 陈来：《朱子哲学研究》，北京：生活·读书·新知三联书店，2012 年，第 262～263页。

③ 陈来：《朱子哲学研究》，北京：生活·读书·新知三联书店，2012 年，第 234 页。

④ 陈来：《朱子哲学研究》，北京：生活·读书·新知三联书店，2012 年，第 260～261页。

⑤ 陈来：《朱子哲学研究》，北京：生活·读书·新知三联书店，2012 年，第 269 页。

第九章 余 论

　　20 世纪八九十年后，关于朱熹的研究可谓是汗牛充栋，这其中有海外学者陈荣捷等人在美国夏威夷召开的关于朱子学的会议，对朱子学研究有所推动，也有台湾牟宗三《心体与性体》著作的巨大成功引起了学者的广泛关注。在大陆这边，陈来的《朱熹哲学研究》(《朱子哲学研究》)同样也打开了大陆研究朱子学的大幕。由于朱熹的足迹遍布闽、浙、赣、湘等地，因此各地对朱子学的研究也成了一个热潮。这一切在国学复兴热的再次推动下，朱熹编撰的《四书章句集注》显然已经摆脱了历史尘埃的阴霾，重新衣着华服以崭新的样态示人。一时间，你也说朱熹，他也说朱熹。他的思想似乎又回到了一百多年前曾经的辉煌。

　　然而，在朱子研究的热度慢慢退去之后，再来看这些研究朱熹的思想，又发现了它又如他晚年庆元党禁时期，落寞地躺在各大学校的图书馆里。此时仿佛可以感受到，他正微笑地看着因研究他的思想而被评为教授、副教授的人，对他的视而不见。是啊！就如当年庆元党禁时期一样，他落寞地看着他的弟子因害怕惹火烧身，有意无意地与他保持着距离。不过，这还是好的。有一些弟子为了自己的仕途，已经将攻击的矛头指向了这个他们曾经的授业恩师。

　　让朱熹感到难过的是，他谈了一辈子的天理人欲，也讲了一辈子的圣王之道，而这在他晚年的检验中，都成了巨大的讽刺。他不曾怨过那些背叛的学生，只是对自己一辈子的学说而感到凄凉。当然，他对自己学说的怀疑并不是王阳明提出的《朱子晚年定论》的解读，而是对时世的无奈，和对人性的无可奈何。他又能说什么呢？他什么也说不了。他看着继续留在身边为数不多的弟子，不知道他们的"留下"是因为坚持"朱说"，还是偿还自己对他们昔日的恩情。虽然这两种解读都不否认他们留下来的事实，但是究竟是哪

个,也决定着朱熹此时内心是否能达到心安。

其实,纵观朱熹残留下约一千多万字的文稿,不难发现他的理学体系其实不过表明他在求的一个心安的心履历程。在南宋风雨飘摇的那个动荡的时代里,心安是多么重要的一件事啊。这种看似十分简单的事情,实际却是南宋军民最大的一个难解之题。且不说金军的屡次南下像"牛牤"一样刺激着这个意欲偏安一隅的王朝,就连和平时期那个不疼不痒、丧权辱国的公文,也让这里的人们头上总是笼罩一层阴霾。从金、宋的"父子"到"叔侄"关系来看,这似乎有所改变两国关系,实际上还是讽刺着这个近似傀儡的南宋王朝。在这样的内外背景下,南宋朝廷内的老百姓如果想象汉唐时期一样有民族自豪感,这显然是有些强人所难。这种缺乏民族自豪感的人们,又如何能有底气将自己的脊梁挺直了,对天下说:为南宋的崛起和繁荣而奋斗。他们似乎是活在一个看似繁荣却永远看不到希望的历史悲情中。虽然福建泉州的港口在无形中打开了中华通往西方世界的大门,巨大的财政收入显然是前面王朝无法匹敌的历史存在。但对金国巨大的"孝敬"之财使这些收入只是让南宋一国当了一把过路财神。当然,他们作为主要的"工作者",捡一些从泉州港到金国之前的残羹冷炙还是有可能的。吊诡的是,这些却让南宋成了后世史学家眼中的"富宋"。

在朱熹的笔下,那一篇篇札子、封事,描写了歌舞升平的临安城外真实的军民生活。王朝的悲情让士大夫看不到王朝的希望,这些人中的一部分自然也就在佛教的心理安慰中和肉体的人欲放纵中寻找着生存的价值。于是朱熹笔下的豪强滑吏对抗着这个还想对朝廷和人们做一点事的朱夫子。他们似乎比朱熹看得更加明白:同在皇城临安城附近的余姚、上虞、会稽等地尚且都无法国泰民安,他们又何必为这个王朝寻找出路呢? 于是朱熹看到的是:"日往月来,浸淫耗蚀,使陛下之德业日隳,纲纪日坏,邪佞充塞,货赂公行,兵怨民愁,盗贼间作,灾异数见,饥馑荐臻。盖群小相挺,人人皆得满其所欲,唯有陛下了无所得,而国家顾乃独受其弊。"[①]意思是说,"经久日来,朝廷内荒淫之事很多,使皇帝的德业功绩都受到了损害。这样下去,王朝的纲纪也会慢慢地变坏,奸邪小人逐渐占据了朝廷,贪污贿赂,兵士与百姓对朝廷不满,盗贼也时常出来扰民,各种灾难频繁出现,连年饥荒。于是

---

① 朱熹撰,朱杰人等主编:《朱子全书》第 20 册,上海:上海古籍出版社,合肥:安徽教育出版社,2002 年,第 641 页。

朝廷人相互掩盖，人人都从中渔利，只有皇帝陛下没有什么好处，和王朝一起承受着弊端的残害。"这让朱熹痛心疾首。可是他又能怎么办呢？他在中年之后，也渐渐明白了靠一己之力来挽救这个世风日下的王朝，这显然是他的痴心妄想。

在朱熹看来，南宋是一个他既割舍不掉，又无可奈何的一个时代。他在其中，却又试图置身事外；在他事外，又妄想着诸葛孔明的大刀阔斧。这一切的一切，都可能成为朱熹纠结一生无法被驱除的迷账。所以看到朱熹的文字，看到的是一个时而侃侃而谈，时而沉默寡言；时而意气风发，时而郁郁寡欢。他的文字是充满着各种矛盾的，而这些矛盾既不是说明朱熹的思想"由幼稚到成熟"，也不是说明朱熹的思想"经历了巨大的变动"，而只能说明朱熹面对一个残破的王朝，他只能被迫让自己的心随着时代漂流。至于是非对错，似乎都是二十世纪后半叶的学者该讨论的问题了，朱熹本人对此是漠不关心的。事实上，他也不需要担忧后世之人对他的评价，他对后世学者的期望仅是希望保留一点孔孟遗脉。至于对他朱某人本人是怎么评价，这反而不是他要关心的事。他担心的是他的"道学"体系是否真的能找到继承人，他的弟子包括他的女婿黄榦是否有能力将他的学说传播出去，为儒家这条根脉寻找存下来的空间。

他已经将自己的生死和名声放在身外，特别是在庆元党禁时期众弟子的反叛，也让他对逝世后的自己不抱有什么过高的期望。虽然此时他还说不出王阳明所谓的"此心光明"，但他至少坚持他的大道是未来可期的。这可能是他最为关心的一个方面。

而这个大道到底是什么，这在朱熹的世界里其实一直是一个"被怀疑的问题"。虽然《大学》与《论语》中将先王之道以确定不疑的命令式语气告诉朱熹什么是对的，什么是错的。但事实上果真如此吗？他在朱熹的身上其实是一个大大的问号。在朱熹看来，在经典注释上，他可以坦然地接受程伊川和他的老师对《大学》和《论语》的诠释，他完全不必为其中的某个条文负责。他从自己收集来的三十多种版本的《论语》中寻找出自己认为最佳解释，将它们一起编写进了《四书章句集注》。至于这本书编得如何，是否正确，已经不是朱熹他自己的事了。他已经将他要做的事做完。虽然他依然还认为这部"四书"存在着瑕疵，但毕竟是做完了。但是否好用，是否符合历史和后来人的胃口，就不是他朱熹可以决定的了。

其实，在这部书稿雕刻出版的时候，朱熹已经隐约地感受到这本书将会给后来人带来困惑和迷茫。可是这不是他一个小小的同安县主簿可以左右的事。是非功过,留给后人评说吧。但即便如此,朱熹也无法为他的理学理论始终持有肯定的自信。而这个怀疑的想法在遇到蔡季通后,似乎又被这场历史的偶遇给放大了。蔡季通的易学知识从另一个角度诠释着这个波澜壮阔的世界,他的到来让朱熹感到亦生亦友的冲动。在与蔡季通论学的过程中,他突然发现自己在形而上的"道的建构",可能需要有形而下的"器的支撑"。这一切在他派蔡季通去四川拜访彝族图腾的事情上,被展示得一览无余。而他自己也自学天文考古学,用天文学的方法在自己住的地方演练"立表测影"。虽然在残存的历史碎片化的文字中无法知道朱熹到底进行到了哪一步,是否实现自己心中原有的设想,或者夯实了他的理论体系,但他毕竟是走过这一步。

至此,朱熹的形而下世界被他打开。他研究《易经》和编写《周易本义》时,开始重视卜筮易术。我们看不到他有几个《易经》注解的文本,只能从一些细枝末节的历史片段中发现那一丝丝隐藏的记忆。朱熹主张"灭人欲",而他却对聚星阁中的画作显露出明显的人欲之举。朱熹曾说:"名画想多有之,性甚爱此,而无由多见。他时经由,得尽携以见,顾使获与寓目焉,千万幸也。彼中亦有画手,能以意作古人事迹否?"[①]意思是说,名人字画多自古至今很多,但不知道为何独爱这一幅,这实属不意。每次经由这里,都尽可能地见它一面,如果能将它带回家中每日观看,那该有多少啊。即使能有画功如此厉害的人,能不能将古人的本义表达出来呢? 又说:"聚星阁此亦已令草草为之。市工俗笔,殊不能起人意。"[②]意思是说,聚星阁这里只是草草为之,是一般的市井行画,不能引起别人太多关注。这两句与他主张的思想明显相背离的描述,哪里是在说朱熹"爱上什么画作",而是他突然发现了"圣人之学"的形下检证之道。如果聚星阁的画作果真能证明道与天文考古学的联系,那么他的"道"就不再只是一种道德说教,也不是什么"为义务而义务",而是真实的天道使然。

只不过,对聚星阁的了解也就只有寥寥数字。到底朱熹是真获得了什

① 朱熹撰,朱杰人等主编:《朱子全书》第 23 册,上海:上海古籍出版社,合肥:安徽教育出版社,2002 年,第 3108 页。

② 朱熹撰,朱杰人等主编:《朱子全书》第 23 册,上海:上海古籍出版社,合肥:安徽教育出版社,2002 年,第 3110 页。

么,或者只是他对山水美学的情感宣泄,这都随着历史的久远而慢慢失去了继续追讨下去的意义。不过,朱熹对形而下"器"的关注,远不止上面说出的这些,这在他的不是太重要的为官经历中,也一一有所展现。比如说,在今天江西与福建某地还残留的社仓(如福建建阳的五夫里),就是他形下践履的一个很好佐证。如果用心理学分析法看待这一件事,似乎很容易发现他做这件事的心理动机。即他为什么要做这样一种看似与他的理论无关的"俗事"? 这个提法的题干中本身就已经包含了答案。

在朱熹看来,形而上的"道"的追求与形而下的"器"的检证,应该是他面对真实世界、并行不悖的两条道路。他既要解决身为宋臣的处世之安,又要解决独善其身的内心之境。可以说,矛盾心理影响了朱熹一生的行为举措。因此,当人们不再将朱熹封神,而是真切的以现实人的视角来观看他,就会发现:他代表着一群身处和平的"乱世"王朝中,一个中国传统士大夫无奈的奋争之路。他希望用尽一生的心血来拨正帝王的心性之偏,但他也明明知道这不过是竹篮打水。即使如此,对于朱熹而言,到底要不要去抗争,还是和其他那些"看得明白"的官员一样随事而安? 一直在他内心挣扎。在这明知不可为而为之的对宋孝宗劝谏中,朱熹的奏疏似乎更像是一种人生赌博。只不过,他心中的"宋仁宗"并没有出现,他也没有成为包拯和王安石那样的幸运儿,而是以一种十分尴尬的方式远离了朝堂。

余英时在他的著作里曾经这样说过:"王安石变法是一次彻底失败的政治实验——这是南宋士大夫的共识。但这场实验的效应,包括正面的和负面的都继续在南宋的政治文化中占据着中心的地位。王安石的幽灵也依然附在许多士大夫的身上作祟。最明显的,理学家中有极端反对他的,如张栻;有推崇其人而排斥其学的,如朱熹;也有基本上同情他的,如他的同乡陆九渊。无论是反对还是同情,总之,王安石留下的巨大身影是挥之不去的。所以有充足的理由说:朱熹的时代也就是'后王安石的时代'。"①他的这种表述虽然不是很准确,但基本上也反映了南宋士大夫对北宋仁宗和神宗的"南宋幻想"。是啊,前朝明明有具体成功的例子,而且"共商国是"在北宋也一直被当成仁政来实施,为什么南宋就不可能进行呢? 这是朱熹内心中隐隐潜在的期盼。

---

① 余英时:《朱熹的历史世界——宋代士大夫政治文化的研究》,北京:生活·读书·新知三联书店,2004 年,序二,第 8~9 页。

　　然而,宋高宗的人生际遇和宋孝宗的军事失败,让这两位皇帝都对自己的施政丧失了信心。从宋高宗不惜余力地用巨大的代价换回被扣押在金国的母亲,也就说明宋高宗此时已经对金国放弃了抵抗。如果不是南唐后主和后周的柴氏遗孤的悲惨命运还时时惊醒这个皇帝不要做完全放弃的傻事,他估计早就希望将自己的皇位让给金国,做一个快乐的田中闲汉。他的这种坚持实际上每天都在经历着担惊受怕。所以他要做的不是什么励精图治,而是能"幸运地活着",就已经是万幸之事。

　　其实,宋高孝并不愚蠢,也有一定的执政能力。但是他的心死了,就意味着所有关于励精图治的劝谏,在他看来都是一场笑话。他亲眼看过前朝的宰相在他面前被"乱民"活活打死,他本身也在建炎四年(1130年)经历了一场不大不小的宫廷政变(苗刘兵变)。这一切的一切都让他不再相信任何人,他不相信武官们的努力是真的为了保护他的大宋江山,还是准备下一次的"陈桥兵变";他不相信文臣们那些腐朽的"天理人欲"观念能对整个王朝的治理能有什么实质性的作用。甚至他认为那个让北宋以滑稽方式灭亡的道教可能比这些儒家士大夫更为有效,因为祈求神灵的决定可以让他心安。

　　宋高宗在施政上的左右摇摆,也预示着这个王朝也将处在左右摇摆中。所以从上往下的不信任,也决定了南宋初年那种奇特的官员任用机制。实际上,对于宋高宗而言,岳飞和秦桧他们谁忠谁奸已经不重要了,而重要的是他的生活可以"偏安一隅"。于是岳飞的不断北征对于他的意义不过是显示南宋还有抗争的能力,而不是真的要让岳飞直捣黄龙府。然而岳飞并不知道皇帝是怎么想的,他的武将思维决定了他一定要做出一番伟业。他的这种企图心在经历过宫廷政变的宋高宗看来,无疑让他嗅到了"陈桥"式的危险信号。他虽然不是孤儿寡母,但是他的临危受命确实也让他难有安稳住大臣们的信心。于是秦桧以那种匪夷所思的方式登上历史舞台,也就是见怪不怪的事了。

　　南宋王朝中发生的这一切虽然没有直接作用在朱熹身上,但其父朱松却被席卷在这场政治的旋涡之中。他被迫南下,在福建尤溪的郑氏馆舍里侥幸得以安住性命,也注定了他向年幼的朱熹传输的不会是什么正能量的宫廷正事。在朱熹看来,其父的不得志和频繁更换的住所,也让幼年的朱熹明白了自己的历史境遇。

　　由于对幼年朱熹的历史记载较少,我们只能从《朱熹年谱》等一些稀少的文字中探索当时他所面对的一切。关于朱熹出生时和幼儿时的沙田画卦,也只能证明两件事:一是朱熹确实生活在福建的尤溪。那个土地面积狭窄,但交通较为便利的闽中之地;二是朱熹在生长过程中,人们对《易经》的占卜之术的应用较为广泛。对于后者,不能推断其父朱松是否有占卜的可能性,但在这个多战乱的王朝,民间通过占卜来求心安是具有一定的合理性。如果这一点可以肯定,那朱熹在其中年之后对《易经》的

朱熹少年画卦图

整理与研究,与蔡季通亦生亦友的交往方式,也就是可以顺理成章了。

　　不过,朱松两个儿子的早亡也注定了他不会对年幼的朱熹表现出过多的喜爱。人在经历巨大的事业挫折和丧子之痛时,他的内心一定会发生翻天覆地的变化。他哀怨世事不公的心理,也注定了他不可能再以平常的心态来面对他接下来的"第三个儿子"。从心理学的研究角度来说,上天对朱熹明显是不公平的。可是这不是他能选择的问题,他的幼年颠沛流离可能塑造了他早熟的性格,但这种早熟的性格并不代表着他已经可以十分成熟的跳过青年时期的青涩。他对大慧宗杲的佛学思想的沉迷,就说明了这一切。

　　可以说,对比老年的朱熹和幼年的朱熹,青年的朱熹才更能体现他真实的自我彰显。这一时期的他不同于儿时的"命运不由己",也不同于晚年的"众叛亲离"的落寞。他的这个时候是眼中有泪,心中有光的。他对知识的渴求让我们看到了朱熹成为"朱子"的演化之路。朱熹曾说:"某旧时亦要无所不学,禅、道、文章、楚辞、诗、兵法,事事要学,出入时无数文字,事事有两册。"①可见他青年时求知欲的高涨。可以说,这一时期的朱熹是有热情的。他对知识的不加选择地摄取,这为他日后的集大成做好了充分的准备。

---

　　① 黎靖德:《朱子语类》卷一〇四,《自论为学工夫》,北京:中华书局,1986 年,第 2620 页。

同时,用西方美学中的草稿思维来分析,正是朱熹在青年时期没有将自己的"草稿思维"泯灭,才铸就了朱熹未来的发展。什么是草稿思维呢?借用法国哲学家幽兰来介绍,"中国文人绘画与书法,尤其是草书,与'不了'之画,所强调的并不是已完成的图作,亦即刻能了解、无需解释,而不引起任何争论的图作,反而强调'不了'的画,让观者按照自己的想象力与感受去理解的草稿的图。但由于这种图作并不是之后完成的作品的第一个阶段,只能称之为'迹',是能够'印'人'心'之'迹'"①。其实也不必要如此复杂的去理解,只要将草稿理解为"最初"的可显之"迹象",这就已经够了。青年的朱熹,他对其后的人生确实是有这种明显的"最初"之"迹象"。这就让人不得不谈了。

如何界定朱熹的青年呢?如果按照朱熹自己蒙学的系统来看,他将十五岁以内界定为儿童,那么十六岁及以后应该就是青年。不过,由于朱熹十四岁丧父,之后他与其母又颠沛流离到武夷三先生的情况来看,将朱熹的青年界定为他中进士之后,可能更为稳妥。王懋竑《朱熹年谱》记载:"(绍兴)十七年丁卯(1147年),十八岁,秋,举建州乡贡。……十八年戊辰(1148年),十九岁。春,登王佐榜进士。夏,准敕赐同进士出身。"②意思是说,绍兴十七年(1147年),也就是丁卯年,那年朱熹十八岁,秋天的时候,中了建州的乡贡。……绍兴十八年(1148年),也就是在戊辰年时,朱熹十九岁,春天的时候,在状元王佐那一榜单中为进士。同年夏天,获得了"准敕赐同进士出身"。在这个材料中,如果以今天的标准来看,此时将朱熹定为青年较为合适。这里的考量,一是朱熹登进士科,按照古代规制应该是有做官的资格了。也就是说可以有工作了,这相对于今天少年和幼年来说,显然是不合适的。二是朱熹与刘勉之的女儿刘清四也在绍兴十八年(1148年)戊辰正月结婚,与其中进士是同年。按照古代"大登科后小登科"的说法,朱熹是"小登科后大登科",也算完成了成人礼。因此,将绍兴十八年(1148年)戊辰,朱熹十九岁定为他的青年,是较为合适的。不过,需要指出的是,他的青年不可以与他的童年和中年完全割舍,事实上这种做法本身就存在着问题。这里将十九岁界定为朱熹的青年,只是为了本书讨论的方便,并没有别的其他

---

① 幽兰:《草稿与不了的颂扬:中国艺术词汇的美学解析》,《哲学与文化》2018年总第534期,第27页。

② 王懋竑:《朱熹年谱》,北京:中华书局,1998年,第6页。

映射。

在确定朱熹的青年后,会发现一个问题:中进士后,朱熹的思想是一种充满"草稿式"的思维体系。这种思维即取决了他对儒家思想的接纳,又有三先生倾佛思想对他的影响。同时,五夫里风景秀美,又滋生了他山水美学的情怀。今天五夫里紫阳楼(朱熹故居)后面的那缕清泉,应该承载了朱熹少年时代的记忆和青年时代的远大理想。他那首《观书有感》,即"半亩方塘一鉴开,天光云影共徘徊。问渠那得清如许?为有源头活水来"。不管是写于儿时的尤溪,或是颠沛流离时的邵武,或是一直生活的五夫里,表明那时他的内心之中一直都在寻找他的"源头活水"。

青年朱熹是他一生的缩影,他既残留了儿时飘荡时的"影",也预示中年集大成时的"迹"。他的青年既有儿时颠沛时的懦弱,又有意气风发的桀骜。人们即可以看到一个取得成就的年轻人身上散发出来的自豪感,也能感受到一个与他年纪十分不符合的深深的焦虑。《朱子语类》曾有这样关于朱熹自述的文字:"学者难得,都不肯自去着力读书。某登科后要读书,被人横截直截,某只是不管,一面自读。"①意思是说,学者其实不容易,很多人都不愿意主动读书。我当年中进士后还是坚持读书,却被别人劝说不要这样,我没有理睬他们,还是坚持独自读书。在一般人看来,登进士第已经迈进了官僚体系的大门。剩下的就是利用时间将自己这个"候补"转正而已。反而读书做文章,在那个风雨飘摇的南宋已经不是什么正途。朱熹这里的努力有对他儿时上天不公的一种抗争,也有对自己未来发展中迷茫的一种准备。十九岁那年的喜悦在悄然间伴随着朱熹淡淡的忧伤,这忧伤中有小登科时父亲的缺位,也有大登科时父亲那"欣慰的笑容"。

他不知道除了母亲和新婚妻子之外,还有谁能真正理解他内心的纠结。他的耳边总是充斥着各种或好或坏的与王朝相关的信息,而这一切似乎与他有关,又与他没有什么关系。他中的这"王佐榜第五甲第九十名,准敕赐同进士出身",也是一个让他喜忧参半的功名。说不是官,已经是"同进士出身"。可是这个"同进士出身"对他来说又意味着什么,代表着什么?好像对于他只是一个荣誉称号,并没有对他有什么实质性的改变。而这个"王佐榜第五甲第九十名",又略带讽刺地给朱熹的一生都定了位,就如同今天那些

---

①　黎靖德:《朱子语类》卷一〇四,《自论为学工夫》,北京:中华书局,1986 年,第 2616 页。

本科在非重点大学的学生，不管他以后怎么努力，这种所谓第一学历就像"梦魇"一样如影随形。

朱熹明白，尽管从临安回到五夫里依然会让他成为他人羡慕的对象，也可以让自己的母亲、妻子、岳父等一众师长喜笑颜开，但是这个"第五甲第九十名"又像一个讽刺一样让他如鲠在喉。他知道这个名次对他来说意味着什么，也明白他的这个名次会拖他多大的后腿。但是这一切对于早熟的朱熹来说，都不能在脸上显现出来。他能做的就是在人前侃侃而谈，高谈阔论，而在夜深人静的午夜，一个人静静的起床站在窗边，透着月光看着远处的群山，陷入无边无际的沉思之中。

他的枕边人刘清四一定也知道朱熹的心事。可是在那个传统礼教盛行的南宋，她唯一能做的就是静静地陪伴在朱熹旁边。她能做的就是在不经意地回娘家时，向自己的父亲打听一些可以帮助丈夫的信息。她能做的也只是尽到一个普通中国女性应做的那个部分。在朱熹心中，他虽然心不如意，但他知道自己也是这个时代的幸运儿。父亲的早逝本来就让这个飘零中的家庭雪上加霜，但武夷三先生的收留却使自己免受了再度漂泊之苦。岳父刘勉之更是亲嫁其女，给朱熹一个完整的家。对比南宋的多数家庭来说，朱熹已经算是幸运的了。可是内心的企盼和当时的所得，又怎能让朱熹心满意足的安于现状呢？他痛苦地想寻找解脱的途径，于是登科后的苦读似乎是他能找到的唯一救命稻草。他不想让家人担心，却又实在满足不了命运的安排。

朱熹在青年时发生的一切都伴随内心的苦闷进行着。他偶遇道谦法师与其岳父论道时，似乎像平常人一样认为佛教的教义中会蕴藏着救赎之法。他像其他一些郁郁不得志的青年一样，开始出入佛老，企图用他们那种"昭昭灵灵的禅"来化解自己内心的苦闷。朱熹的青年时代对佛老的关注，其实在很大方面上不是因为他认为先师教给他的儒家思想出了什么问题，而是这时候的儒家思想似乎还都停留在道德上的"为义务而义务"的说教阶段，无法解决朱熹心理的实际问题。胡宪等人的儒学水平虽高，但是他对青年朱熹的影响也往往只集中在"事业"上，而没法关注到朱熹真正的"内在心理需求"。这是南宋初期儒学的短板，它们太关注于儒家对王朝的救世作用，而对人的内心往往选择了有意或无意地回避。这就促使这种儒学变成了一种可信不可爱的学术体系。

当然，如果抛离开南宋初期这个特殊的时代，这种将儒学定位于王朝政治哲学的角度没有什么问题。但是国破家亡的时代,人们更加需要的是内心的安宁,而不是王朝的治理。即使是士大夫,当他们一旦发现自己的主张并没有对王朝的发展起到任何作用时,他们同样也需要一种心理上的慰藉。这也是南宋士大夫多数倾向佛老的一个主要原因。所以从某种方面来看,南宋孝宗主张的"儒释道"共存各有其用的想法其实是可行的。但这无法为中年的朱熹所接受,因为在中年朱熹看来,王朝的主力如果都开始消极避世,那么这个王朝就真的没有希望了。他中年那些犀利的辟佛之文,明为辟佛,其实意在救世。

然而,青年的朱熹却还无法达到中年朱熹的那种厚重的历史责任感。他还停留在自己未来是否可期的纠结矛盾中。在他看来,自己是否有为国尽力的机会,这还是一个未知数。这个大山深处的五夫里,距离朝堂太远,自己是没有能力接触到朝廷的领导核心的。即便是通过岳父的家庭背景,和授业恩师的途径,他还是无法寻找到为国效力的适合途径。

可以说,青年朱熹是他人生中最为迷茫的一段时间。此时的他不再是那个懵懂少年,他与黄铢(字子厚)等人在刘屏山那里共同求学的过程中,他的天赋就很快地展现出来。束景南说:"黄铢科举连连失利,心灰意懒,隐遁到谷城山中……而朱熹却场屋一鸣惊人,少年得意。"①历史的际遇使朱熹在青年时代就有了做当代大儒的志向。然而中进士后的漫长等待,又让朱熹不知道自己的人生方向具体在何方?这也是他在中进士后不同于常人而依然每日读书,并不理睬他人劝阻的原因之一。

因此,对于青年朱熹不能用圣人的标准来严格框定。他同样有一般人有的喜怒哀乐,朱熹赴京考试前所写的三首诗,将这种思想一一展现:

远游篇

举坐且停酒,听我歌远游。远游何所至,咫尺视九州。

九州何茫茫,环海以为疆。上有孤凤翔,下有神驹骧。

孰能不惮远,为我游其方?为子奉尊酒,击铗歌慨慷。

送子临大路,寒日为无光。悲风来远壑,执手空徘徨。

问子何所之,行矣戒关梁。世路百险艰,出门始忧伤。

东征忧旸谷,西游畏羊肠。南辕犯疠毒,北驾风裂裳。

愿子驰坚车,躐险摧其刚。峨峨既不支,琐琐谁能当?

---

① 束景南:《朱子大传:"性"的救赎之路》,上海:复旦大学出版社,2016年,第55页。

朝登南极道,暮宿临太行。睥睨即万里,超忽凌八荒。

无为蠖蠖者,终日守空堂![1]

武　林

春风不放桃花笑,阴雨能生客子愁。

只我无心可愁得,西湖风月弄扁舟。[2]

桐庐舟中见山寺

一山云水拥禅居,万里江楼绕屋除。

行色忽忽吾正尔,春风处处子何如?

江湖此去随沤鸟,粥饭何时共木鱼?

孤塔向人如有意,他年来借一蘧蒢。[3]

三诗交杂,似乎预示了朱熹科考结束后的命运。其实在朱熹自己来看,他应该会察觉到自己应该会是这样的结果。可以想象,在五夫里乡邻为朱熹得中进行庆祝结束后的那个晚上,形态微醺的朱熹可能会想起自己曾经做过的这三首诗。它们此时可以正在不远处的书榻上,被月光照着。虽看不清文字,但它们让朱熹感受到有说不出的滋味。

当然,这一切都是出于今人的遐想,无法复原朱熹在回乡庆祝后的真实样态,但从他进士及第后的发奋学习中,可以看出他的心有不甘。但是这是不是有像小人之心度君子之腹,朱熹可能此时的心性极高,是王阳明笔下的利根之人,他完全不太在乎科举的名次和居身待守的事实。只能说,至少需要给朱熹一个"人的身份",也不需要过度地把他的青年时期拔高。中年以后,朱熹的山水美学思想异常丰富,他所作的琴诗成就显著,这是需要寻找到一个心理的动力因。因此,用朱熹不满于现实的这种推断,来进一步地揭示出他出入佛老和弃释归儒的真正原因,是有一定的意义的。同时,也需要把青年朱熹从中年朱熹、老年朱熹的影子中提炼出来,揭示出他青年时期的"迹"。这可能是研究朱熹理学思想中一项不得不从事的工作。

① 朱熹撰,朱杰人等主编:《朱子全书》第20册,上海:上海古籍出版社,合肥:安徽教育出版社,2002年,第224页。

② 朱熹撰,朱杰人等主编:《朱子全书》第20册,上海:上海古籍出版社,合肥:安徽教育出版社,2002年,第557页。

③ 朱熹撰,朱杰人等主编:《朱子全书》第20册,上海:上海古籍出版社,合肥:安徽教育出版社,2002年,第558页。

附　记　朱熹经历背景

一、时代背景

南宋初期,秦桧从北方逃回临安,逐渐被宋高宗赏识,开始拜相主政。自此,由他领导的主和派在朝廷中逐渐就占据了上风。与此同时,一直以主战作为自己安心立命的道学派开始受倒压制。这其中就有要求兴兵北伐的道学领袖胡宏(胡五峰)开始退出朝廷,同为道学领袖的张九成也被宋高宗放逐。这时,朝廷中就只剩下胡安国、尹焞力抗秦桧,但明显处于下风的地位。因此,在宋高宗一朝,道学是一直处在被压制的状态。整个道学一派都表现得比较低迷。

到了1162年宋孝宗继位的时候,道学一派对这个因禅位而取得帝位的赵眘抱有很大的希望。可是宋孝宗一开始刘金人议和(1164年)的态度就让道学家感到寒心。但是他们发现对金议和并不是宋孝宗的本意,而是“继承”宋高宗的旨意。因为宋孝宗本身主孝,在他看来,有坚守儒家思想中“三年不改父之道”的孝道表示,这是他应该所为,因此宋孝宗的这种行为是可以理解的。

宋孝宗上台后,政治打压道学派的气氛开始稍缓。道学人士逐渐开始入朝做官,其官方和民间的学术活动也开始活跃起来。这里有一个典型的转机就是吕祖谦开始主持科考大业,他开始大力选举道学人士参与朝政。实际上,陆九渊就是吕祖谦选拔上来的。吕祖谦主考就标志以他为代表的“金华学术”开始活跃在南宋一朝。“金华学术”一派的特点就是兼容并蓄,主张学术多元化。这样就可以理解吕祖谦为什么要举办一场轰动儒家界的

鹅湖之会,目的就是为道学一派吸引更多的有识之士。

在上述的大背景下,朱熹于1148年19岁得中进士。但是朱熹中的这个进士并没有给朱熹带来太大的心理安慰。首先朱熹在中举人的时候是被十分看重的,当时主持朱熹举人考试的蔡兹对朱熹的评价很高,他甚至说朱熹"他日必非常人"。所以可以看出朱熹在中举之后他的心理期望值是很高的。但是朱熹去临安(也就是杭州)参加进士考试的时候,中的却是第五甲第九十名。这个名次对于朱熹来说是一种打击。

中国古代的进士的科举制度。一般来说,在进士这个层面一般只有"三甲"制度,即一甲、二甲、三甲。一甲赐"进士及第",只取三名,第一名状元,第二名榜眼,第三名探花;二甲赐"进士出身",若干名;三甲赐"同进士出身",若干名。五甲制度基本上是宋朝的一种独创。五甲相对三甲最大的区别,就是在人数上明显多了很多。因此,朱熹这种五甲第九十名意味着什么就不言而喻了,基本上就是非常靠后的一个名次。实际上,朱熹成名后对参加这次进士考试的自我评价也不高,常见的说辞就是他说"他用道谦法师的理论来胡说"。但因当时秦桧主政,也就只能取得这个名次。朱熹对自己的进士出身基本上就是这样一种判定。

北宋还有一套特殊的选官制度,就是自从王安石变法以后,只通过科举就可当官的这个惯例被废除了,而增加了一种新的选官的制度,叫作"铨试"。这也说明了为什么朱熹十九岁中进士,二十二岁才去同安县当了一个从九品的主簿。

由于科举上的不顺和当官仕途上的各种坎坷,他基本上就把身心全部投入到做学问上面。可以说从十九岁的进士及第到他三十九岁完成中和新说,这二十年朱熹逐渐在南宋的学术界崭露头角。

总而言之,南宋理学大致可以将它分为三个时期:第一时期就是以胡宏和张九成为代表的第一个阶段。第二时期就是以张栻(卒于1180年)和吕祖谦(卒于1181年)为代表的第二阶段。但是张栻去世比较早,他在1180年就去世了。吕祖谦也差不多,他在张栻去世第二年,也就是1181年也去了。到这时候,南宋理学就迎来了朱熹为代表的第三时期。朱熹开始执学术界之牛耳,道学家一派迎来了朱子时代。

二、朱熹年谱

朱熹的师承主要可追溯到刘子翚（刘屏山）、胡宪（胡籍溪）、刘勉之（刘白天）、朱松（韦斋）和李侗（李延平）五人。其中朱熹的父亲朱松和李侗师承可追溯到罗从彦（罗豫章），罗从彦师从杨时（杨龟山）；刘勉之的师承可以追溯到谯定（谯天授）和刘安世（刘元城）。谯定和杨时的师承又可追溯到程颢（程明道）和程颐（程伊川），二程又曾求学于周敦颐（周濂溪），和张载（张横渠）的关学也有一定的渊源；刘安世的师承可以追溯到司马光。

胡宪的师承可以追溯到胡安国（胡武夷），主要集中在胡安国早期在武夷山授学阶段。胡安国师承可以追溯到朱长文（朱乐国），朱长文的师承又可追溯到北宋初期儒者孙复（孙泰山）。

刘子翚主要受教于私学，没有明显的师承。但他的私学教育主要受洛学影响很大。两宋洛学虽中兴于二程，但是诸多道学义理只有文字记载，多不见实物印证。于是两宋之间多有"河洛之学出川蜀"传说。这种传说为后来朱熹派弟子蔡元定去四川求取河图洛书埋下伏笔。

《朱子年谱》主要有以下版本：《李方子本》《汪仲鲁序本》《叶公回本》《戴铣本》《李默本》《洪璟本》《年谱正讹》《朱子年谱》（王懋竑）。关于《朱子年谱》，学者常用的版本一般是清朝王懋竑编写的《朱子年谱》。近些年来，一些学者也编了一些朱子年谱，如束景南《朱子年谱长编》。除此之外，还有一些年谱类的书籍，有如陈来编写的《朱了书信编年考证》，束景南的《朱子大传》，顾宏义的《朱熹师友门人往还书礼汇编》，这些大部分为《朱子全书》所收录。

朱熹的年谱略说如下：

1130 年，即宋高宗建炎四年庚戌秋九月，朱熹生于南剑州（治南平）尤溪郑氏祠堂内。从朱熹出生到朱熹的父亲朱松去世，朱熹的住所是不稳定的。他的一生主要生活、讲学辗转于建州（治建瓯）建瓯、建阳、崇安等闽北武夷山地区。

1143 年，即绍兴十三年，朱熹 14 岁。朱熹的父亲朱松去世。朱松去世之前，将朱熹与其母祝氏托付给武夷山崇安潭溪的刘屏山、胡籍溪、刘白水三人。这三个人也被学界称为武夷三先生。崇安潭溪就是今天南平的五夫里镇。现在已经建设成一个围绕朱熹而形成的旅游区,风景很好。

1148年,也就是绍兴十八年,朱熹19岁。这一年他经历两件大事,第一,他与恩师刘白水(刘勉之)的女儿刘清四结婚;第二,他去临安参加进士考试,中王佐榜进士第五甲第九十名。

1151年,绍兴二十一年,朱熹22岁。朱熹通过当时的朝廷考试,也就是铨试,获得了两个官职,一是授泉州同安县主簿,二是授左迪功郎。这两个官职都是从九品。

1153年,绍兴二十三年,朱熹24岁。通过铨试后的朱熹终于在24岁这年等到了赴同安任的诏书。他带领全家开始准备去同安赴任,这个同安就是今天福建厦门市的同安区。与朱熹居住的潭溪或者说是五夫里大约是一千里,也就是所说的500多公里。朱熹这段上任的路程不算短,但这个在宋代也不算长。如北宋包拯是安徽合肥人,他上任的两个地方一个是今天广东的肇庆,一个河北大名,离他们的家乡都不近。朱熹初次上任同安的过程中,路经今天的南平市延平区。第一次见李延平(李侗)。他第一次感受了他的默坐澄心,观"喜怒哀乐未发前之气象"这种儒家功夫法门。

1158年,绍兴二十八年,朱熹29岁。这一年他再见李侗,他内心中的禅学思想开始动摇。

1159年,绍兴二十九年,朱熹30岁。这一年朱熹开始校订《上蔡语录》。

1160年,绍兴三十年,朱熹31岁。这一年朱熹第三次来面见李侗,正式拜李侗为师,开始受学。

1163年,孝宗隆兴元年,朱熹34岁。这一年宋高宗终于无法承受内忧外患的心理压力,选择了禅位。他从宋太祖赵匡胤这一支血脉中选出一个比较乖巧的孩子赵昚,并将他扶到皇位上。这就是高宗禅位。需要点明的是,宋高宗是宋太宗赵匡义一支的血脉。所以按照血亲来说,宋孝宗与宋高宗不是父子关系,而是宗族关系,而且这两个宗族还离得比较远。宋高宗赵构之所以要这样选择,主要因为靖康之变后,赵匡义一支的血脉除了宋高宗赵构本人,其他血脉全被掠夺到北方残害致死,致使南宋一朝只能从宋太祖赵匡胤这一脉中再找继承人。宋孝宗赵昚是不可能短时间违背宋高宗的意愿的,这就决定了朱熹希望变更高宗之法来改变王朝的弊端,本身就不存在着可能性。因此,他和宋孝宗最初为政的黄金几年也就这样错过了。至此,朱熹失去了他一生中第一次可能得到重用的机会。不过这一年,朱熹编了《论语要义》和《论语训蒙口义》。也就在这一年,他的老师李侗去世。

1166年,孝宗乾道二年,朱熹37岁。他写了《杂学辨》,开始攻击苏轼、苏辙、张九成、吕本中,认为他们的儒学思想中杂糅了佛老。他开始正式确立自己的儒学本位立场。

1168年,朱熹39岁。这一年,他编《二程遗书》、《中和旧说》和四书的雏形。

1169年,朱熹40岁。他完成了从"中和旧说"到"中和新说"新的转变。"中和新说"标志着朱熹理学结构定型:"性"为形上,"心"为形下,已发、未发都是"心"。他将性、心分开。对于"未发",朱熹认为是"思虑未萌,知觉不昧";对于"已发",朱熹认为是"事物纷纠,品节不差"。

1172年,朱熹43岁。这一年,他的《西铭解义》《太极图说解》《通书解》写成。《仁说》思想也在这一年开始定型。

1173年,孝宗乾道九年,朱熹44岁。朱熹的《伊洛渊源录》写成。按照何镐(叔京)的记载,朱熹学术地位就立基于这一年。

1175年,朱熹46岁。朱熹完成为母丁忧,在寒泉精舍与吕祖谦共同编撰《近思录》。又应吕祖谦之邀,赴江西铅山鹅湖寺参加鹅湖之会。这一年,陆九渊(陆象山)37岁。

1177年,朱熹48岁。他的《论孟集注》和《周易本义》写成。

1178年,朱熹49岁。他赴江西"知南康军",并主持修复白鹿洞书院。

1180年,朱熹51岁。好友张栻去世。

1181年,朱熹52岁。好友吕祖谦去世。一般认为这一年后朱熹逐渐取得学术宗主地位。同年,陆象山来访白鹿洞书院,被朱熹请升讲席,讲义利之辨。

1192年,宋光宗绍熙三年壬子,朱熹63岁。陆象山去世。

1196年,宋宁宗庆元二年,朱熹67岁。他的《仪礼经传通解》写成。

1197年,宋宁宗庆元三年,朱熹68岁。他的《韩文考异》写成。

1198年,宋宁宗庆元四年,朱熹69岁。他口授蔡沈的《书集传》成。

1199年,宋宁宗庆元五年,朱熹70岁。他的《楚辞集注》《后语》《辨证》《参同契考异》《阴符经考异》写成。

1200年,宋宁宗庆元六年,朱熹71岁。庆元党禁之风还没有结束,朱熹在风雨飘摇中结束了自己的一生。他的一生共经历高宗、孝宗、光宗、宁宗四朝。

三、学术生涯

朱熹一生的学术生涯大致可分为四个阶段：

第一个阶段是他 19 岁中进士到他 24 岁第一次见到李侗为止。朱熹 24 岁以前，受佛教禅学影响很大。这里有两个原因：一是朱熹的家庭氛围含有沉浸佛老的倾向。朱熹的祖父朱森晚年基本上就靠着研究佛典来度过余年，他的父亲朱松受到杨时倾佛思想的影响，也偏好佛老。朱松在来到福建后，基本上常年浪迹佛寺禅院，先后同深师、觉师、华严道人、大智禅师等一众佛教徒谈禅说法。这种现象在南宋初年是非常普遍的，束景南认为朱熹一家都有好佛老的倾向。因为战乱的年代，人们都有一些通过宗教求心安的心理倾向。这种家庭氛围对朱熹的亲佛影响很大。

二是朱松去世后，教育朱熹的武夷三先生刘子翚、刘勉之和胡宪也都有倾向佛老的表现。这里，刘子翚和刘勉之对朱熹的影响比较大。刘子翚信奉的是"不远复"三字符的修养法门，他给朱熹取字"元晦"也多多少少有点禅宗的意义。他向朱熹传授的《圣传论》，基本上就是一部杂糅儒佛老的理学代表作。当然，对朱熹影响比较大的还是他的岳父刘勉之信奉的"昭昭灵灵的禅"。在这一段时间内，朱熹的思想基本上是沿着刘勉之给出的禅学道路发展的，这也就决定了他与开善寺的道谦法师来往关系密切。道谦法师传承了北宋主张"援儒卫释"的孤山智圆、明教契嵩、大慧宗杲的佛儒相浸思想，他对青年朱熹的儒佛杂糅脱离不了关系。实际上，朱熹中进士后的抑郁心情，也让他几乎常常跑到宗元的竹源庵和道谦的开善寺去消解内心的苦闷。

第二个阶段是他 24 岁见李侗到他 40 岁参悟"中和新说"，参透已发、未发的"中和"问题 。这一阶段是朱熹思想由禅宗向儒家转变的关键时期。朱熹第一次见李侗时他才 24 岁，他第一次感受了儒家的默坐澄心，观"喜怒哀乐未发前之气象"这种儒家功夫法门。这段时间，朱熹对李侗的学说是存有质疑的。朱熹第一次去见李侗的时候，不善言辞的李侗给朱熹的感觉很冰冷，有一种高高在上的感觉。这一次初见，朱熹只是从李侗身边的人知道一些关于李侗的描述，如人们比较熟知地说李侗是"冰壶秋月"。他本人并没有直接从李侗身上获得什么启示。其实，从父亲朱松那里，朱熹很早就知道李侗。朱熹曾对别人说,他的父亲朱松特别欣赏李侗,"深以为知言"。这种评价其实是蛮高的。

1158年,朱熹29岁的时候,他辞去了同安县主簿的官职。这一年他复到延平,向李侗问学。这段时间朱熹最大的收获是著名的"理一分殊"论,这让朱熹感到震撼,开阔眼界。李侗说:"理不患其不一,所难者分殊耳。"这就是说,"理"虽然重要,但是他不是儒家最难做工夫的对象,日常"分殊"之事才是儒家做工夫最难的。"理一分殊"基本上是格物致知思想的一种进一步明确的表达。道理人人可知,但在具体的事上如何发展,这却不是一件容易的事。这一年,深埋他内心中的佛家思想开始动摇。

1160年,朱熹31岁,朱熹第三次来面见李侗,正式拜李侗为师,开始受学。朱熹37岁时,他写了《杂学辨》,开始攻击苏轼、苏辙、张九成等人,认为他们的儒学思想中杂糅了佛老,开始正式确立自己的儒学本位立场。

第三个阶段是朱熹40岁到他60岁之的创作高峰时期。在这段期间内,他的《四书章句集注》写成,完成了"尊德性、道问学"的统一。同时,他整合了周濂溪的《太极图说》《通书》和横渠《西铭》的主要思想,建立理气二元的理学结构。43岁时作了《仁说》,他的理学思想结构正式形成。

第四个阶段是朱熹在庆元党案期间。朱熹68岁以后开始关注考据学,他开始编写《韩文考异》《楚辞集注》《楚辞辨证》《楚辞后语》《参同契考异》和《阴符经考异》。

朱熹的《阴符经考异》一直受到学界的争议。一些学者认为这本书应该叫《阴符经注》。原因在于宋、元目录中都看不见有朱熹注释《阴符经》之著作,元代黄瑞节辑《朱子成书》,收入《阴符经》注释之中,题"西山先生蔡元定季通撰,晦庵先生朱熹元晦校正"。其后此书于明代收入《正统道藏》,题为"崆峒道士邹诉注"。有学者认为,这个邹诉就是朱熹在撰写《参同契考异》后所用之化名。

清代以后,学者认为这本书应该就是朱熹写的。比如王应麟《玉海》卷五记载《阴符经》有北宋蔡望注及南宋蔡元定注两种。又引一段《阴符经》序文,称"蔡氏序",此节文字见于元代黄瑞节之《朱子成书》,末尾署名"淳熙乙未"(1175年),应是蔡元定之文字。

《道藏·洞真部·玉诀类》有《黄帝阴符经注》一卷,题"蔡氏注",与传本《阴符经考异》相同。可知今天流传的《阴符经考异》其实是蔡元定的《阴符经注》。这本书明清以下皆改作《阴符经注》,书中并无"考异"之内容。所以

此书是否是朱熹所作,可能还需要进一步的研究与考证。

四、历史贡献

关于朱熹的学术成就大致有两种分法。第一种可以将它分为经学、史学、子学和集部四个部分,第二种可以将他分为儒学、理学和政治学三个部分。

首先,来看第一种分法。朱熹的《经学》包括易学、诗学、书学和礼学。他唯独不注《春秋》,只把《春秋》当作《史学》来看。

他的易学包括《易本义》《易学启蒙》,诗学包括《诗集传》,书学包括《书集传》,是他口授蔡沈而成。他的礼学包括《仪礼经传通解》和《孝经刊误》。其中《孝经刊误》是经一章,传十四章。还有一种经学的集结,就是《四书章句集注》。

他的史学包括《资治通鉴纲目》。

他的子学包括《太极图说解》《通书解》《西铭解义》《近思录》,还有他的门人后学帮他整理的《朱子语类》140 卷和《朱文公文集》100 卷。也有人认为他的《参同契考异》和《阴符经考异》也算作他的子学。这种可能需要进一步的研究。

他的集部包括《楚辞集注》和《韩文考异》。

大致可以将他的学术概括为经学、子学、史学、集部之学,也可以概括为文学、佛道之学、考据辨伪之学、小学。这是一种分法。

第二种分法。他的学术包括理学、儒学和政治学。他的理学核心思想实际上是诚意正心,格物穷理,读书明理,行事体察,目的是限制皇权的肆意发展,避免北宋徽宗的历史覆辙。

他的儒学核心在于使北宋诸子的儒学思想回归到政教改革这一条路上来。这一点他和吕祖谦基本上保持一致。但是他的儒学之路显然是不成功的,最终他也没有完成儒家的"为天地立心,为生民立命,为往圣继绝学,为万世开太平"的儒家理想。他在南宋初年和朱熹逝世前基本上已成定局,但他在无形中成就一套"学术大业"。这里面的因素很多,有武夷山地区印刷术的普及与廉价,也有南宋婺源地区烟墨制作的成熟技术。

他的政治学思想主张王安石时期"共商国是"的理想。认为南宋政教改革的"外王"之学其实仍在,只是士气不如北宋时代振奋。所以他说,"熹旧时亦要无所不学,禅道、文章、楚辞、诗、兵法,事事要学"。但是他最终还是放弃了,就如他说:"一日忽思之:且慢,我只有一个浑身,如何兼学得许多?"

总之,朱熹达不到王阳明三不朽式的学术成就,但足以在整个中国的学术史上显现一道璀璨的光辉。

五、四书五经

朱熹的四书学主要体现在三部书中:一是《四书章句集注》,一部是《四书或问》,还有一部就是《朱子语类》。了解朱熹的四书学,基本上就可以参照这三部书。四书包括《论语》《孟子》《大学》和《中庸》。杨儒宾认为,"四书"从理学的角度来说也可以说成是"四经",而且他把《易经》加进来,变成了"新五经"。

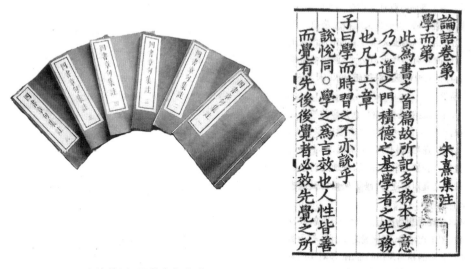

宋淳祐刊《四书章句集注》　　　　　　　《论语集注》首页

一般认为,《论语》在前先秦时存在三种版本,即古《论语》、鲁《论语》和齐《论语》。今文经学传《齐论语》《鲁论语》。《齐论语》由王吉传授,《鲁论语》由夏侯胜传授。后来西汉末年安昌侯张禹以《鲁论语》为基础,合《鲁论

语》《齐论语》为一,称"张侯论"。东汉末,郑玄又以"张侯论"为底本,参照《齐论语》《古论语》(古论语是古文经)作《论语注》,遂为《论语》定本。这三种《论语》是朱熹注《论语》的主要参考。

汉代时,《论语》与《孝经》就已经成为学习经学的入门读物。魏晋时代的学者及有求圣的人,也常常留意《论语》一书。在他们看来,《易经》《老子》主要解决的是政治问题,而《论语》主要解决的是心性问题。目前常见的《论语》版本有:

三国　何晏《论语集解》—王弼《论语释疑》—钟会亦注《论语》

南北朝　皇侃《论语义疏》

北宋　邢昺《论语疏》

南宋　朱熹《论语集注》

清朝　刘宝楠《论语正义》

两汉、魏晋、南北朝几乎无人提及孟子。至唐代,韩愈始提倡《孟子》,他的目的在于辟杨墨,论心性。他的学生李翱在于对抗唐末佛教的侵扰继承了这种思想。在韩、李之后,皮日休继续了孟子的升格运动。进入到宋初,以柳开等一些活跃的思想家开始对孟子进行广泛关注。柳开受皮日休影响,推崇孟子。孙奭校勘了《孟子》,并撰成《孟子音义》二卷;范仲淹推崇尊孟思想;欧阳修提出"孔子之后,唯孟轲最知道"。等到了孙复、石介的时候,孟子思想达到了一个新的高峰。孙复说:"孔子既没,千古之下,攘邪怪之说,夷奇险之行,夹辅我圣人之道者多矣。而孟子为之首,故其功巨。"石介则说:"孟子既没,微言遂绝。杨、墨之徒,榛塞正路。孟子正人心,息邪说,距诐行,放淫辞,以辟杨、墨。"孔子第三十五世孙孔道辅也指出:"诸儒之有功于圣门者,无先于孟子。"他也在其家庙中立了孟子、荀子、扬雄、王通、韩愈"五贤堂","像而祠之",自此之后,二程、张横渠和王安石,在"孟子"的升格运动中发挥了巨大的作用,将孟子从幕后彻底的推到了时代的前台。

韩愈提倡《大学》,但是他不重"格物、致知"。因为他的目的在于辟佛老,重在政治社会,故较注意"治国平天下"。而宋儒最重格物致知,逐渐转入心性之精微。这一点被朱熹发扬光大。

唐朝李翱就提倡《中庸》,他认为子思把圣人相传之天道性命观念总结起来。南梁武帝其实就注有《中庸解》。后来,他主导的轰轰烈烈的灭佛运动,让佛教的兴盛一去不复返。但是这位灭佛的皇帝注的《中庸》却被北宋一些大德高僧重视起来。如北宋孤山智圆、明教契嵩和大慧宗杲都重视《中庸》。和朱熹有着密切来往联系的宗杲弟子道谦法师,也继承了这种衣钵。最终在北宋大德高僧的"援儒卫释"的运动中,使朱熹吸收了佛儒关于《中庸》的精华,成了他编注四书来源的一个历史契机。在二程和道南学派一步步的影响下,最终朱熹把《中庸》编入四书。

在宋代以后,中国政治社会环境的改变对学术环境的改变造成了深远影响。这些影响在朱熹的身上被充分地体现出来。朱熹就曾说:"《诗》《书》是隔一重两重说,《易》《春秋》是隔三重四重说。《春秋》义例、《易》爻象,虽是圣人立下,今说者用之,各信己见,然于人伦大纲皆通,但未知曾得圣人当初本意否。且不如让渠如此说,且存取大意,得三纲、五常不至废坠足矣。今欲直得圣人本意不差,未须理会经,先须于《论语》《孟子》中专意看他,切不可忙。"意思是说:今天所传的《诗经》与《书经》与上古的本义已经隔了一两重,而今天所传的《易经》与《春秋》,与上古则隔了三四重。《春秋》事例的本义,《易经》爻词的含义,虽然是圣人制定的,但今天的学者各自用之,各信自己所掌握的那套,虽然都说得通,但是不是合了圣人本意,就不得而知了。所以今天要了解圣人的本意,不一定要先从经入手,从《论语》《孟子》入手就可以,不可以着急。

朱熹还说:"《易》非学者急务也,某平生也费了些精神理会《易》与《诗》,然得力则未若《语》《孟》之多也。《易》与《诗》中所得,似鸡肋焉。"意思是说,《易经》并不是学习圣人之德的首要任务。他说我平生里也对《易经》和《诗经》费了一些心神,但是获得的感受不如《论语》和《孟子》多。而从《易经》和《诗经》中所获得的,又没有什么大用,像鸡肋一样。

朱熹的上两段话说明了两宋儒学对待经学的一种态度,表明了经学的重要性与影响力已经开始下降。

经学大致是在西周期间形成,到春秋初年时已经被广为流传。常见的经学一般包括《诗》《书》《易》《礼》《春秋》。据说还有《乐经》,但已经失传,不可考。

到了春秋战国和秦汉之时,为五经作"传"的风气开始形成,五经和它的传就形成了后来的九经。唐初孔颖达的《五经正义》其实就是一本九经式的经学。

西汉的经学与先秦的经学有一定的变化。后世学者称为"经学今文化",也就就"今文经学",指的就是西汉儒者改造的经学。这类经学的特点就是"代圣立言"。今文经学与古文经学的区别是:古文经学偏重于历史,而

今文经学偏重于义理,偏向于今天所说的哲学。

在今文经学中,孔子成为汉帝国政治之下的文化圣人典型,而关于孔子成圣观念基本开始消失。

汉末至魏晋南北朝时期,"注疏学"开始形成并风靡起来。这时候郑玄、贾逵、马融等人的注疏学开始流行起来。发展到宋明时期,北宋五子开始以各自的专长重新理解经学。发展到朱熹的时候,显然已经形成了一套有别于前代的另一套注疏学系统。这一套注疏系统一直沿用到清初,甚至有学者称,以朱熹为代表的注疏学系统俨然构成了一套新的今文经学,也就是形成了一个新的"子学"系统。

到了清朝中期,清朝的学者透过"疑经"运动,将"经学"逐渐推向"史学"方面,使之向史学转移,基本上就形成了"六经皆史"的这样一个历史局面。虽然清朝仍然存在着"常州公羊学派",但遭受了一些的经学学者的反扑,并没有形成太大的影响。

其实,中国学术史上的"今文经学"、"古文经学"与"官学"、"家言"之间一直是交互发展的,你中有我,我中有你,呈现出一种杂糅的状态。

至于孔子作的《春秋》是经学?还是史学、子学?在朱熹这里也是一个谜团。所以在朱子后学的讨论中,关于这个问题的讨论也是含糊不清的。

总而言之,周朝时期的五经强调的是周代封建礼乐政治,偏向于史学,代表人物是周公。儒家思想里的四书,强调是孔子、曾子、子思、孟子,偏重于哲学,代表人物是孔子。从古文经学向今文经学的转变,从西汉儒家改造经学时就已经开始了。董仲舒那句著名的"罢黜百家,独尊儒术",就已经是今文经学的意义。不过这还处于第一层,到北宋周、张、二程时,河洛学思想开始扩大。到朱熹,将这些北宋五子的思想编撰到《近思录》的时候,今文经学就达到了一个高峰。这可以被看成是今文经学意义的第二层。

一些学者称朱熹企图建立一套哲学体系,以作为经学之基础。他把经学进行哲学改造,运用的就是一种新的解经方式。指出这就是朱熹所谓"今文经学"的主要含义。当然,这种说法是否正确,还需要学者进一步的探讨。但是在宋代以后,"经学"逐渐开始朝向"史学"方向移动,却也是一个不争的事实。这是一种很有趣的现象。

六、佛教因缘

朱熹的父亲朱松,虽然主要还是习儒为官,但一生中非常喜欢佛学。朱松晚年经常与净悟、大智禅师交往。朱熹的两个叔叔朱槔、朱柽,他的爷爷朱森,及朱熹的外祖父、母亲祝五娘,舅父祝峤、祝莘都是虔诚的佛教徒。束景南曾说:"(朱熹)不仅在一个有理学渊源的家庭环境中生活,而且在一个充满佛道气的家庭氛围中成长。朱森在凄冷寂寞的晚年中就靠究心佛典度日,朱松继承家风也耽好佛老,一生同衲子缁流、羽客道士广交,他入闽后萍踪浪迹多寓居萧寺禅院,先后同深师、觉师、华严道人、求道人、西堂道人、净悟、湛师、三峰长老、惠匀、南峰长老、康道人、大智禅师等吟诗论文,谈禅说法。"可以说,朱熹是生长在一个佛教世家。不过,这种儒佛相浸的现象在两宋交际的战乱时代并不是什么稀奇的事。

绍兴十三年(1143 年),朱熹的父亲朱松去世,这一年朱熹 14 岁。朱松去世前将朱熹一家托付给武夷山五夫里的刘子羽、刘子翚、刘勉之和胡宪四人。刘子翚、刘勉之和胡宪三人也被称为武夷三先生。这里呢,刘子羽是大慧宗杲的弟子;刘勉之,后来成了朱熹的岳父,信奉"昭昭灵灵的禅"(致中、白水);刘子翚是刘子羽的弟弟,信奉"不远复"三字符的佛教修行方法。胡宪在一定程度上也有佛教倾向,但不如前三者明显。他自己有一座书院,以儒家教育为主。

朱松去世后,朱熹主要由刘子羽收养。但是第二年刘子羽也去世了,就将朱熹托付给刘子翚。于是就有了武夷三先生教朱熹的历史机缘。

胡宪和刘氏家族热衷佛学的历史背景,对朱熹少年时代思想的形成影响很大。所以少年朱熹与青年朱熹常以儒典、佛典为读物,特别是在刘子翚的带领下,朱熹更加亲近宗元、道谦等僧人。

刘子翚自幼习儒,中举后在福建任职,曾经访学于曹洞宗天童正觉的大弟子思彻禅师,并皈依座下,习默照禅。他曾经撰写《圣传论》《复斋铭》,主张"主静观复"的"不远复"三字符。

朱熹的佛学思想被一些后世学者将其概括为"求中未发"的思想阶段。这一时期的他思想是比较混杂的。首先是朱熹与福建建宁竹源山之竹源庵、开善寺的宗元和尚、道谦禅师走得很近,在绍兴十五年(1145 年),也就是

朱熹16岁的时候,他与道谦一起谈禅。这时,道谦禅师赠送给朱熹一本《大慧禅师语录》。朱熹将它拿出来仔细研读。到了绍兴十七年(1147年)的时候,朱熹18岁,他在这一年通过参加乡贡,考试得中,有机会去临安参加进士考试。第二年,也就是朱熹19岁。这一年朱熹发生了两件大事:一是朱熹与刘勉之的女儿刘清四完婚,二是这年朱熹收拾行囊,赴临安应试,并中王佐榜第五甲第九十名。

朱熹对这次中榜并不看好。因为他觉得这次中榜他基本上是用佛教的话来胡说,他说:"及去赴试时,便用他的意思去胡说,是时文字不似而今细密,随人粗说。试官为某说动了,遂得举。"

在进士及第后的一段时间,朱熹一有时间便参访佛寺,参禅问道。即使在绍兴二十三年(1153年),他24岁任福建同安县主簿的三年里,基本上也是这样。到了绍兴二十八年(1157年),朱熹29岁,他再见李侗时,李侗正式教他二程之学的精髓,也就是著名的"理一分殊"的思想,朱熹才将自己的注意力由"佛学"开始转移到"儒学"。

这以后朱熹还是结识许多禅僧,他与佛教的因缘并没有中断。比如说,他还同崇安开善寺方丈圆悟、云居院方丈嗣公、浙江建德梅山寺僧人志南和天目山禅僧灭翁有着联系。

朱熹37岁时,他写了《杂学辨》,开始攻击苏轼、苏辙、张九成等人,认为他们的儒学思想中杂糅了佛老,开始正式确立自己的儒学本位立场。但是他真正与佛教划清界限,还是要等他完成中和新说之后。

七、道教际遇

关于朱熹与道教的关系,蔡方鹿认为:"朱熹青少年时出入佛老,除拜临济宗禅师道谦为师,受到佛学影响外,也曾问学于庐山道士虚谷子刘烈,同他论《易》学,问金液还丹修炼之法,细读了虚谷子的《还丹百篇》……朱熹考释道书,作《参同契考异》和《阴符经考异》,而署名空同道士邹䜣,探讨道教的内丹修炼之说,肯定道教的宇宙生成论。"

对于道教来说,一般分为先天易学和后天易学。先天易包括伏羲、易图,初没有什么文字,只有一个图像,以寓其象数。常见表现形式就是太极、两仪、四象和八卦。后天易包括文王周易,六十四卦和孔子易传。这些有一部分在孔子以后已经失传。但是一些"易之象数"却透过"道教"得以保存。

道教常表现为以"图"说"易"，借炼丹术传承"先天易学"。这一点在一定程度上影响了周敦颐。一般认为，朱熹所接受的道教有以下一种传承脉络：从陈抟起，经种放、穆修、李之才、李溉、许坚、范谔昌、刘牧，发展至宋代周濂溪、邵雍，最后传到朱熹这里。

朱熹所接受的"先天易数"是一种"象数"，基本上是一种宋代的宇宙论。这一点他在天文考古学的研习中有明显的体现。这种先天易数通过道教炼丹术被保留下来。由陈抟发展到周濂溪的《太极图说》，最后被朱熹所重视，发展成理学中重要的一个环节。

同时，道教的名著《参同契》也被朱熹关注，编撰了《参同契考异》。（但是这本书前面谈过，到底他是朱熹写的，还是蔡元定写的，还是其他人写的，可能还需要进一步的研究。这里暂且将它归于朱熹）《参同契》是借易学之"纳甲之法"以论其修炼理论。纳甲之法是指以大易、黄老、炉火会归于一，所以称为"参"。它的核心做法就是言坎离水火、龙虎铅汞之要。以阴阳、五行、昏旦、时刻为进退持行之候，后来言炉火者皆以是书为鼻祖。

影响朱熹的另一本书是《阴符经》，他也写了《阴符经考异》。这本书主张自然之道静，讲究天地之道复，核心思想就是物极必反，周而复始。这是一种阴阳相互推演的宇宙生成论。在这里，朱熹的"宇宙论"有了明显的心学取向。

朱熹在阐发自己的易学及太极说思想时，借鉴了道教之图及其以图解《易》的治学方法。朱熹建立了以义理、图书、象数、卜筮相结合的易学思想体系，在邵雍、周敦颐思想的基础上更进一步。通过借鉴了道教之图，并以图解《易》，阐发其易学及太极说，这对当时和后世产生了重要影响。

但是总体来看，朱熹对道家是持批判的态度的。朱熹认为老子"有体无用"、"体用分离"，认为老子不重"物形之"的层次。他比较欣赏老子的"谷神不死，是谓玄牝"的义理思想，并用它来解释儒家"生生"之义。对于老子的"失道而后德"，朱熹说："道者，古今共由之理；德便是得此道于身。若离了仁义，便是无道理了，又更如何是道？"这里朱熹有明显的批判老子思想的地方。

关于朱熹"辟老"的问题，陈荣捷先生在《朱子新探索》指出，《近思录》有"异端"一卷，朱熹历举北宋理学家的言论来排斥佛老。《朱子语类》中有"老氏"一卷、"释氏"一卷，基本上都是负面批评。朱熹的《近思录》不录邵雍之

作品,也是因为朱熹认为他的作品与道家十分接近。朱熹的理学比较重视"道"的实在方面,他不赞同老子的"有生于无"的观念。他认为以"道"为"无"与自己理气观念不相容。朱熹认为老子的"将欲夺之,必固与之"是老子常道(德)观念的权诈之术,认为老子的"德"思想是法家申韩等人思想起源的主要理论来源。

朱熹将老子、张良、邵雍归为一类,认为他们可能是有权谋的印记。朱熹说:"只是要寻个宽闲快活处,人皆害他不得,不肯犯手深做,凡事直待可做处方试为之,才觉难,便拽身退。"

有意思的是,朱熹却称赞庄子"道体"之论,认为它与"理"思想相通。朱熹说:"庄子不知他何所传授,却自见得通体。"朱熹认为庄子的"道通为一"和"依乎天理"契合了自己的"理"观念。但是这一点为后世学者所不容,他们认为朱熹曲解了庄子的天理,认为庄子"天理"思想并不等于朱熹的理,认为这完全是朱熹的误读。

陈荣捷指出:"朱子排斥道家虽坚,毕竟儒、道有可通处。而相通者乃在庄子不在老子。"对于朱熹而言,他的德思想来自孔孟,注重仁、义、礼的相对世界。庄子的德思想来自"知"的自然世界。如果说儒家与道家庄子存在着相通之处,那么应该就在于"仁"与"德"通于一体。这一点与老子的思想就不完全吻合了。

总之,朱熹的体用论对老、庄多有所取。他的"体"取自庄子的"道通为一";他的"用"取自老子的"谷神不死",认为这也代表了儒家生生不息之创造。当然,部分学者认为朱熹对老子和庄子的解读,存在着"误读"的成分,有将"学统"和"教统"混淆相谈的趋向。

八、朱熹门人

关于朱子门人的研究,资料很多,要系统地研究朱子门人则需要重视一些古籍文本,如《朱文公文集》《朱子语类》《象山全集》《勉斋集》《宋史》《大明一统志》《朱子实纪》《考亭渊源录》《宋季元明理学通录》《万姓统谱》《经义考》《道南源委》《儒林宗派》《宋元学案》《宋元学案补遗》《朱子年谱》和《朱门弟子师事年考》。

常见的研究朱子门人的资料为以下 5 种:一是明朝戴铣写的《朱子实

纪》;二是朝鲜李朝李退溪的《宋季元明理学通录》;三是陈荣捷在台湾学生书局出版的《朱子门人》,一共记载了朱熹的弟子 522 人,现在大陆地区也有出版;四是方彦寿在华东师范大学出版社出版的《朱熹书院门人考》;五是顾宏义在上海古籍出版社出版的《朱熹师友门人往还书札汇编》。《朱熹师友门人往还书札汇编》是一套 6 本的丛书,内容比较详细。

关于朱子门人的入门书籍是《朱子语类》。但是随着朱子学的发展,《朱子语类》中的门人数量被慢慢地突破。陈荣捷认为:"学者不满足《朱子语类》记载,认为诸多书志为夸大朱门,便从文集、方志等处大量收罗,多多益善。于是朱子门人的人数逐渐膨胀。"根据陈荣捷的整理,将朱子门人大致梳理如下:

《朱子实纪》记载朱熹有弟子一共 318 人;《考亭渊源录》记载 378 人,《理学通录》记载 411 人,《经义考》记载 433 人,《宋元学案》记载 224 人,《宋元学案补遗》记载 522 人。

朱熹的师友门人众多,以下列举六个后学代表进行介绍。其中有直接受学朱熹的,如黄榦、蔡元定、陈淳,还有受到朱熹影响而自称朱熹门人的姚枢、赵复和许衡。姚枢、赵复和许衡都是元朝时期的人,他们自然没有办法直接师事朱熹。

黄榦,字直卿,号勉斋,出生于 1152 年,卒于 1221 年,闽县(今福州)人,祖居福州长乐,著有《勉斋集》传世。黄榦学习很刻苦,类似孔子的门人颜回。《晦庵先生朱文公别集》卷一有这样一段记载:"榦自见熹,夜不设榻,不解带,少倦则微坐,一倚或至达曙。"朱熹将自己的第三个女儿嫁给了他,可见朱熹对他十分喜欢。朱熹在竹林精舍为母守丧期间,黄榦就代替朱熹讲学。他和朱熹一起编著了礼书,做过几任官,对朱子学的传播贡献巨大。全国各地初传之理学,大多出自黄榦之门。浙江金华何基(字子恭)、王柏(字会之)得黄榦的立志居敬要旨,形成金华学派。饶州余干饶鲁(号双峰)从学于黄榦,累传弟子程若庸、吴澄(号草庐),形成元代江西理学的源流。黄榦曾知鄂州汉阳军,奔走诸关,与荆湖、江淮豪杰参游。归里后,弟子日盛,巴蜀、湖北、江西之士皆来会集,夜以继日与讲经论理,大兴其学。

蔡元定,字季通,号西山,生于 1135 年,卒于 1198 年,福建建阳人,所著书有《大衍详说》《律吕新书》《西山公集》等。他去世在朱熹之前,所以他的离世对朱熹的刺激很大。蔡元定是研究易学的专家,朱熹曾经派到去四川寻找河图洛书,他对朱熹的易学帮助很大。朱熹曾说:"此吾老友也,不当在弟子列。"蔡元定也很珍惜他与朱熹的师徒之缘。在庆元四年(1198年)八月九日他临终前写给朱熹的《临终别文公书》中说："定辱先生不弃,四十余年,随遇未尝不在左右。数窃命薄,听教不终。自到此地,生徒虽众,因循岁月而已,殊无日新之益。所沾之疾,初而泄泻不止,既而热气上攻,少下右拇微弱,莫能远步,最后中虚暴下,百方治之无效,势必不久,惟以不见先生为恨。"可见蔡元定与朱熹的师徒情谊很深。

陈淳,字安卿,号北溪,生于1159年,卒于1223年,福建龙溪县(今漳州)人,著有《北溪字义》《北溪大全集》等。朱熹知漳州的时候,陈淳到朱熹身边求学。陈淳拜朱熹为师是因为受到朱熹和吕祖谦所编《近思录》的影响,《宋史·陈淳传》记载:"少习举子业,得《近思录》读之,尽弃其业。朱熹知漳州,即往从学。"朱熹也很赏识他,对他的评价很高。朱熹说:"熹数语人以'南来吾道喜得陈淳'。门人有疑问不合者,则称淳善问。"陈淳的为官历程与朱熹差不多,在漳州一带颇有影响。

姚枢,字公茂,号雪斋、敬斋,生于1203年,卒于1280年,享年七十八岁,谥文献。原籍营州柳城(今辽宁朝阳),后迁河南洛阳。姚枢在元军南攻湖北德安时,救下赵复等理学人才。后来他与杨惟中在燕京(今北京)建太极书院,立周敦颐祠,以二程、张载、杨时、游酢、朱熹六君子配食,请赵复为师,选俊秀有识者为道学生,从学者达百人之多。可见,姚枢对朱子理学的北传贡献很大。据《宋元学案·鲁斋学案》记载:"自赵江汉(赵复)以南冠之囚,吾道入北,而姚枢、窦默、许衡、刘因之徒,得闻程朱之学,以广其传。由是北方之学郁起,如吴澄之经学,姚燧之文学,指不胜屈,皆彬彬郁郁矣。"姚枢弃官后,终日危坐,潜心研读程朱之书,亲自从事小学、四书的刊行。赵复隐居山林后,姚枢就成了北方朱子学传播的核心人物。

赵复,字仁甫,号江汉,湖北德安(今安陆)人。赵复自称是朱子的门人,他向往朱子学。在他所作的《传道图》和《师友图》中,将自己与朱熹的53位门生弟子并列,以示自己对朱子学的向往。他对朱子学的传播主要集中在四个方面,即"传理学、正道统、辟邪说和否功利"。赵复的北上弥补了朱子学在北方传播上的空白,于是有了"自复至燕,学子从者百余人"的局面。《元史·赵复传》称"北方知有程、朱之学,自复始",可见赵复对元代朱子学发展的奠基之功。

许衡,字仲平,号鲁斋,生于1209年,卒于1281年,怀州河内(今河南沁阳)人,著有《鲁斋遗书》等,是元朝时期对朱子学发展的集大成者。他对朱子学的发展大致可以分为两个方面：一是形式上的口语直解，一是内容上的新诠释。这里只举一例，他的《大学直解》有这样一段话："《大学》是这一部书名，大学之道，在明明德。大学之道是大学教人为学的方法，明是用工夫明之。明德是人心本来元有的光明之德。"这基本上已经接近了今天的白话文。

九、朱熹宗族[①]

朱熹的始祖朱瓌共有三个儿子，分别为朱廷杰、朱廷隽、朱廷滔。朱瓌，小名朱古僚，字舜臣。生于唐僖宗广明元年（880年），天祐年间奉歙州刺史陶雅之命，率兵三千镇守婺源，制置于茶院，巡辖婺源、浮梁、德兴、祁门四县，百姓得以安居乐业。天祐三年（906年）受封宣、歙、池、平、苏、杭、饶、信八州观察史，举家迁居婺源。其子孙世居于此，称婺源茶院朱氏，朱瓌为茶院朱氏始祖。卒于天福丁酉年（937年），葬于婺源万安乡千秋里三都，地名连同。

朱廷隽是朱熹的二世祖，他有一个儿子朱昭元。朱廷隽，字文智，又字文和。后梁乾化二年（912年）生，官南唐补常侍，徽州刺史兼徽善、汉总管，后升任复州节度使，拜谏议大夫。宋淳化五年（994年）卒，享年83岁。葬婺源北门关外汤村下园。

朱昭元是朱熹的三世祖，他有两个儿子，分别为朱惟则、朱惟甫。朱昭元，字致鲁，乳名曾老。后周显德元年（954年）生，荫袭侍卫指挥使，累官至侍中，北宋咸平二年（999年）卒，享年46岁。葬汤村其父墓西侧。

朱惟甫是朱熹的四世祖，他共有三个儿子，分别为朱迪、朱郢、朱振。朱惟甫，小名道真，字专美，又字文秀。北宋太平兴国四年（979年）生，历官四门博士，拜谏议大夫，隐居家乡。北宋至和元年（1054年）卒，享年76岁，葬婺源松岩里一都，地名小溦溪，称"溦溪府君"。

朱振是朱熹的五世祖，他共有四个儿子，分别为朱桴、朱绚、朱发、朱举。朱振，字文举。学问渊博，为当时县乡学者师表，但隐居不仕，世称"卢村府君"，著有《卢村诗集》。生卒年失考。卒后葬婺源万安乡松岩里卢村。

---

① 本篇资料来源主要根据江西婺源朱文公庙壁挂图的内容整理而成。

朱绚是朱熹的六世祖,他有三个儿子,分别为朱蟾、朱耆、朱森。朱绚,字义之。以读书教子为乐,不仕。卒后葬婺源万安乡松岩里大王桥金花坞,子孙称他为"王桥府君"。

朱森是七世祖,也就是他朱熹的爷爷。朱森有三个儿子,朱松、朱柽、朱槔。朱森,字良才,号退翁,别号退林。北宋熙宁八年(1075 年)出生。抵押田产,随子朱松入闽,获赠承事郎,世称"承事府君"。宣和七年(1125 年)逝世于政和官舍,因战乱灵柩难以运归婺源,葬政和县护国寺侧。

朱松是八世祖,是他朱熹的父亲。朱松,字乔年,号韦斋。北宋绍圣四年(1097 年)闰二月廿三生于徽州婺源,南宋绍兴十三年(1143 年)三月廿四卒于建州城南环溪,葬于崇安五夫里,享年 46 岁。宋重和元年(1118 年)戊戌登进士,宋宣和年间为福建政和县尉,侨寓建阳(今属福建)崇安,后徙考亭。历任著作郎、吏部郎等职,世称吏部郎府君,赠通议大夫,封粤国公,谥献靖,祀入圣庙。后因极力反对权相秦桧议和,贬任江西饶州知州(治今鄱阳),未至任病逝。

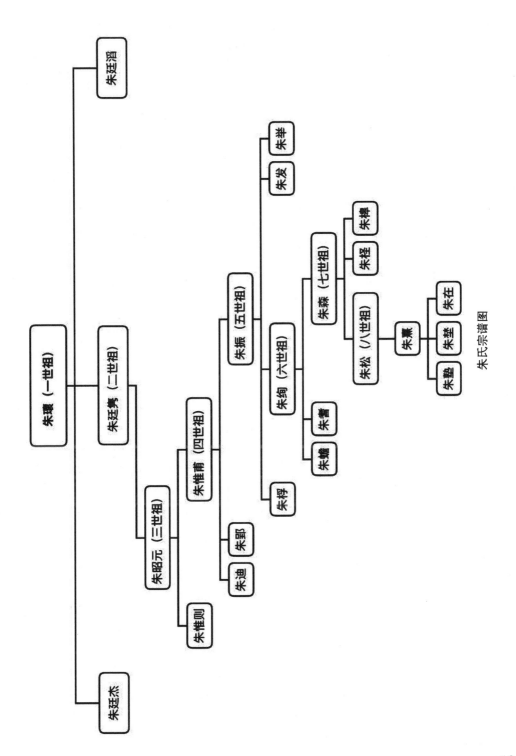

朱氏宗谱图

参考文献

[1]朱熹撰,朱杰人等主编:《朱子全书》,上海:上海古籍出版社,合肥:安徽教育出版社,2002年。

[2]黎靖德:《朱子语类》,北京:中华书局,1986年。

[3]王懋竑:《朱熹年谱》,北京:中华书局,1998年。

[4]张载:《张载集》,北京,中华书局,1978年。

[5]陆九渊:《陆九渊集》,北京:中华书局,1980年。

[6]孙复:《孙明复小集》《兖州邹县建孟庙记》,四库全书珍本第八集,1978年。

[7]脱脱:《宋史》,北京:中华书局,1977年。

[8]胡宏:《五峰集》,钦定四库全书集部。

[9]契嵩:《镡津集》,台北:台湾商务印书馆,1981年。

[10]程颢、程颐:《二程集》,北京:中华书局,1981年。

[11]黄宗羲著,全祖望补修:《宋元学案》,陈金生,梁连华点校,北京:中华书局,1986年。

[12]罗钦顺:《困知记》,北京:中华书局,1990年。

[13]蒋一葵:《尧山堂外记》,吕景琳点校,北京:中华书局,2019年。

[14]徐复观:《中国人性论史》,台北:台湾商务印书馆,1969年。

[15]钱穆:《钱宾四先生全集》第20册,台北:联经出版事业公司,1998年。

[16]刘述先:《朱子哲学思想的发展与完成》,台北:学生书局,1982年。

[17]陈荣捷:《朱熹》,台北:东大出版社,2003年。

[18]陈来:《朱子哲学研究》,北京:生活·读书·新知三联书店,2012年。

[19]束景南:《朱子大传:"性"的救赎之路》,上海:复旦大学出版社,2016年。

[20]蒙培元:《中国心性论》,台北:学生书局,1990年。

[21]余英时:《朱熹的历史世界:宋代士大夫政治文化的研究》,北京:生活·读书·新知三联书店,2004年。

[22]林振礼:《朱子新探:朱子学与泉州文化研究》,北京:商务印书馆,2018年。

[23]杨国学校注:《屏山集校注与研究》,北京:中国书籍出版社,2012年。

[24]瑞克·H.艾瑞克森:《青年路德:一个精神分析与历史的个案研究》,康绿岛译,台北:心灵工坊文化,2017年。

[25]张荣明:《方术与中国传统文化》,上海:学林出版社,2000年。

[26]丁传靖:《宋人轶事汇编》下卷,北京,中华书局,1981年。

[27]洪淑芬:《儒佛交涉与宋代儒学复兴:以智圆、契嵩、宗杲为例》,台北:大安出版社,2008年。

[28]幽兰:《草稿与不了的颂扬:中国艺术词汇的美学解析》,《哲学与文化》2018年总第534期。

[29]刘旭:《略论宋哲宗对苏颂的庇护》,《佳木斯职业学院学报》2017年第11期。

后　记

　　一段时间,我在辅仁大学旁听心理学系的课程时,慢慢地开始接触辅大心理学系特色的质化心理学研究,这与我以前所看到的、所理解的心理学完全不是一个模式。在系统地学习了一段时间后,我对其中的传记心理学与心理诉说有了浓厚的兴趣,遂突然想到:是否可以借用这种传记心理学的方法写一部关于朱熹的书。

　　用传记心理学去描写一个已逝世的古人,我们能借助的就只能是他流传下来的书信、札记、诗歌及弟子记载的语录。由于历史的久隔,我们无法得知古人与文字描述之间的差距,哪些是他的应景之作,哪些是他的真情实感。我们能得到的也只有从他流传出来的只言片语中,看到文字中流露出的“情”。而这种“情”思想是中国古人遵循的基本规律。

　　心理学方法的优点是,它遵循“人同此心,心同此理”检证方式。于是这种方法为我们与古人沟通提供了一种可能性。在这个基础上,我们试图用残留下来的文本来与这个千年古人对话,也是有可能的。

　　朱熹作为影响中国几个世纪的思想伟人,对他的解读必然是汗牛充栋的,如明初的“此亦一述朱,彼亦一述朱耳”[①]。如何从众说纷纭的后来人的笔下突出新意,这并不容易。但是这也并不是说明今人研究朱熹,只是炒古人的冷饭。现代人有现代的研究方法,言说习惯,书写范式,这都与古人是完全不同的。传记心理学可能就是这些方法中的一种。

　　人是这个世界上独特的存在。我们终其一生都在寻找理想与现实的平衡。不知道自己何时会“心想事成”,只能知道在生活的天平中,不停地往现实的托盘里放砝码,并自认为只有现实中放得够多,理想那一边才会被某种

---

　　① 黄宗羲:《明儒学案》,沈芝盈点校,北京:中华书局,2008年,第178页。

神秘力量添加到适当的比重。在很多时候,神秘主义式的幻想往往要多于现实主义的渴望。人的努力与人的成功之间,常常会达到一种戏剧性的平衡。就像青年的朱熹一样,他想达到的"治国平天下",可是上天总是和他开了很多玩笑,让他几乎等于"功"落孙山。他的几次入仕之路都可以看成是一次次的讽刺,不管后来人如何对他在知漳州和知南康军的政绩美化,都无法改变他落寞的官旅生涯。

青年的朱熹基本上对他的整个一生做了定调,我们可以看得出来,他的所有努力都因青年成就的羁绊,苦苦地挣扎于内心的求圣与外在的治世之间。因此,他不可能达到王阳明的"三不朽",他既没有王阳明显赫的家世(如状元的父亲),也没有王阳明天资的聪慧,甚至还有一些愚笨。他的一切都是用别人看不到的努力换来的。他说自己年少无事不学,诗歌、词画都有所涉猎。所以他基本上是别人家父母教育子女学习态度的样板,却不是别人父母眼中的骄傲。他所取得的一切,都是在不停地努力中获得的,因此,"道问学"的程度在朱熹那里才远远地大于"尊德性"。他的人生之路,没有什么鲜见的光辉,却最终在他去世后得以光芒万丈,想来也是悲哀。

借用《遥远的救世主》小说里的一句话:"有道无术,术尚可求也;有术无道,止于术。"①朱熹中年以后以"道学家"自居,或许也是明白了这个道理。因此,我们暂且不管青年朱熹是否早就参悟到这一点,但是他在青年时的努力,只成为他天道思想与天理思想的一个必不可少的心灵体悟的环节。没有努力过的人,是无法了解人在努力中经历的那种撕心裂肺、欲罢不能的心理纠葛,也无法体会到取得的成果与自己的预期相差颇多时的无奈。但这种无奈有时也有了些许的心安,这是一个十分吊诡的心理存在。

朱熹在四十多岁整理《四书章句集注》时,他面对北宋流传下来三十多种版本的《论语》,他的迷茫是后世学者无法体会到的。都是名家传本,都是经典诠释,但又各有不同。这里有湖湘学与道南学的细微差别,也有儒门传本与佛教大德的精彩论述(如孤山智圆、明教契嵩、大慧宗杲的论述)。谁对谁错,可不是简单的一道选择题。朱熹对自己注解的"四书"也是不满意的,不然他就不会到死之前还要不停地修改《大学》。在努力者的世界里,与聪颖者的世界里,是不可能有"人同此心,心同此理"的。王阳明至死也不明白朱熹为什么要"重理不重心"。在他心中,"心"与"良知"完全可以说明朱熹

---

① 豆豆:《遥远的救世主》,北京:作家出版社,2005 年,第 444 页。

的理论，为什么他要弄出一个"多余的理"？

王阳明早年的"格竹子"与晚年给出的《朱子晚年定论》，都说明他至死也没有体会到朱熹的心履历程。一个聪慧的大脑总会将世界简单化，就如同一个数学高手，看到题干的时候，答案就已经在他大脑中出现了。因此，对于从题干到答案中间的过程，对于他来说就只是一种"累赘"。很多小学时期聪慧的孩子，到高中后就无法跟上数学教学进度，原因就是"小的时候太聪慧"，以致他们忽略了他们必须经历的"痛苦训练"。

朱熹的一生注定是以一个努力形象示人的，但他的成功却不可复制。这就因为他的成功没有什么奇特的方面，而是以常见、最笨的成功方式：意志＋坚持。我们从他那将近1500万字的封事、札记、书信、语录里，可以看出他的"勤"。而我们看到的，不过是他所有存世资料中的冰山一角。所以以"勤"评朱熹是有充分理由的。

勤奋常在他人眼中是一种奇怪的存在。勤奋之人由于常做成一些其他人没有做成的结果，往往被冠以"聪明"、"睿智"、"有能力"……这种思维在当今的社会一样存在。我们看到一个勤奋的人，他没有休息日，每天笔耕不辍，于几年内取得了别人羡慕的成就。一些人就会说他："你看看人家是'真聪明'，取得了那么多的成就。"这种表述的言外之意是"勤奋是人故意为之"，这话的语态也多含贬义。在没有勤奋的人面前，"勤奋是一种知道内幕的故意为之"，是走后门的一种方式与途径。

可在现实生活中，那些勤奋之人哪里有他们说的那种可能。如果可以"走后门"、"拉关系"，或者说是"本身聪慧"，谁愿意选择一条最难走的"勤奋之路"呢？可能没有努力过的人，是体会不到"勤奋"这两个字意味着什么。

我们不妨用几个具体的场景来描述一个勤奋的场面：勤奋是凌晨六点的第一班地铁；勤奋是需要两个小时的求学路程；勤奋是连续工作十六个小时后累得睡不着，需要一杯咖啡醒神才有机会入眠的状态；勤奋是睁着眼睛也可睡着的无奈。勤奋的世界里是没有双休日，是一种在没有人强制下的自觉；勤奋的世界是凌晨三点的梦中惊醒，打开电脑的疯狂输入一段文字后又翻身而睡。无眠是勤奋的朋友，焦虑是勤奋的伙伴。

勤奋太难，所以常常在道德上被冠以很高的评价，但没有努力过的人是永远不知道勤奋的人并不需要这个。他们需要的是成果被承认，努力能达到。而后两者，往往又是勤奋者无法达到的。勤奋的人设计了一条聪慧者轻而易举能达到的目标，却选择了一条艰难无比的前进之路。所以他的"成功"与他们"期望的成功"往往相差甚远。

朱熹一生教学育人，以道德文章和圣人迹象教化众人，但"庆元党案"众弟子的反叛让朱熹感到了极大的讽刺。实际上，朱子理学的真正发扬光大，也与朱熹亲授的众弟子没有什么过多的关系，反而是三个从来没有亲见过朱熹的人掀起了复兴朱子理学的大旗。朱熹如何也不会想到，自己的理论会在一个自称为朱熹弟子的赵复，和之前从未接触过朱子理学的姚枢手中，变成为了后世的官方教材。而他亲授的弟子，虽然在各地依然发挥着传道的作用，但基本上被掩埋在历史的长河里。

勤奋的朱熹终于在明清之际成为人们眼中的典范，也成了人们曲解朱熹理论的开始。不过这一切都不是他所能控制的。随着"朱熹"到"朱子"的转变，他迎来了逝世后最大的高光时代。对"子"的赋予，与其说是对朱熹理学的肯定，不如说是对朱熹"勤奋"的肯定。

青年朱熹相比于中年朱熹与老年朱熹，因为他存在的非神化式的"真"，让我们看到了他人生之中草稿式的"迹"。这里包含着美好的希望，也包含了现实的残破。从人生的苦难之中寻找人生未来的可能性，或许是青年朱熹能给我们最大的启示吧。

最后，本书尝试用艾瑞克森的方法，以心理、哲学两个角度来探索青年朱熹的思想历程。注重于以现有的材料为依托，对青年朱熹做心理学和哲学上的分析。全书写作完成后，辅仁大学滕爱聪博士对全书做了认真的校改，厦门大学冯兵教授给出很多中肯的建议，在此一并表示感谢。同时也希望本书对学界有一些参考的价值。

2023 年 3 月于厦门大学南光楼